VTT
S'INITIER ET PROGRESSER

JULIEN ABSALON

DR STEPHANE CASCUA

ALAIN DALOUCHE

REMERCIEMENTS

Nos sincères remerciements à celles et ceux qui ont contribués à la réalisation de ce livre :

Bruno Ajdnik
Géraldine Bergeron
Sébastien Boué
Denis Boulanger
Amanda Bruck
Cédric Croze
Renaud Dubois
Florence Élizalde
Franck Gamonet
Bertrand Houillon
Céline Lasfargues
Jean-Pierre Lebert
Michel Lethenet
David Moreau
Xavier Nicolas
Sylvie Pasqualin
Francine Roche
Damien Rosso

MAQUETTE

AlphaStudio
La Rochelle

Octobre 2006
ISBN : 2-85180-705-6

PHOTOS

Adidas : pages 51, 95, 102, 105, 260, 314/315, 330, 352.
Bruno Ajdnik/Atac VTT : pages 98, 248, 251, 262, 278,332.
Sébastien Boué : pages 16, 17, 230, 319, 320, 337, 343.
Denis Boulanger : pages 30, 47, 69, 78, 234/235, 308, 313, 316 et toutes les photos pages 112/113 à 232 excepté pages 149 et 230.
Paul Chance : pages 75, 79, 86, 88, 90, 94, 108.
Commencal : pages 22.
FFC/Patrick Pichon : 259, 323, 326, 339, 344.
Giant : page 22.
Bertrand Houillon : pages 14, 17, 257, 305, 347.
Icon Sport / Pierre Teyssot : photo principale de couverture.
Lapierre : pages 11, 20, 41, 51, 53.
Mavic : page 57.
Michelin / Manu Molle : pages 8/9, 69, 84, 149.
Damien Rosso/Race Company : pages 10, 18, 29, 37,44, 49, 73, 81, 82/83, 106, 303, 324.
Scott : pages 25, 31, 49, 52, 75.
Shimano : pages 50, 52, 63, 65, 66, 70, 71, 73, 101.

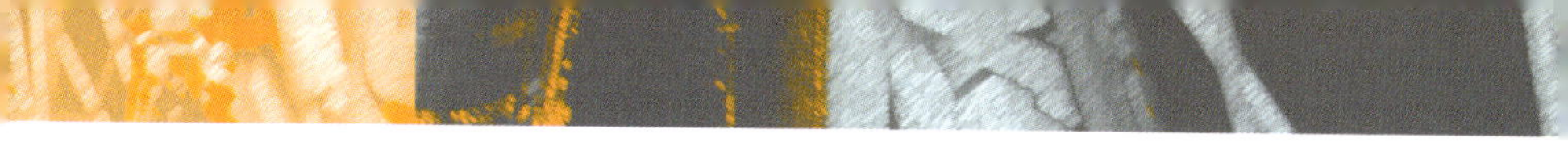

Le palmarès de **Julien Absalon**, le place au niveau des champions hors norme. Après avoir trusté les podiums nationaux et internationaux en junior puis en espoir, ce vosgien, venu au VTT à l'age de 15 ans, a rapidement confirmé au plus haut niveau ses prédispositions. Fidèle à son entraîneur, Gérard Brocks, depuis sa deuxième année en cadet, Julien doit sa réussite à un physique athlétique (1,81 mètre pour 70 kilos), une technique exceptionnelle, notamment sur terrains gras et glissants, et à une grande exigence dans sa préparation.

Un palmarès unique :

- Champion Olympique 2004 (Athènes), 2008 (Pékin)
- Champion du monde 2004, 2005, 2006 et 2007
- Vainqueur de la coupe du monde 2003, 2006, 2007 et 2008
- Champion d'Europe 2006
- Champion de France 2003, 2004, 2005, 2006, 2007 et 2008
- Vainqueur des coupes d'Italie (2003 et 2006) et de Suisse (2003, 2006 et 2007)
- Vainqueur de plus de 20 manches de coupe du monde, d'Europe et de coupes nationales (France, Italie, Suisse)

www.absalon-julien.com

Stéphane Cascua est médecin du sport. Il est diplômé d'université en entraînement du sportif et chargé de cours à la faculté. Passionné de vulgarisation et pratiquant assidu, il a écrit de nombreux ouvrages destinés au grand public et anime des conférences sur le sport et la santé.

Plus d'infos sur : www.sportsanté.info

Alain Dalouche est journaliste et vététiste. Il a été éditeur délégué d'un magazine de VTT et a publié de nombreux articles sur le vélo. Il collabore comme journaliste à différents magazines, sportifs et généralistes, de référence.

QUEL VTT CHOISIR ? 8

COMMENT S'ÉQUIPER ? 82

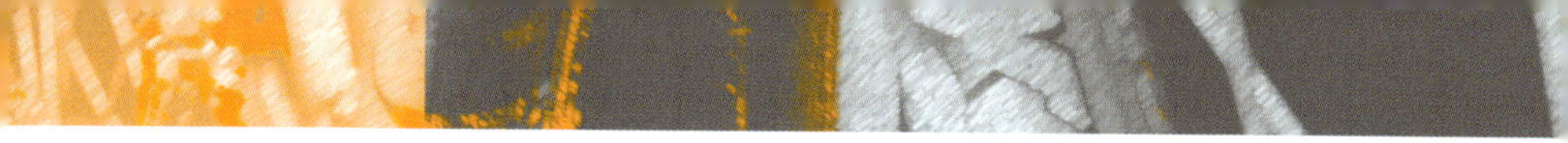

LE VTT, ÇA S'APPREND 112

3
LE VTT ÇA S'APPREND

4
LES RÈGLES D'OR DE L'ENTRAÎNEMENT

4
LES REGLES D'OR DE L'ENTRAINEMENT

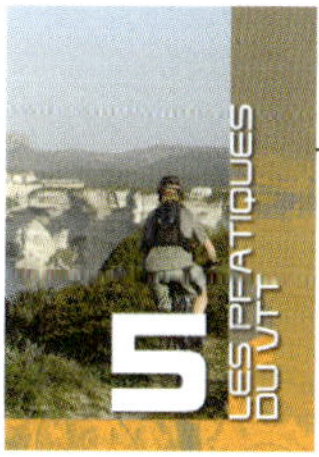
5
LES PRATIQUES DU VTT

LA JUNGLE DES ÉTIQUETTES

Vous êtes perdu devant les VTT rutilants, équipés des derniers standards à la mode : freins à disques, suspensions intégrales, pneus Tubeless... Les écarts de prix, entre les VTT de supermarché à moins de 100 € et ceux affichés à plus de 3000 € vous laissent pantois ? Les appellations – XC, enduro, marathon, all mountain... – sont des hiéroglyphes pour vous ? En fait, vous voulez simplement un vélo pour faire du tout-terrain. Alors, pour vous retrouver parmi cette jungle d'étiquettes, suivez le guide !

1 QUEL VTT CHOISIR ?

Freins à disques, amortisseur arrière, pneus Tubeless… les VTT sont devenus de véritables concentrés de technologie.

1 • MON VTT

• **Un VTT est un véritable puzzle dont vous gagnerez à connaître les principaux composants.**

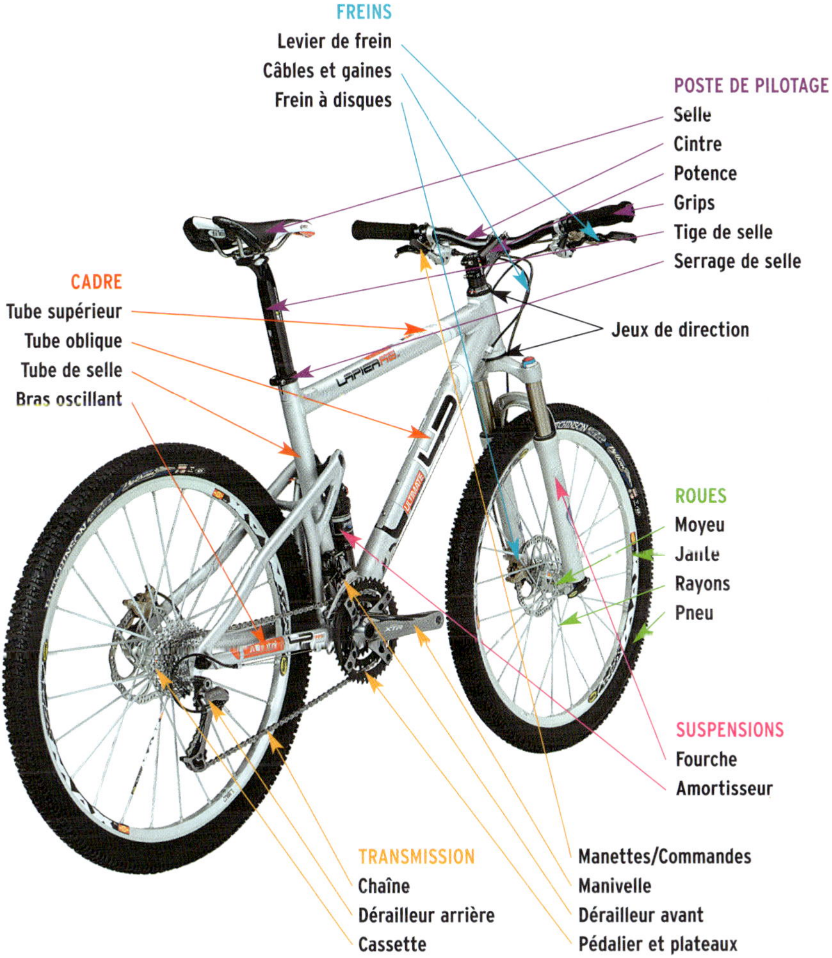

2 • AVANT D'ACHETER

EN BREF

Définissez bien l'usage de votre VTT, vos exigences sur le terrain et votre niveau sportif avant de vous jeter sur les derniers modèles à la mode.

Votre VTT idéal sera un compromis entre les paramètres, parfois très éloignés, de confort, de performance et de polyvalence.

• > Connaître ses besoins

Dis-moi qui tu es ...

Avant de casser votre tirelire pour vous ruer sur la première promotion venue ou d'acheter le même VTT que votre copain, demandez-vous quel usage vous souhaitez faire de votre vélo, quel est votre niveau et votre vécu sportif, dans quelle région vous allez évoluer, quelles sont vos exigences et les limites de votre budget.

Hormis pour les disciplines extrêmes (descente, trial...) qui exigent des vélos spécifiques, le VTT idéal est un compromis entre performance, confort et polyvalence. C'est à vous de fixer les priorités :

- Pour se mesurer en **compétition de cross-country**, le poids du vélo et son rendement sont déterminants : vous opterez pour un VTT nerveux, léger et stable, offrant une position « couchée », favorisant l'attaque.
- Si vous vous destinez à la **randonnée**, vous rechercherez du confort et une assise plus naturelle : un VTT maniable au poste de pilotage relevé, doté de bonnes suspensions et d'équipements fiables sera à privilégier.
- Enfin, les pratiques plus **engagées** exigent un vélo polyvalent, nerveux, doté d'un cadre robuste et de suspensions généreuses : un VTT à tout faire, à l'aise partout, autorisant des escapades débridées et des raids musclés.

... je te dirais quel VTT choisir !

Dans une région peu vallonnée, un VTT tout suspendu aux débattements costauds ne se justifiera pas forcément, alors qu'en montagne une suspension arrière apparaîtra déjà comme plus évidente. Le choix du confort et de la santé peut également être déterminant, car passée la quarantaine, même si vous restez beau et fort - nul n'en doute - votre dos appréciera probablement la clémence d'une suspension arrière. Demandez-vous également si la légèreté est importante pour votre pratique et avant de l'exiger de votre VTT, passez sur la balance : gagner du poids sur un vélo coûte cher... parfois beaucoup plus que de supprimer quelques excès.

Vous pouvez commencer à scruter le fond de votre porte-monnaie et sonder l'humeur de votre banquier, avant d'affiner vos choix.

À SAVOIR

Initialement développés pour la descente et les pratiques musclées, les vélos tout suspendus se sont désormais adaptés à la randonnée et au *cross-country*. Ils gagnent tous les jours du terrain par rapport aux semi-rigides (ou *hard tail*), simplement équipés d'une fourche avant. Si dans les premiers prix un amortisseur arrière tient surtout du folklore marketing, sur des tout suspendus de bonne facture, les systèmes de suspensions, aujourd'hui bien élaborés, apportent un plus indéniable en terme de confort et de facilité de pilotage. En revanche, à budget équivalent, un semi-rigide sera mieux équipé ou plus léger (voire les deux !) et vous permettra d'affiner votre technique, pour franchir certains obstacles en souplesse là où vous passerlez en force avec un tout suspendu.

NE PAS FAIRE

Rouler sur un VTC (vélo tout chemin) est idéal pour arrêter immédiatement ! Ces vélos hybrides, destinés aux déplacements urbains ou aux randonnées cyclotouristes, possèdent une géométrie, des diamètres de roues et des équipements inadaptés à la pratique du VTT.

LE MOT DU DOC

POUR VOTRE SANTÉ, LA VÉRITABLE POLYVALENCE, C'EST LE VTT !

Alors n'hésitez pas à sortir des sentiers non battus pour rouler sur du macadam ou des chemins bien damés. Lors vos trajets quotidiens, grâce au VTT, vous adoptez une position confortable et vous restez au voisinage de l'aisance respiratoire. Le guidon relevé et les amortisseurs ménagent votre colonne vertébrale. Le petit plateau et les grands pignons viennent vous aider à franchir cette petite côte sans trop forcer.

Les gammes très étendues
et les tendances à la spécialisation
des modèles sont un véritable
casse-tête pour l'acquisition d'un VTT.

EN BREF

En dessous de 350 à 500 €, selon les enseignes, les VTT ne vous permettront pas de rouler en tout terrain. Ne vous laissez pas éblouir par les derniers équipements à la mode, loin d'être toujours indispensables, ils plombent sérieusement l'addition.

• > Combien ça coûte ?

• Du loisir au sport

Les professionnels du cycle distinguent la pratique qualifiée pudiquement de "**loisir**", à l'utilisation "**sportive**", allant de la randonnée occasionnelle à la compétition intensive. Si vous vous limitez à quelques balades familiales sur des chemins roulants, ne vous ruinez pas et courez sur les premiers prix, vous vous situez dans cette pratique de "loisir" qui ne sollicitera que modestement votre monture. Par contre, n'essayez pas de dévaler des montagnes ou même des escaliers, au risque de tout casser... et vous avec.

En revanche, si vous vous tournez vers une véritable pratique du tout terrain, votre VTT devra supporter des conditions difficiles et répondre à des critères de fiabilité plus exigeants. Selon les enseignes et les marques, les premiers prix pour un VTT à utilisation « sportive » se situent à partir de 350 / 500 €.

• Le marketing de l'inutile

Avec un budget serré, il faut faire la part des choses entre l'indispensable et le superflu. Certains équipements et accessoires ne sont qu'une **obligation marketing** loin de toujours se justifier sur les modèles d'entrée de gamme. Si la technologie des freins à disques est au point, dans les premiers prix, cet équipement tient surtout du gadget au fonctionnement aléatoire. Même chose pour les amortisseurs arrière, proposés quasi systématiquement, mais dont il est préférable de se passer sur les bas de gamme, car ils alourdissent le vélo, corsent l'addition et transforment votre VTT en yoyo au moindre coup de pédale. Un semi-rigide de bonne facture, équipé d'un système de freinage sur jante, vous garantira un meilleur fonctionnement et une fiabilité supérieure qu'un tout suspendu à bas prix, équipé de freins à disques mécaniques.

• Multiplier les sources d'information

Avant de dire définitivement adieu à vos économies, tâchez d'obtenir des informations sur l'élu de votre choix (professionnels, amis, presse spécialisée, Internet...) puis choisissez bien votre revendeur, sans oublier qu'un vélo est un produit technique nécessitant de l'entretien et des réglages que vous ne pourrez pas forcément réaliser vous-même.

Après, montez dessus et si vous n'aimez pas, n'allez pas plus loin ! Le premier des plaisirs est de se sentir à l'aise sur son VTT.

À SAVOIR

Près d'un million de vélos sont vendus chaque année en France sous l'appellation de vélo tout terrain. Tous ne méritent pas cette dénomination, certains n'en possédant que l'apparence... mais pas les qualités. Plus d'un tiers des VTT est vendu dans les grandes surfaces alimentaires.

NE PAS FAIRE

Si vous ne maîtrisez pas les réglages courants d'un VTT (dérailleur, freins...), ne succombez pas aux sirènes promotionnelles de la vente par correspondance et de certaines grandes surfaces alimentaires qui risquent de vous livrer votre vélo sans y apporter la mise au point indispensable avant les premiers tours de roue. Vous seriez bien embarrassé avec votre « super affaire » mal réglée et mal montée !

LE MOT DU DOC

ACHETEZ UN VÉLO POUR FAIRE DU VÉLO !

Le temps consacré à l'activité physique est souvent rare et précieux ! Pour profiter de tous les bienfaits du sport, évitez de passer votre week-end à bricoler une machine qui ne parviendra à sortir de l'atelier ! Offrez-vous un vélo simple et fiable, c'est votre meilleur investissement santé !

Tous ensemble dans la même direction ? Pour choisir son vélo mieux vaut disposer de bonnes connaissances et choisir le modèle adapté à sa pratique, sa morphologie et son niveau.

EN BREF

Les marques déclinent leurs gammes suivant les types de pratique, leurs approches plus ou moins sportives et le niveau de gamme. Il faut décoder les formules marketing tapageuses et reconnaître le VTT se rapprochant au plus près de votre utilisation.

• > Les grandes familles de VTT

• Les suspensions donnent le ton

On retrouve sur le marché des VTT classifiés selon les grands types de pratique, en fonction - entre autres - de la taille des débattements. Ils sont proposés sous des appellations marketing parfois ronflantes. Bon an mal an, vous choisirez votre bonheur parmi un bon millier de modèles, avec une présence croissante des tout suspendus.

• *Cross-country* compétition

VTT semi-rigides *(hard tail)*, offrant une position très allongée, un poids faible et un fort rendement ; des bêtes de course performantes, mais souvent peu confortables et très exclusives ; les fourches proposent des débattements d'environ 80 à 100 millimmètres.

VTT tout suspendus aux débattements d'environ 80 à 100 millimètres, un peu plus lourds - à budget et équipement équivalents - que leurs frères jumeaux semi-rigides. La suspension arrière est un plus sur les terrains cassants et peut être une aide à la performance, en « économisant » le vététiste, plus fringant pour bien terminer les épreuves.

• Randonnée et *cross-country* loisir

VTT semi-rigides, dotés d'une géométrie privilégiant confort, maniabilité et assurant une position relevée plus naturelle. Les fourches offrent des débattements d'environ 80 à 100 millimètres, l'absence de suspension arrière permettant de gagner en légèreté et en coût. Les *hard tail*, souvent plus ludiques que les tout suspendus, aident à acquérir une bonne technique de pilotage.

VTT tout suspendus aux débattements d'environ 80 à 100 millimètres et dotés des mêmes caractéristiques que les semi-rigides, la suspension arrière améliorant le confort, facilitant le pilotage et rendant les virées moins usantes. En revanche, elles alourdissent la machine.

- **Raid/Enduro**

VTT tout suspendus aux débattements de 100 à 150 mm. Souvent classifiés sous les appellations Enduro, All Mountain ou XC marathon, ces VTT plutôt haut de gamme optent pour une position de pilotage moins exclusive et une réelle polyvalence, au détriment du rendement de leurs cousins de cross-country. VTT à tout faire par excellence, ils se retrouvent dans les modèles haut de gamme.

À ces standards, il convient de rajouter « les spécialistes ».

- ***Free ride***

VTT tout suspendus réservés aux pilotes expérimentés capables d'utiliser des débattements de 150 mm à 200 mm sur des sauts et autres prouesses de pilotage.

- **4 X/dirt**

VTT assez proches du BMX (bicycle motocross) par leurs géométries très courtes et leurs équipements robustes, ces semi-rigides se destinent à des pilotages engagés, composés de sauts et d'accélérations sur des terrains adaptés.

- **Descente**

VTT tout suspendus aux débattements dépassant les 200 millimètres et au poids proche des 20 kilos. Des vélos très exclusifs pour des pilotes expérimentés capables d'utiliser tout leur potentiel dans les descentes vertigineuses.

- **Trial**

Dotés d'une géométrie particulière, sans suspension et... sans selle, ces VTT sont réservés aux figures acrobatiques de cette discipline.

À SAVOIR

La course à la nouveauté amène les fabricants à faire évoluer ou changer leurs modèles tous les ans. Vous pouvez profiter d'offres de déstockage intéressantes, sur des modèles non vendus de la gamme de l'année écoulée, en novembre/décembre. Guettez la bonne affaire !

NE PAS FAIRE

Pour débuter, ne choisissez pas un VTT trop exclusif. Même si le marché propose des modèles de plus en plus spécialisés, pour votre premier achat, optez pour la polyvalence et la simplicité, afin que votre vélo vous accompagne quelques temps dans vos évolutions.

LE MOT DU DOC

Le modèle randonnée loisir, c'est l'occasion d'**une astuce pour votre sortie du dimanche** ! Partez rouler avec votre compagne. Elle enfourche son vélo de route, tandis que vous conservez votre machine tout terrain ! Dans ces conditions, tenter de rester aux cotés de celle que vous aimez constitue une véritable séance d'entraînement !

LE TANDEM, UN FAUTEUIL POUR DEUX

Contrariant l'agilité du VTT, le tandem tout-terrain (TTT) poursuit son chemin dans la tradition de son ancêtre routier. Présent sur quasiment toutes les épreuves de randonnée et de cross-country, il possède son lot d'inconditionnels.

Un cadre surdimensionné, deux selles, deux postes de pilotage, des roues solides, des pneus larges, une fourche renforcée, deux chaînes… l'inventaire du matériel d'un **TTT** (tandem tout-terrain) est aussi long que le vélo lui-même. Que de contraintes pour un engin de deux mètres devant supporter le poids d'un équipage de 150 kilos, sans plier sous la puissance de pédalage. La solidité est de rigueur côté fabrication, la complémentarité indispensable côté pilotage.

UN PILOTAGE SYNCHRONISÉ

La bonne synchronisation du pilote et du stocker – le copilote – débute par l'adoption du même pied d'appel pour l'équipage. Le capitaine de l'embarcation, le plus lourd des deux passe devant maîtrisant la direction, mais également le freinage et le passage des vitesses. Le second ne dispose que de ses jambes et d'une confiance aveugle pour suivre le mouvement. De bonne composition, il est également le premier à mettre pied à terre pour pousser. Une inégalité notoire, d'autant qu'il est le dernier à voir les trous et petits obstacles, se les prenant de plein fouet. L'empattement géant fait beaucoup pour la stabilité, mais il confère aux deux roues la maniabilité d'un camion. Si la puissance du double pédalage permet d'atteindre des vitesses record sur le plat, le poids devient une véritable épreuve de force dès que la terre s'élève.

UN CHOIX LIMITÉ

Les tandems disposent souvent d'une taille plus petite à l'arrière et proposent un éventail de dimensions pas toujours évidentes à accorder à la morphologie des deux pilotes. L'étroitesse du marché, liée aux développements spécifiques de ces machines, ne suscite pas trop l'intérêt des marques. D'où le fréquent recours à du sur-mesure, proposé par des spécialistes du genre. En "prêt-à-rouler", un tandem coûte le prix de deux **VTT** pour un poids un peu inférieur à 20 kilos. à l'équipement de base, il convient de rajouter une boîte à outils bien remplie car la casse et les problèmes mécaniques sont fréquents.

Engin hors normes, atypique, le tandem transforme un sport individuel en sport d'équipe, en suscitant souvent l'admiration, tant il est vrai que promener un tel engin entre les arbres tient du défi.

3 • UN CADRE SINON RIEN

EN BREF

Le cadre détermine le comportement de votre VTT, en devant faire preuve de qualités antinomiques : il doit être rigide mais conserver une certaine élasticité, rester nerveux mais confortable et garantir une indispensable robustesse sans peser trois tonnes. Pas toujours très simple pour les concepteurs de gérer ces contradictions et pour l'utilisateur de trouver le compromis idéal.

• > Que demande-t-on à un cadre ?

• L'essence du vélo

À la fois cœur et squelette de votre VTT, le cadre en détermine son tempérament et son comportement général. Sans un cadre de bonne facture, adapté à votre taille et votre usage, vous pourrez toujours investir dans les meilleurs équipements du monde, vous traînerez toujours un piètre clou.

La qualité première demandée à un cadre est d'encaisser les contraintes infligées par vos vigoureux coups de pédale et les chocs du terrain. C'est au niveau du boîtier de pédalier puis aux points de soudure et d'assemblage que le cadre subit les plus fortes sollicitations.

• Rigidité, élasticité, poids et confort

Pour transmettre toute l'énergie du pédalage à la roue arrière et vous éviter de rouler sur un bâton de guimauve, le cadre doit être **rigide**. Plus il sera rigide, meilleur sera son rendement, mais comme vous n'allez tout de même pas rouler sur un bout de bois, cette rigidité devra nécessairement être associée à des critères d'élasticité, de légèreté et de confort.

Les affaires se compliquent donc salement pour les ingénieurs cycle devant composer entre ces propriétés contradictoires juste pour votre bon plaisir !

L'élasticité est essentielle pour la charpente de vos vélos, celle-ci devant se déformer, absorber les contraintes et revenir en place, tout comme le roseau dans la fable de La Fontaine qui plie sans rompre.

Coté **poids**, même si vous ne vous battez pas contre le chronomètre, vous apprécierez de ne pas rouler sur une enclume. Suivant le type et niveau de gamme, le poids d'un cadre nu est compris entre environ 1 et 5,5 kilos (avec l'amortisseur arrière pour les tout suspendus).

Premier élément de **confort**, bien avant les suspensions et la selle, le cadre "filtre" et absorbe les vibrations pour ne pas transformer votre gentille balade en compétition de marteau-piqueur.

Ces exigences contradictoires obligent les fabricants à rechercher d'ingénieux compromis en jonglant avec les matériaux utilisés, les techniques d'assemblage, la géométrie... et bien entendu le budget.

À SAVOIR

Aujourd'hui, 95% des cadres sont fabriqués en Asie. Le « made in Taiwan » autrefois décrié et raillé est devenu un véritable gage de qualité, Taiwan étant maintenant une référence en fabrication de cadre.

NE PAS FAIRE

Ne recherchez pas la légèreté à tout prix au niveau du cadre. Cette quête du "saint gramme" risque de vous fâcher définitivement avec votre banquier. Pour gagner du poids les fabricants réduisent les épaisseurs des tubes, mettant sur le marché des modèles de *cross-country* haut de gamme aux tubes tellement fins qu'une mauvaise chute peut définitivement les ruiner, et vous avec. Si changer de vélo ne pose pas de problème à certains compétiteurs professionnels, vous aurez peut-être plus de mal à légitimer un changement régulier de monture dans le budget du ménage.

LE MOT DU DOC

POUR ALLÉGER VOTRE VTT, PERDEZ DU POIDS !

En ce début de saison, il est inutile de dilapider du temps et de l'argent pour trouver un cadre pesant 500 grammes de moins alors qu'il vous reste 4 kilos dans vos poignées d'amour ! En vous affûtant, vous donnerez plus de vivacité à l'équipe homme/machine et surtout vous limiterez l'encrassage de vos artères !

Les cadres des semi-rigides sont composés d'un assemblage de huit tubes, les tout suspendus d'un nombre de tubes variable selon la complexité du système de suspension.

EN BREF

Choisir un VTT à la bonne taille est la première étape pour rouler sur un VTT parfaitement adapté à sa morphologie et associer plaisir, santé et performance. Prenez le temps de connaître votre pointure, variable selon les modèles.

• > Choisir la bonne taille

• Des tailles pas vraiment standard

Une fois déniché le modèle idéal, vous devez le choisir à votre taille. Voici les clés pour ne pas vous retrouver sur un VTT parfaitement inadapté, trop grand ou trop petit.

Selon les marques, la taille d'un VTT se mesure entre l'axe de pédalier et celui du tube horizontal, ou le sommet du tube de selle, ce qui peut amener à une différence de 1 à 3 centimètres à l'arrivée. Comme peu de fabricants précisent le protocole choisi, il n'est pas toujours facile de s'y retrouver, d'autant plus que chacun propose des tailles différentes - de trois à cinq selon les modèles - et que celles-ci sont exprimées indifféremment en pouces (mesure anglo-saxonne) ou centimètres (mesure française), certains constructeurs poussant même la coquetterie jusqu'à proposer des demi-tailles. Si vous nous suivez toujours (quel courage !), vous comprendrez mieux l'utilité du tableau de correspondance ci-après.

Taille du pilote	VTT en pouce (")	VTT en centimètre (cm)	Tailles standard
Moins de 1,55 m	14"	35/36 cm	XS
Plus ou moins 1,58 m	15"	38 cm	S
Plus ou moins 1,60 m	16"	40/41 cm	S
Plus ou moins 1,65 m	17"	43/44 cm	S ou M
Plus ou moins 1,70 m	18"	45/46 cm	M
Plus ou moins 1,75 m	19"	48/49 cm	M ou L
Plus ou moins 1,82 m	20"	50/51 cm	L
Plus ou moins 1,87 m	21"	53/54 cm	L ou XL
Plus ou moins 1,92 m	22"	55/56 cm	XL
Plus ou moins 1,95 m	23"	58/59 cm	XL

• De la théorie à la pratique

Pour se rapprocher de votre pointure de vélo, **mesurez la hauteur de votre entrejambe** et appliquez une des deux formules suivantes :

- Entrejambe moins 35 à 38 = taille du cadre (en centimètres).
- Entrejambe multiplié par 0,56 = taille du cadre (en centimètres).

Voilà pour la théorie qui ne se vérifie pas toujours dans la pratique. Tout d'abord, ce n'est pas votre hauteur sous toise qui nous intéresse, mais uniquement la longueur de vos jambes, car lorsque la taille d'un vélo change, sa hauteur varie, mais sa longueur aussi : un

vététiste aux longues jambes et au petit buste, par exemple, se retrouverait sur un vélo trop grand s'il respectait sa taille théorique.
Votre pointure idéale sera fonction de la géométrie du VTT et en particulier de la longueur du tube supérieur, mesure immuable, alors qu'il sera toujours possible de modifier le réglage de la hauteur en jouant sur la taille de la tige de selle.
En pratique, la bonne position doit se tester en roulant ! Empruntez à vos amis de taille voisine les VTT dont l'ergonomie vous tente. Réglez juste la selle puis faites-vous une idée en pédalant quelques minutes ! Surtout n'oubliez pas que vous êtes unique et que votre morphologie n'a pas son pareil sur Terre, alors prenez le temps de bien essayer votre vélo avant de l'acheter, vous le faites bien pour un pantalon ou une paire de chaussures !

À SAVOIR

Le pouce, équivalent à 2,54 centimètres, est l'unité de mesure anglo-saxonne fréquemment utilisée dans le VTT pour exprimer les tailles des vélos et autres mesures de nombreux équipements. Retenez bien cet étalon, il vous servira.

NE PAS FAIRE

N'achetez jamais un vélo sans l'essayer auparavant. Si vous êtes du genre orang-outan aux longs bras ou gazelle aux gambettes surdimensionnées vous risqueriez de laisser définitivement votre vélo à la cave. Même si vous rentrez dans des côtes plus standard, un VTT peut être théoriquement parfaitement adapté à votre morphologie et votre pratique, sans que vous soyez à l'aise dessus. Enfourchez-le et fiez-vous à vos sensations.

LE MOT DU DOC

ATTENTION, VOTRE TAILLE IDÉALE DE VTT CHANGE AU COURS DE VOTRE SORTIE !

En clair, vos sensations se modifient fréquemment au fils des kilomètres. Votre système nerveux peut s'adapter avec bonheur à une nouvelle position dont vous n'aviez pas l'habitude. À l'inverse, la fatigue musculaire et les mauvaises positions articulaires sont souvent à l'origine de douleurs tardives. Typiquement, le bas de votre colonne vertébrale vous fait mal en fin d'entraînement quand vous roulez avec un guidon trop bas !
La position qui vous convient n'est pas une équation mathématique. Elle ne dépend pas exclusivement de la taille de vos segments de membres. Elle est également fonction de la souplesse de vos articulations et de la mobilité de votre colonne vertébrale. Ainsi, la posture idéale est liée à vos caractéristiques ligamentaires et à vos séquelles de blessures.

La taille d'un cadre se mesure entre l'axe du pédalier et celui du tube horizontal (A) ou le sommet du tube de selle (B) mais la mesure essentielle est la longueur du tube horizontal (C).

A : axe du pédalier/axe du tube horizontal
B : axe du pédalier/sommet du tube de selle
C : tube supérieur « virtuel »

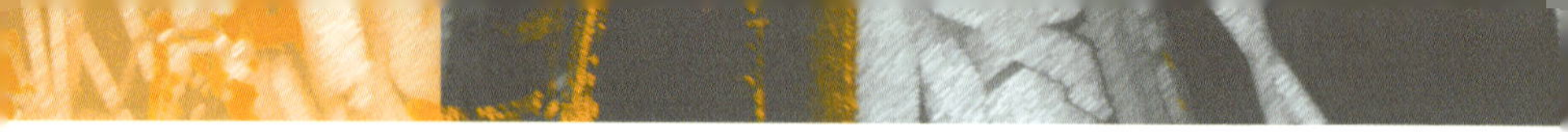

EN BREF

Si l'aluminium jouit d'un quasi-monopole dans la composition des cadres de VTT, les alternatives du carbone (des matériaux composites), du titane et, dans une moindre mesure, de l'acier ainsi que l'évolution du travail sur les tubes, les techniques d'assemblage et de finition offrent un large panel de vélos, aux tempéraments très prononcés.

• > Les tubes à la mode

• L'aluminium règne

Devenu la star des catalogues cycle, l'aluminium charpente **plus de 90 % des VTT** actuels. Doté d'un excellent rapport poids/rigidité, sa légèreté autorise l'utilisation de sections importantes pour rigidifier le cadre, d'où le fréquent surdimensionnement du tube diagonal, le plus contraint. Le matériau le plus mou produit les cadres les plus rigides. L'avènement des tout suspendus a participé au sacre de l'aluminium dont la facilité de mise en forme débride l'imagination des concepteurs. On lui doit les géométries complexes et les cadres renforcés.

Coté confort et usure, l'aluminium fait pourtant figure de mauvais élève, le premier étant compensé par les suspensions, le second par... la durée de vie de plus en plus courte des produits, à laquelle nous semblons nous habituer.

Loin derrière, l'acier, le titane et le carbone se disputent les accessits, avec une nette montée en puissance de ce dernier, très tendance.

• L'acier n'est plus

L'acier, matériau roi des premiers VTT (et des vélos), a **quasiment disparu** des vitrines des magasins de cycle, pourtant il présente des qualités certaines de confort et d'élasticité. En plus, il se répare facilement ! Si vous brisez votre cadre au fond de l'Afrique ou du Larzac, vous pourrez toujours le souder. Peu utilisé, il n'a pas beaucoup évolué et demeure essentiellement réservé aux baroudeurs, aux nostalgiques et aux VTT d'enfant.

• Le titane, pour les connaisseurs

Les *aficionados* vous raconteront le titane avec des tremolos dans la voix, tant **ce matériaux noble** est apprécié pour ses qualités de rendement, de confort et de longévité. Difficile à travailler (il faudrait près de dix heures pour souder un cadre en titane) et presque antimarketing par sa durée de vie quasi illimitée et sa parure sobre, il ne figure au catalogue que de peu de marques, la plupart du temps en cadre nu (VTT à se monter à la carte) et à des tarifs élevés. Idéal pour la randonnée et le *cross-country*, il s'agit souvent d'un choix de sagesse de vététistes confirmés ou fortunés.

• Le carbone dessine l'avenir

Le dernier arrivé, ou, pour être plus juste, les derniers, sont les matériaux composites, appelés communément (et injustement, vous rétorqueront les spécialistes) carbone. Destiné aux **modèles haut de gamme**, cet amalgame de résines et de fibres (verre, carbone, kevlar...) présente des qualités très appréciées de rendement et de légèreté. Accusé à ses débuts d'une raideur et d'un inconfort chroniques, les procédés de production sont parvenus à gommer ces défauts et on trouve aujourd'hui des VTT en carbone très confortables. Les principaux griefs à son actif restent sa fragilité aux impacts - il peut rapidement présenter des fissures - et les bruits de résonance de certains cadres. Compte tenu de son coût élevé et de la forte propension à chuter et recevoir des projections, il est plutôt destiné à des bêtes de course pour riches héritiers. De plus en plus « tendances », les cadres monocoques, réalisés d'une seule pièce par moulage (donc sans tubes), se tracent un avenir doré en *cross-country* et pour les randonnées huppées. Cette technologie facilite les points de renfort par l'injection de quantités de matière différentes selon les parties du cadre. Le matériau de la décennie à venir nous promet très probablement de belles surprises, en attendant de connaître ce que nous réserve le travail sur les nanotechnologies (technologie de l'infiniment petit).

Les concepteurs n'hésitent pas à marier les matériaux entre eux afin d'optimiser les qualités de chacun, la tendance est à l'union de l'aluminium et du carbone.

• Des tubes pas si simples

La qualité des matériaux ne serait rien sans le travail sur les tubes permettant de renforcer le cadre aux points de contraintes, de gagner du poids, de rigidifier telle ou telle section en revêtant des formes multiples comme l'*oversize* (tubes de gros diamètre), l'ovalisation, les renforts extérieurs, les tubes goutte d'eau, les épaisseurs variables (*butted*, double *butted* ou triple *butted*), les tubes coniques... Cette multiplicité des formes dictée par les ingénieurs personnalise les VTT, pour le plus grand bonheur des services marketing.

L'assemblage de ces bouts de tuyaux s'effectue par soudage ou collage dont la qualité de mise en œuvre intervient directement sur le comportement et la pérennité du vélo. L'ensemble ainsi monté reçoit sa parure, importante pour les yeux, mais également pour la longévité du cadre : traitement de surface, peinture, vernis...

À SAVOIR

Certaines marques se sont tournées vers un nouvel alliage, le scandium. L'appellation scandium pour les cadres de VTT est un alliage d'aluminum comportant un peu de scandium, optimisant les qualités de l'aluminium, notamment en terme d'élasticité. Cher, mais diablement efficace.

NE PAS FAIRE

Ne vous lancez pas dans un achat d'occasion sans veiller scrupuleusement aux zones de contrainte du cadre. Fissure ou peinture fendillée autour des points de soudure sont rédhibitoires, ainsi que les signes de torsion de la patte de dérailleur arrière ; attardez-vous sur les zones sensibles comme la colonne de direction et les fixations d'amortisseurs des tout suspendus. Enfin, les articulations des suspensions arrière ne doivent pas présenter de jeu. Un cadre peut avoir mal vécu certains traitements et les matériaux vieillissent parfois plus vite que leur propriétaire.

LE MOT DU DOC

Les vibrations des matériaux peuvent entrer en résonance avec les tissus du corps humain. C'est ainsi que l'onde de choc de chaque foulée transmise au pied du coureur par une semelle inadaptée parvient à fissurer insidieusement les os : c'est la fracture de fatigue ! De la même façon, on peut imaginer que les tremblements transmis par certains cadres puissent malmener les articulations. *A contrario*, il est possible que d'autres trépidations se révèlent bénéfiques en mobilisant et en assouplissant les ligaments ou les disques intervertébraux !

	+	−
ALUMINIUM	Rapport poids-rigidité / nervosité / autorise des géométries originales / parfait pour les VTT tout suspendus	Confort / manque d'élasticité / faible résistance à la fatigue / matériau se marquant aux impacts
TITANE	Légèreté / confort / inaltérabilité	Prix / fabrication délicate / look très classique
CARBONE (matériaux composites)	Légèreté / rigidité / matériau inoxydable / résistance à la fatigue	Mise en œuvre difficile / mauvaise résistance aux impacts violents / réparation quasi impossible.
ACIER	Facilité de mise en œuvre/ réparation aisée / confort / élasticité	Oxydation / accepte mal les vibrations à haute fréquence / quasi introuvable maintenant

De l'entrée au plus haut de gamme, l'aluminium fait autorité et autorise des géométries de cadre complexes.

EN BREF

Une géométrie « sloping », avec le tube supérieur incliné sur l'arrière est indispensable pour se faire plaisir en tout-terrain. Après, arrêtez-vous quelques instants sur les principales côtes du cadre d'un VTT pour ne pas vous retrouver au guidon d'un vélo de compétiteur pour effectuer de simples balades en forêt.

• > Une géométrie adaptée

• Le triangle d'or

En déterminant la répartition des masses et la position du pilote, la géométrie d'un cadre conditionne la maniabilité, la stabilité et le rendement, mais également le confort d'un vélo. Le VTT a bousculé de nombreux principes cyclistes mais n'a pas remis en question les deux triangles - avant et arrière - dessinant les cadres depuis la fin du XIXe siècle. Le triangle arrière a beau être réduit ou transfiguré par des jeux de biellettes sur certains vélos tout suspendus, mêmes les conceptions les plus tarabiscotées tournent autour de cette figure. Les exceptions à la règle sont les « cadres poutres », passés de mode, et les bras monocoques de certains systèmes de suspension arrière.

• Le *sloping*, le penchant du VTT

Parmi les nombreux apports du VTT au cycle, la géométrie dite "sloping" (de l'anglais to slope, incliner) a même été adoptée par certains vélos de route. L'inclinaison du tube supérieur vers l'arrière rigidifie le triangle avant et facilite le pilotage en permettant des dégagements de jambe rapides. Parfait pour s'amuser à VTT ! Préférez toujours un cadre *sloping* à un cadre possédant un tube supérieur horizontal (ou peu incliné), vous l'apprécierez dans les passages techniques et les situations difficiles.

• Avoir la côte

Connaître les principales côtes et leurs incidences vous permettra de ne pas être perdu face à des vélos pouvant vous paraître bien similaires, de mieux comprendre les fiches techniques des catalogues cycle et les essais de la presse spécialisée.

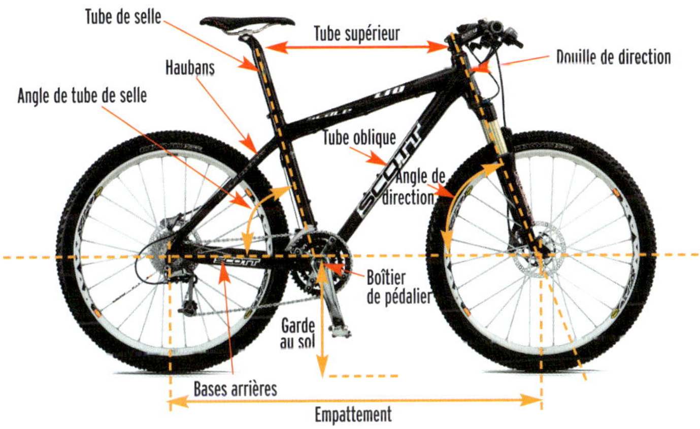

LE TUBE SUPÉRIEUR

Encore parfois appelé tube horizontal, même s'il ne suit plus vraiment l'horizon, la longueur de ce tube détermine la taille du cadre. Il est décisif pour votre position : court, il vous redresse et vous dirige vers des randonnées bucoliques ; long, il vous allonge sur le vélo et vous conduit au départ de courses musclées. Les seules modifications ultérieures possibles de votre position résident dans la longueur de la potence. Pour effectuer une prise de côte correcte, il faut tracer une ligne horizontale virtuelle du centre de la douille de direction au centre de la tige de selle, la mesure du tube variant suivant l'inclinaison plus ou moins prononcée.

LES BASES ARRIÈRE

Leur longueur est déterminante. Courtes, elles offrent nervosité et vivacité au détriment de la stabilité et de la motricité ; elle facilitent également le cabrage du vélo. Les VTT destinés à la randonnée sont

conçus avec des bases longues, la roue arrière se retrouvant repoussée vers l'arrière, les impacts ne se produisent pas sous les fesses, mais loin derrière, pour un meilleur confort.
Des bases arrière cintrées permettent un bon dégagement des pneus pour les passages boueux. La longueur des bases arrière se situe entre 425 et 435 millimètres. En dessous de 425 millimètres, le vélo sera inconfortable, au-dessus de 435 millimères, ce sera un véritable fauteuil. La côte se prend entre l'axe de la roue arrière et celui du pédalier.

LE TUBE DE SELLE

La longueur de ce tube détermine traditionnellement la taille du cadre, ce qui ne veut pas dire grand-chose compte tenu de la géométrie *sloping*. En revanche son inclinaison est déterminante.

ANGLE DE TUBE DE SELLE

L'angle par rapport à l'horizontale est généralement compris entre 70 et 75 degrés : proche de 70 degrés, cet angle, qualifié de couché, déplace le pilote sur l'arrière, favorisant la stabilité et la motricité ; proche de 75 degrés, cet angle redressé privilégie la maniabilité. Cet angle ne doit pas être trop redressé, ce qui basculerait trop le pilote vers l'avant en alourdissant la direction.

LE TUBE OBLIQUE

On lui demande simplement d'être costaud, sa longueur n'ayant pas d'incidence sur le comportement du vélo. Ce tube, le plus long du cadre, joint les deux points subissant les plus fortes contraintes : la douille de direction et le boîtier de pédalier.

LA DOUILLE DE DIRECTION

Ce petit bout de tube est très important pour la rigidité du cadre, il accueille tout de même le pivot de fourche et le jeu de direction. La hauteur du poste de pilotage et du coup la position du vététiste dépendent de sa longueur. Son inclinaison détermine l'angle de direction.

ANGLE DE DIRECTION

L'inclinaison de la douille de direction, la longueur et le déport de la fourche détermine la chasse du vélo. Plus cet angle est redressé (au-dessus de 70 degrés), plus le VTT est maniable, facilement contrôlable dans les passages techniques et favorise les changements de

trajectoire. Inversement, un angle couché (inférieur à 70 degrés) apporte une grande stabilité en descente et dans les portions roulantes.

LE BOÎTIER DE PÉDALIER

Point du cadre subissant le plus de contrainte, sa rigidité est fondamentale, ne serait-ce pour ne pas plier sous vos vigoureux coups de pédale. Sa hauteur détermine la garde au sol, mesure essentielle de stabilité du vélo : plus elle est faible, plus le vélo sera stable. Un boîtier de pédalier haut perché permet de moins accrocher les rochers avec les pédales, de ne pas édenter le grand plateau et facilite la bascule du vélo de gauche à droite.

LA GARDE AU SOL

Plus la garde au sol est basse, plus le centre de gravité du binôme pilote/machine est bas et meilleure s'en retrouve la stabilité. En revanche, si la garde au sol est trop basse, vous toucherez tous les obstacles. Pour prendre cette mesure, il est préférable de ne pas tenir compte des plateaux. En général, les semi-rigides disposent d'une garde au sol autour de 295 millimètres (plus la taille des plateaux). Pour les tout suspendus, cette valeur doit augmenter avec la taille des débattements.

EMPATTEMENT

La distance moyenne entre les axes des deux roues d'un VTT se situe entre 1030 et 1080 millimètres. Plus l'empattement est long, plus le vélo sera stable et le pilotage doux ; inversement, un vélo plus court sera réactif et maniable.

LES HAUBANS

Ils sont très importants pour la rigidité du triangle arrière et la puissance du freinage, avec des freins sur jante. Les haubans cintrés augmentent la rigidité et le confort.

À SAVOIR

Et si vous optiez pour un VTT unique en composant votre vélo sur la base d'un kit cadre ? Vos seules limites seront budgétaires et techniques : il vous faudra freiner certaines ardeurs inflationnistes et posséder de sérieuses connaissances sur les équipements et leurs contraintes de montage et/ou vous faire assister par un bon revendeur. Le montage à la carte reste souvent réservé au beau matériel, certains modèles haut de gamme ne se commercialisant d'ailleurs que cadre nu.

NE PAS FAIRE

Ne choisissez pas un vélo trop grand, mais au contraire préférez un cadre plus petit : votre VTT sera plus maniable, plus rigide et vous pourrez toujours compenser cette petite taille par une tige de selle plus grande.

LE MOT DU DOC

PÉDALAGE PUISSANT, SELLE EN AVANT, PÉDALAGE EXPERT, SELLE EN ARRIÈRE !

Le geste naturel du membre inférieur consiste à pousser en étendant simultanément la hanche, le genou et la cheville, on parle de "triple extension". C'est le mouvement que vous effectuez lorsque vous marchez, vous montez les escaliers, vous courez, vous sautez ou même quand vous faites un exercice de squat en musculation. Ce déplacement rectiligne ne correspond pas au subtil parcours circulaire de la pédale. Pour gagner en rendement, il faut savoir pédaler rond.

Lorsque vous êtes assis en avant, vos hanches sont placées non loin de la verticale passant par l'axe du pédalier. Toute la phase descendante ressemble à la triple extension naturelle. Vous êtes puissant ! D'autant plus puissant que le poids de votre jambe vous aide à abaisser la pédale. Inconvénient, la phase finale du mouvement vous mène au "point mort bas", manivelle verticale. Vous aurez grand-peine à relancer un mouvement circulaire, vous risquez fort de pédaler carré !

Quand votre selle est en arrière, vos hanches se situent nettement derrière la verticale passant par l'axe du pédalier. La triple extension naturelle ne correspond plus tout à fait à la descente de la pédale. Ce geste s'associe moins au poids du membre inférieur pour accroître votre puissance de pédalage. Mais cette configuration recèle quelques avantages. La pesanteur de la jambe reste motrice en fin de d'extension pour finir l'abaissement de la manivelle, elle vous aide à initier le mouvement de retour ! Ainsi, vous tirez plus aisément pour remonter les pédales et vous franchissez plus facilement le "point mort inférieur". De la même manière, la manivelle est en position verticale haute alors que vous effectuez votre triple extension naturelle, vous passez sans encombre le "point mort supérieur". Ainsi, lorsque votre selle est en arrière vous gagnez en rendement et vous pédalez plus rond !

4 • TOUT SUSPENDU OU SEMI-RIGIDE

EN BREF

Un semi-rigide (hard tail) doté d'une bonne géométrie représente le vélo passe-partout simple, facile d'utilisation et adapté à la grande majorité des pratiques ; il est même recommandé pour les premiers tours de roues. En revanche si le confort devient une nécessité ou si vous « envoyez du gros » en montagne, un VTT à suspension intégrale sera le bienvenu.

• > Lequel choisir ?

• Le beurre et l'argent du beurre

Votre cœur balance toujours entre un tout suspendu ou un semi-rigide *(hard tail)*? À niveau de gamme équivalent, les tout suspendus, nécessairement plus lourds, sont pénalisés en terme de rendement. La suspension arrière a tendance à pomper sous les coups de pédale, même si tous les ingénieux systèmes visent à supprimer cette perte d'énergie. En revanche, un tout suspendu de qualité aide au pilotage et demeure beaucoup plus confortable, un avantage pour les longues randonnées mais également pour les sorties musclées sur terrain cassant. Plus légers, les *hard tail*, sont moins chers, à niveau de gamme et d'équipement comparable et moins contraignants à l'entretien. Plus joueurs, ils facilitent l'apprentissage du pilotage. Pour un premier achat, un VTT semi-rigide polyvalent est très certainement le choix le plus judicieux. Difficile, pourtant, de résister à l'attrait des nouvelles bêtes de sentier entièrement suspendues. La pression marketing est forte.

• Le grand saut des tout suspendus

Initialement développés pour la descente et les pratiques engagées, les VTT à suspension intégrale se retrouvent trop fréquemment à évoluer sur des terrains de jeu, dont les marches à sauter ne dépassent pas les bordures de trottoir. Un peu comme ces 4 x 4 aux généreux pare buffles, sillonnant les grandes agglomérations.
Entre **l'équipement et la pratique**, le fossé s'agrandit. Bien entendu, si votre médecin vous recommande un certain ménagement vertébral ou si vous étiez le copain de vélo de Jeanne Calment, optez plutôt pour un Pullman tout suspendu, vous vivrez mieux vos virées champêtres.
Même prescription si vous évoluez dans les régions montagneuses sur des reliefs très cassants, la suspension arrière facilitera et sécurisera vos franchissements. Mais ceci n'est qu'une indication et de nombreux vététistes sillonnent toujours le Mercantour ou le Queyras sur des semi-rigides. Si pour les pratiques extrêmes, les tout suspendus s'imposent, avant de se jeter du haut de barres rocheuses, quasiment tous les meilleurs spécialistes ont fait leurs gammes sur des semi-rigides (voir des tout rigides pour les plus anciens).

Enfin la flambée des prix du VTT doit beaucoup aux systèmes de suspensions très inflationnistes. Et si le VTT arrêtait cette course à l'équipement ? La surenchère technologique a du bon mais elle rend obligatoire des équipements pas toujours nécessaires. La Logan du VTT aurait peut-être sa place auprès de nombreux pratiquants.

À SAVOIR

Si la fin et les limites du semi-rigide sont régulièrement évoquées, c'est pourtant sur un *hard tail* que Julien Absalon est devenu champion olympique de *cross-country*, à Athènes, en 2004 et champion du monde, en 2004, 2005 et 2006... devant de nombreux tout suspendus.

NE PAS FAIRE

N'optez pas pour un VTT tout suspendu dans la gamme des VTT dits « de loisir ». Lourd, mou et rebondissant à chacun de vos coups de pédale, le vélo risque d'être autant à la dérive que vous dans les parties cassantes. Un VTT tout suspendu de qualité implique un certain niveau de gamme.

LE MOT DU DOC

À VTT, VOTRE RENDEMENT EST MEILLEUR QU'EN FOOTING !

Vous allez plus vite pour la même dépense d'énergie, notamment parce que vous ne soulevez pas votre corps à chaque foulée ! Offrez-vous un « VTT tout suspendu bas de gamme » et vous voilà pompant votre poids à chaque tour de pédale ! C'est dommage d'acheter un VTT pour courir en roulant !

Les VTT tout suspendus
trouvent leur véritable légitimité
dans les reliefs cassants
de leurs montagnes originelles.

EN BREF

Tête de proue de votre VTT, la fourche influe sur la tenue de chemin, la qualité de la direction et le confort.
La valeur du débattement – de 80 à plus de 150 millimètres – et le système d'amortissement - élastomère, pneumatique, hélicoïdale ou mixte- doivent guider votre choix selon votre pratique. La facilité de mise au point mérite également d'être considérée.

• > Les fourches

• Une proue nécessairement suspendue

Aujourd'hui, tous les VTT - à l'exception des modèles de trial et de certains *single speed* - sont équipés d'une fourche suspendue. Personne n'envisage un retour en arrière, tant l'effet marteau-piqueur des premiers vélos entièrement rigides reste dans la mémoire (et les bras) des pionniers du VTT.
Tête de proue de votre embarcation, la fourche a la lourde tâche d'amortir aussi bien les petites secousses que les gros chocs et de ne pas pomper sous vos généreux coups de pédale. Elle joue un rôle déterminant dans la qualité de la direction, la tenue de route et le confort. Un vaste programme exigeant une rigidité frontale et latérale sans reproche, tout en conservant une certaine légèreté afin de ne pas alourdir la direction.
• En **randonnée,** où son but essentiel est l'amélioration du confort, priorité est donnée à l'absorption des chocs à allure modérée.
• Pour une utilisation plus **sportive**, la fourche doit apporter une meilleure adhérence, notamment en descente, sans trop alourdir le vélo. Elle doit encaisser les chocs pour survoler les obstacles sans faire du rodéo, mais ne pas jouer au yoyo au pédalage (notamment en danseuse), pour optimiser le rendement.
• Les **pratiques engagées** plus « aériennes », ajoutent l'adhérence à la capacité d'absorption des gros chocs.

• Un fonctionnement simple

Les systèmes à parallélogrammes déformables, développés dans les années 1990, ont baissé pavillon devant l'armada des **fourches télescopiques**. Aujourd'hui, celles-ci règnent en maître, avec un fonctionnement simple et efficace : un ressort, placé dans les fourreaux, se comprime, pour retenir l'enfoncement des plongeurs, puis replacer les fourreaux dans leur position initiale. Cette compression est plus ou moins souple, rapide et progressive. Une fois la fourche comprimée, sans l'amortissement de la détente qui suit, le choc en retour équivaudrait quasiment à celui absorbé. Sur les petites secousses, votre roue avant driblerait comme un ballon de basket, rendant la tenue de parquet difficile ; les gros chocs vous renverraient la potence au niveau des maxillaires, vous faisant gagner un abonnement chez votre dentiste préféré.

La fourche se dote donc d'un système d'amortisseur, freinant la détente. En général, un système de laminage d'huile se charge de cette bienveillante mission.

• Les différents types de fourche et leur utilisation

RESSORT ÉLASTOMÈRE

Très limitées dans leurs performances, ces fourches sont de plus en plus rares, même dans les modèles bas de gamme. Les ressorts élastomère sont désormais utilisés en complément d'autres systèmes d'amortissement.

RESSORT PNEUMATIQUE

La dureté du ressort est assurée par une pression d'air plus ou moins élevée. Légères, les fourches pneumatiques sont essentiellement réservées aux vélos de *cross-country*.

RESSORT HÉLICOÏDAL

Produisant une compression plus progressive, par un ressort en acier (fil d'acier en spirale), ces fourches sont plutôt destinées aux vélos de randonnée et de pratiques extrêmes.

LES SOLUTIONS MIXTES

Beaucoup de modèles combinent le meilleur de ces trois technologies disposant d'un ressort hélicoïdal pour les petits chocs, d'une chambre à air pour les grosses secousses et d'un ressort élastomère pour éviter le talonnage en bout de course.

• Les débattements courants selon les disciplines

La course aux débattements n'est pas une finalité en soi et il semble que nous soyons parvenus aux valeurs maximales :

- Les fourches aux **débattements de 80 à 100 millimètres** équipent des VTT tout suspendus de *cross-country* et des vélos destinés à la randonnée sportive et à des usages polyvalents.
- **De 100 à 150 millimètres**, on retrouve ces fourches sur les VTT polyvalents tout suspendus à usage plus généreux (sous les appellations enduro, *all mountain*...).
- **À partir de 150 millimètres**, on rentre dans le domaine du *free ride* où l'exigence est à la hauteur des sauts et des contraintes infligées.

• Pour les vélos de descente, les débattements culminent **à plus de 170 millimètres**, les fourches étant renforcées d'un double té.
Les fourches à débattement variable fleurissent, permettant de faire rapidement évoluer son vélo d'un tour de molette, selon le terrain, l'activité du jour ou son humeur. On rencontre des variables de 80 à 125 millimètres, 90 à 130 millimètres, 110 à 150 millimètres... Un vélo doté d'une fourche à débattement variable peut donc se montrer très bon avec une valeur de débattement et beaucoup moins avec une autre.

• Des réglages précis

Plusieurs réglages sont généralisés afin d'adapter une fourche à son poids, son pilotage et ses préférences. Pour une bonne mise au point, opérez par petites modifications successives et surtout prévoyez une période de rodage de quelques heures sur une fourche neuve.
LA PRÉCONTRAINTE se charge de la dureté du ressort à sa compression (par une contrainte plus ou moins forte de celui-ci). Pour éviter à la fourche de jouer au yoyo, notamment en danseuse, un réglage dur est préconisé.
LA DÉTENTE, après absorption du choc, sera plus ou moins rapide. D'un ajustement délicat, la bonne mise au point de la vitesse de retour ne s'obtient qu'après tâtonnement et validation sur le terrain.
Le verrouillage est de plus en plus présent sur les modèles haut de gamme. Des molettes de verrouillage (au guidon) bloquent totalement la fourche, pour optimiser les passages sur le bitume, par exemple.
La multiplicité et la complexité des réglages semblent être des arguments de vente mais pas toujours d'efficacité. La qualité de conception, la simplicité d'usage et de réglage prime sur les petites molettes et autres gadgets.

À SAVOIR

La première fourche à suspension pour VTT, la Rock Shox RS 1, a vu le jour en 1989.
Une minirévolution, à l'époque.

NE PAS FAIRE

Attention à la course au débattement ! Si, mécaniquement, rien ne vous empêche de changer votre fourche pour un modèle à plus fort débattement, vous allez transformer la géométrie de votre VTT en modifiant l'angle de chasse. Son comportement va changer, il gagnera en stabilité ce qu'il perdra en maniabilité et n'était pas conçu pour ce nouveau débattement. Avez-vous réellement besoin de ces 20 millimètres de débattement supplémentaires ?

LE MOT DU DOC

Les tendons des épaules, les nerfs et les cartilages des poignets souffrent des cahots.
Une fourche suspendue permet de limiter les douleurs.

EN BREF

Les suspensions arrière ont la lourde tâche d'amortir les chocs d'intensité différente, sans s'actionner au pédalage. La qualité de leur fonctionnement dépend de l'amortisseur et du système de suspension utilisé, mais également de la qualité des réglages et de leur équilibre avec la fourche.

• > Les suspensions arrière

• Des ressorts... aux suspensions

Les premiers amortisseurs arrière, apparus sur des VTT en 1990, étaient plutôt des gros ressorts, assez loin de la technicité actuelle. Résultat : les vélos tout mous, pompaient à chaque coup de pédale. Depuis, les concepteurs de cycle et les fabricants d'amortisseur ont travaillé de concert la progressivité et les systèmes antipompage.

LA PROGRESSIVITÉ

La suspension doit devenir plus ferme au fur et à mesure de sa compression ; souple sur les petits chocs, elle doit se durcir progressivement, afin d'encaisser les gros chocs, jusqu'à éviter le talonnage.

L'ANTIPOMPAGE

L'objectif est de rendre l'amortisseur actif pour absorber les secousses du terrain et éviter qu'il s'actionne sous la pression du pédalage dont les forces agissent différemment en position assise ou en danseuse mais également selon la technique du pilote.
Une suspension efficace passe par une bonne adéquation entre le système de suspension et l'amortisseur lui-même, le meilleur amortisseur du moment pouvant se révéler désastreux sur une conception inadaptée. Les procédés du triangle arrière unifié, du parallélogramme déformable, du triangle arrière articulé, ont aujourd'hui fait place à des systèmes spéciaux « antipompage », redonnant du rendement à ces « tous mous ». La sophistication est de mise. On y perdrait ses biellettes, parmi ces systèmes à pivot virtuel et autres procédés, protégés par force de brevets.

• Les débattements toujours en course

Au repos, en vous asseyant sur votre VTT, celui-ci va s'enfoncer plus ou moins, selon votre poids : c'est le débattement négatif ; grâce à lui, votre VTT va rester collé au sol quand vous roulez. Le débattement positif, mesure la course de la roue, entre sa position de départ, au repos, et celle, à l'arrivée, lorsque l'amortisseur se comprime. Le débattement propre de l'amortisseur ne représente pas le débattement total du vélo, valeur amplifiée par la course de la roue arrière. Selon le type de suspension, le rapport entre la course de l'amortisseur et celle de la roue arrière diffère. Ainsi, avec un ratio de 2, si

votre amortisseur s'enfonce de 30 millimètres, la roue arrière le fait sur le double (60 millimètres).
Les VTT de *cross-country* et de randonnée offrent des débattements de l'ordre de 80 à 100 millimètres, au-dessus de 100 millimètres et jusqu'à environ 150 millimètres, on se situe dans la gamme des VTT pour des pratiques polyvalentes. Au-delà de 150 millimètres, nous pénétrons sur le territoire du *free ride* et de la descente.
Votre amortisseur a de fortes chances d'être pneumatique. Les amortisseurs pneumatiques sont légers et principalement destinés aux VTT proposant de 80 à 100 millimètres de débattement, soit la grande majorité. Les amortisseurs hydrauliques disposent d'un ressort en acier ; plus robustes, ils équipent les VTT aux forts débattements, subissant les plus lourdes contraintes.

• Compression et détente

Comme pour la fourche, une suspension arrière utilise un ressort qui se comprime puis se détend avec une force quasiment identique à celle de la compression. C'est la détente. L'amortissement freine ce rebond, ce qui est préférable pour ne pas vous retrouver projeté en arrière. Cet amortissement, également actif à la compression, sur de nombreux amortisseurs, est généralement obtenu par laminage d'air ou d'huile.
Les réglages des amortisseurs sont nombreux et différents selon les modèles : détente, compression, sensibilité, précontrainte... Il est indispensable d'harmoniser la mise au point entre l'avant et l'arrière : une fourche souple doit être accompagnée d'un amortisseur qui l'est autant (et vice versa). Les réglages peuvent être fastidieux, les sensations sont trompeuses et souvent difficiles à traduire mécaniquement. Ajustez vos réglages avec un copain du même gabarit avec qui vous pourrez partager vos impressions et si tout part à vaux l'eau, recalez-vous sur les réglages d'origine et recommencez.
Ceux qui n'étaient pas encore convaincus que le VTT est un sport mécanique doivent maintenant commencer à se raviser.
On peut se demander si la suspension arrière ne va pas devenir un standard obligatoire dans la décennie à venir, réservant les semi-rigides aux seuls compétiteurs élite à la recherche d'un rendement maximal et... aux vététistes moins argentés. Le revers de la médaille des VTT tout suspendus de qualité - ne pesant pas le poids d'un âne mort - est tout de même le prix inflationniste.

À SAVOIR

N'oubliez pas que le moteur du VTT, c'est toujours vous. Au-delà des systèmes de suspension et autres amortisseurs anti-pompages, à puissance développée équivalente, un pédalage enroulé et souple ne déclenchera pas les pompages et la perte d'énergie d'un pédalage saccadé.

NE PAS FAIRE

Ne changez pas d'amortisseur sans connaître la mesure de l'entraxe. Cette côte, prise entre les deux points de fixation de l'amortisseur est généralement de 165 millimètres pour les vélos typés *cross-country*/randonnée et de 190 millimètres pour les VTT à tendance *free ride*. Surtout ne montez pas un amortisseur plus long pour augmenter le débattement, votre cadre pourrait en souffrir gravement. Vous devez également vérifier la compatibilité de votre cadre avec certains amortisseurs avant de vous lancer dans une opération de changement.

LE MOT DU DOC

La suspension arrière réduit nettement les impacts au niveau des disques intervertébraux situés en bas de la colonne.
Cet équipement apporte un vrai plus à tous les vététistes qui souffrent de lombalgie.

Pour sauter haut et loin, au talent et à l'expérience s'ajoutent des suspensions généreuses.

5 • ADOPTER UNE BONNE POSITION

• > Le poste de pilotage

Votre vélo acheté à la bonne taille, il s'agit maintenant de le régler correctement pour adopter une bonne position. Confort, santé et performances en dépendent !

• La hauteur de selle, le premier des réglages

En plaçant les manivelles dans l'alignement du tube de selle, le talon sur la pédale, votre jambe doit se retrouver tendue. Il s'agit d'une base à partir de laquelle des variations de quelques centimètres sont possibles, une selle plus haute apportant plus de puissance mais moins d'habileté qu'une selle basse. Pour aborder des descentes raides ou des circuits de maniabilité, vous pouvez descendre la selle, jusqu'à poser les pieds à plat sur le sol.

• Le recul de la selle

Une fois la selle à la bonne hauteur, vous devez régler son recul, en fonction de la longueur de vos fémurs et de la géométrie du vélo. Assis sur la selle, les manivelles à l'horizontale, en maintenant un fil à plomb contre votre genou, celui-ci doit passer au centre de l'axe de la pédale ou légèrement en avant.

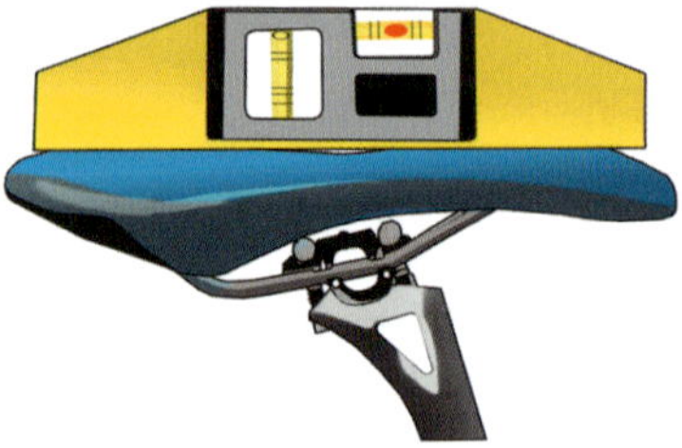

• L'assise, l'horizon en ligne de mire

Pour obtenir une bonne assise, la selle doit être placée parfaitement horizontale. Aidez-vous d'un niveau pour l'ajuster.

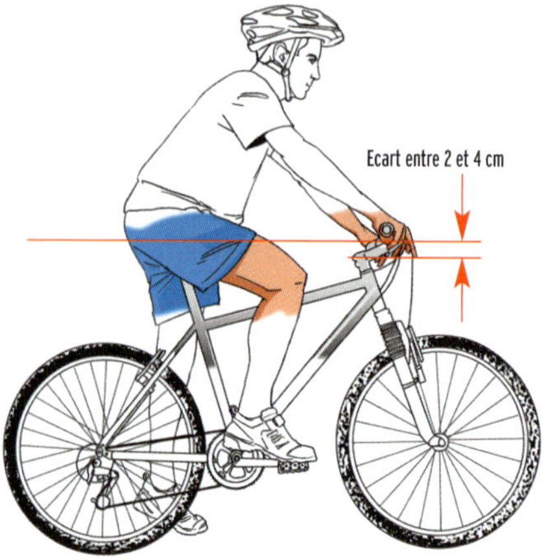

• Le rapport selle et guidon

Le guidon ne doit pas se trouver trop bas par rapport à la selle.
Pour valider sa hauteur (réglable par les bagues placées entre la potence et le jeu de direction), tracez une horizontale en partant de la selle : bien que certains compétiteurs n'hésitent pas à porter l'écart entre la selle et le guidon à 10 centimètres, il ne devrait (théoriquement) pas dépasser les 5 centimètres. Au-delà, le poids sur les bras est trop important et vos cervicales risqueraient de hurler, votre tête se trouvant en hyperextension.
Les randonneurs choisiront un cintre plus haut pour rouler dans une position plus redressée.

• La largeur du cintre

Le cintre laisse les bras dans le prolongement des épaules : trop large, il exigera des mouvements trop amples pour changer de direction ; trop étroit, le vélo sera instable, sensible à la moindre sollicitation et peu maniable.

UNE QUESTION D'ÉQUILIBRE

Bien installé sur le vélo, le poids du corps, doit reposer équitablement entre le cintre et la selle. Plus le poids est placé sur les bras, plus la position est sportive et plus le haut du corps est sollicité, ce qui exige une bonne condition physique et diminue le confort.

UNE POSITION NATURELLE

Les mains, les poignets et les bras restent parfaitement alignés, dans une position naturelle. Les leviers de freins sont placés dans le prolongement des poignets afin de ne pas les « casser ».

À SAVOIR

La formule mathématique :
hauteur de l'entrejambe x 0,875 = hauteur de selle, vous fournit la hauteur théorique de selle, une bonne base de réglage.

NE PAS FAIRE

Ne modifiez pas tous vos réglages en même temps. Pour trouver votre position idéale, vous devez changer vos paramètres un à un. À chaque nouveau réglage, allez rouler, puis procédez à une autre modification jusqu'à trouver votre position idéale.

LE MOT DU DOC

Une selle trop basse, le muscle de la cuisse écrase la rotule quand la pédale est en haut. Il en résulte une souffrance voire une usure prématurée du cartilage recouvrant cet os.
Une selle trop haute impose à la rotule de rentrer et sortir du couloir dans lequel elle coulisse quand le genou atteint l'extension. Elle se cogne et s'irrite et peut également devenir douloureuse.
Le bon compromis est possible. Il vous suffit de trouver la position de selle la plus haute permettant à la rotule de rester engagée dans son rail osseux lorsque la pédale est en position basse. Cuisse bien décontractée, talon légèrement relevé, manivelle verticale vers le bas, vérifiez que la rotule ne se déplace pas sur les cotés quand vous tentez de la mobiliser avec les doigts.

EN BREF
Du confort et de l'adéquation des équipements du poste de pilotage dépendront vos performances, votre santé et le plaisir de vos virées. Le choix de ces équipements, trop souvent standardisés sur les VTT de série mérite mieux que cette banalisation.

• > Les équipements du poste de pilotage

La gêne ressentie à l'arrêt peut rapidement devenir insupportable, voire blessante, au fil des kilomètres : votre selle vous crée des échauffements, votre guidon est trop étroit, votre position trop couchée... Cessez de vous plaindre et soignez plutôt vos équipements de pilotage !

• Le cintre, un tube pas comme les autres

DROIT OU RELEVÉ

On a tellement l'habitude de voir ce bout de tube qu'on en oublie souvent son importance. Sa forme, droite ou relevée, influe directement sur la position et le pilotage. Pour taquiner le chronomètre, le cintre se porte droit. Logique, il est plus léger et plus direct. Afin d'obtenir une position identique à celle obtenue avec un cintre relevé, on le couple avec une potence plus inclinée. Dans toutes les autres pratiques, la tendance est au cintre relevé, plus confortable mais également plus sécurisant pour attaquer les longues descentes.

Il sera forcement plus lourd, mais si vous ne visez pas le podium, le week-end prochain, c'est celui qu'il vous faut.

UNE AFFAIRE DE LARGEUR

Droit ou relevé, le cintre doit être suffisamment large pour favoriser une direction souple. Laissez-nous vous imaginer dans les passages techniques avec un guidon bracelet ! De 550 à plus de 700 millimètres, ces 15 centimètres de différence jouent sur la précision du pilotage et le confort. Les cintres destinés aux pratiques engagés sont en général plus larges, plus lourds également. Parfois dotés d'une barre de renfort, ils peuvent facilement dépasser les 500 grammes, alors que les poids plume, destinés au *cross-country* pèsent à peine plus de 100 grammes. Après, tout est une question d'angulation, variable selon les modèles. Même les cintres droits ne sont pas raides comme la justice, mais présentent un léger déport, afin de respecter la position naturelle du poignet par rapport aux bras.

LA SÉCURITÉ AVANT TOUT

L'aluminium est majoritairement préféré, mais le carbone s'empare également de cet équipement. Certains vététistes n'hésitent pas à s'offrir des cintres en titane. Un véritable luxe compte tenu de son espérance de vie limitée. Très exposé sur les chutes, il s'use également avec le temps qui passe et le bout de tube sur lequel vous reposez vos grosses paluches est peut-être à bout et près à rompre.
Faites attention ! Après une chute lourde, changez-le immédiatement. Si vous roulez beaucoup, surtout sur des terrains cassants, remplacez votre cintre annuellement, s'il s'agit d'un modèle léger, sans oublier de vérifier son diamètre, non standard.

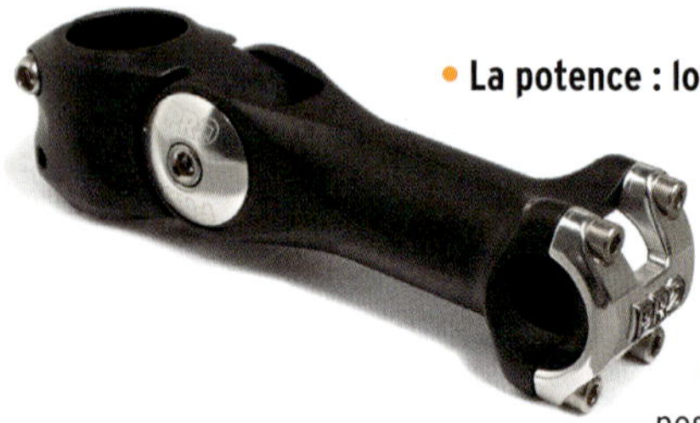

• La potence : longue ou courte

En supportant le cintre, la potence participe à la rigidité de la direction et influe sur la position de pilotage.

- Les vélos de ***cross-country*** s'équipent de potence longue, de faible inclinaison, pour conserver une position couchée, portée sur l'avant.
- Pour la **randonnée**, les potences sont plus courtes et plus redressées, permettant de lever le nez du guidon. Il existe des modèles de potence à l'inclinaison réglable, bien adaptés aux randonneurs et permettant de varier sa position.
- Sur les **vélos de descente** et de **pratiques engagées**, la potence sera très inclinée, afin d'offrir une meilleure maniabilité et de compenser l'inclinaison de la pente.

Réalisées la plupart du temps en aluminium, elles sont usinées sur les modèles haut de gamme et soudées pour les modèles plus basiques. Compte tenu des contraintes subies par ce bout de métal, supportant, en première ligne le porte-à-faux du guidon, misez sur la sécurité.
Le poids peut aller du simple au triple, voire au quadruple, les potences les plus légères dépassant tout juste les 100 grammes. Enfin, équipement intermédiaire, vous devez veiller à son diamètre de fixation au pivot de fourche et à celui du cintre.

• Les grips, des éléments de confort

Après une sortie musclée sur des sentiers pierreux, les fourmillements dans les bras témoignent de l'utilité de grips (poignées de guidon) bien conçus. Le caoutchouc, parfois additionné de gel, ou la mousse, doivent absorber les vibrations et offrir une bonne adhérence pour faciliter le pilotage. Les sensations à la prise du guidon sont immédiates. De plus en plus de modèles sont équipés de colliers de serrage intégrés, évitant aux grips de tourner. Un détail pouvant vous éviter de pester contre des grips fuyants et de rester concentré sur votre pilotage en conservant les doigts sur les freins.

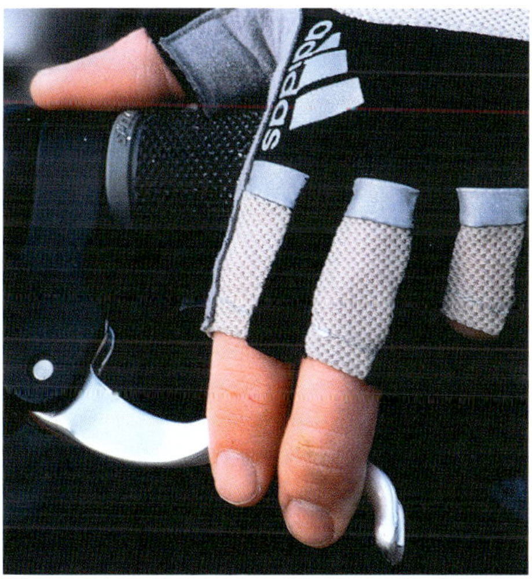

• Leviers de freins, l'ergonomie avant tout

Les leviers de frein sont à fixer écarté des grips, afin que leur extrémité se retrouve au bout de l'index et du majeur. Ce positionnement est nécessaire pour freiner d'un seul doigt (l'index), voire de deux (l'index et le majeur) et conserver une bonne prise du guidon. Généralement en aluminium, on en rencontre également en carbone et en matériaux composites. Pour les freins à disques, ils doivent correspondre aux étriers, ensuite, c'est la prise en mains, le poids et le prix qui arrêteront votre choix.

• *Bar ends*, l'équipement pour crosseurs

Dès leur apparition en 1990, les antiques cornes de vache, passées par toutes les formes (droites, courbes...) se retrouvaient sur quasiment tous les vélos, dans des positions d'ailleurs souvent gaguesques.
Passées de mode, ces protubérances revêtant aujourd'hui des formes plus compactes, sont entichées d'une réputation de ringardise.

Beaucoup de compétiteurs les placent toujours en bout de cintre pour tirer dessus dans les bosses et profiter des positions supplémentaires offertes sur les longs chemins plats.

L'essentiel est de bien les orienter. Les positions pointées vers le ciel ou vers le sol sont à proscrire : les *bar ends* doivent être placées vers l'avant du vélo, légèrement relevées par rapport à l'horizontale, sans casser les poignets.

• **La selle, un fauteuil de circonstance**

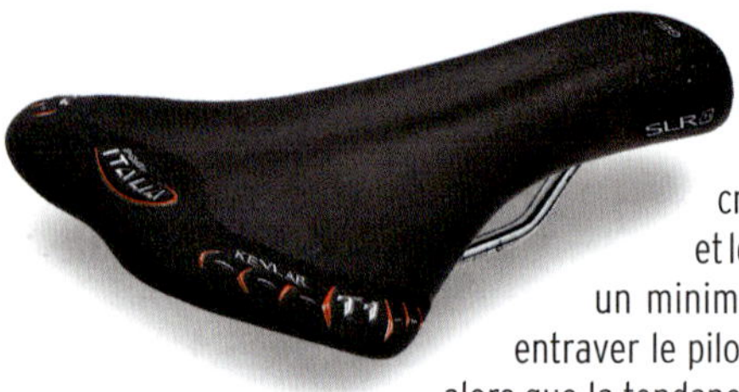

LA FORME AVANT TOUT

Les débutants confessent souvent ne plus vouloir s'assoire sur une selle de vélo par crainte de douloureuses représailles. Entre confort et légèreté, le saint siège de votre VTT se doit d'être un minimum confortable, sans gêner le pédalage, ni entraver le pilotage. Les selles sportives sont plutôt effilées, alors que la tendance « fauteuil club » prend davantage ses aises.

• **Le bec** long permet l'avancée du bassin dans les grimpées. Étroit et arrondi, il autorise une bonne mobilité latérale du bassin et aide à rattraper les déséquilibres.

• **Le croissant** doit être large, pour une assise confortable, mais dans des proportions raisonnables afin de pouvoir passer facilement le bassin derrière la selle, dans les descentes raides. Les selles adaptées à la morphologie féminine ne sont pas légions, mais elles existent : plus courtes, elles disposent d'un croissant de selle plus large.

LES MATÉRIAUX COMPTENT

Le rembourrage de mousse se tasse à l'usage et pèse lourd dans la balance. Il est désormais remplacé par des capitonnages à base de gel, des structures à coques déformables et autres solutions légères et durables. Certains modèles sont évidés sur la longueur, une bonne option pour soulager le périnée. Coté revêtement, le cuir a toujours la

côte, mais le synthétique (de qualité inégale) prédomine. Une selle lisse est adaptée au pilotage sportif, exigeant beaucoup de mobilité, alors qu'un revêtement plus accrocheur participera à la stabilité et au confort du randonneur. Les rails de votre fauteuil de circonstance contribuent également au confort et sur les selles haut de gamme, le coûteux titane tient encore la dragée haute au carbone, léger mais cassant.
Certains repose-fesses ultralégers - souvent en carbone, avec un rembourrage digne des meilleures planches à clous -, affichent moins de 100 grammes à la pesée. Un régime minceur difficilement compatible avec le confort douillet d'une selle de randonnée, trois ou quatre fois plus lourde. Les selles ultra légères cumulant souvent étroitesse et rigidité extrême sont à fuir.

• La tige de selle, le tube du VTT

Encore un bout de tube ! Celui-ci aussi est d'importance, il vous supporte mais permet également de modifier la position de pilotage. Selon la conception, le chariot maintenant la selle se trouve dans l'axe ou déporté. L'incidence sur la position est sensible : le chariot dans l'axe, votre poste de pilotage est plus avancé ; déporté - en général de 2 à 3 centimètres à l'arrière du tube - et votre position recule d'autant.

Les cadres à géométrie *sloping*, plongeant vers l'arrière et les cadres de petite taille exigent des tiges de selle de plus en plus longues. Si la dimension standard est de 330 millimètres, de nombreux modèles dépassent les 350 millimètres, voire les 400 millimètres, l'essentiel étant de ne pas sortir la tige au-delà du repère indiqué sur le tube. L'autre côte à respecter est le diamètre (extérieur) préconisé par le fabricant. Il navigue entre 25 millimètres et 31,6 millimètres, les plus courants étant 27,2 millimètres et 31,6 millimètres. Sur certains tout suspendus au tube de selle interrompu pour faire place à l'amortisseur, une tige de selle courte permet de ne pas venir en butée.
Les exigences de rigidité, fiabilité et légèreté ont placé l'aluminium comme matériau numéro un, mais le carbone pointe le bout de son nez sur les modèles haut de gamme et la souplesse du titane fait merveille là aussi. Le poids des modèles les plus légers tourne autour de 150 grammes, contre plus de 400 grammes pour les poids lourds. Sachez qu'il existe des tubes de selle suspendus, plus adaptés au VTC (vélo tout-chemin) et balades cyclotouristes qu'au VTT, ainsi que des tiges de selle à inclinaison variable, pour baisser la selle avant une descente raide.

À SAVOIR

L'histoire est parfois cocasse. Les pionniers du VTT utilisaient des guidons relevés hérités des motos tout-terrain, puis dans les années 1980, la compétition prit les commandes du VTT, équipant les cadors de la discipline de cintres droits. Effet moutonnier, tous les VTT sortaient d'usine, équipés de cintres droits, sans se soucier de savoir s'ils convenaient au vététiste moyen. En l'occurrence, ça n'allait pas du tout. Le cintre relevé fit son retour d'exil au milieu des années 1990 avec la préférence unanime des pilotes de descente et de la vague *free ride*. Un « come back » profitable.

NE PAS FAIRE

Ne serrez pas les accessoires en carbone comme des brutes, mais respectez les couples de serrage. De plus en plus présent sur les cintres, potences, tiges de selle et autres équipements, le carbone ne prévient pas lorsqu'il est à bout, il rompt sans préavis avec les conséquences dramatiques, facilement imaginables. Ces ruptures sont souvent dues à des serrages trop importants. Soyez attentifs au serrage ou optez pour de l'aluminium voire du titane si vous en avez les moyens.

LE MOT DU DOC

SOIGNEZ VOTRE ASSISE !

Des maux avouables

En comprimant l'avant du périnée sur le bec de selle, on écrase (chez les hommes) le petit nerf qui mène à la verge. Il véhicule la délicate sensibilité locale et ordonne l'ouverture des vaisseaux. Il porte pudiquement le nom de « nerf honteux » ! À l'issue d'une longue sortie notre malheureux vététiste peut-être victime anesthésie locale. Ces troubles régressent quelques minutes après la levée de la compression ! Le temps d'une bonne douche et tout s'arrange ! Cependant, si l'agression mécanique se renouvelle trop fréquemment, la gaine du nerf peut s'épaissir et les filaments nerveux finissent par s'abîmer. Les symptômes risquent alors de se prolonger et d'imposer une infiltration et un repos prolongé !

La compression du périnée favorise également l'apparition d'hémorroïdes, ces varices situées autour de l'anus. Lors de vos sorties VTT, ces veines dilatées subissent de nombreux frottements contre la selle. Parfois, elles s'irritent, saignent ou s'infectent. Si vous y êtes sujets, une selle comportant un trou en regard du périnée est vivement conseillée.

Confort et prévention

Votre selle doit disposer d'un croissant suffisamment large pour donner appui à l'os de votre bassin. Vous pouvez sentir ces masses osseuses en vous palpant en profondeur les muscles fessiers. Essayez de les rejoindre avec le pouce et le majeur. Cet écartement correspond à la largeur minimum de la selle qui vous convient ! Une selle étroite passe entre les os du bassin et vient comprimer le périnée. Les études mettent en évidence qu'une

selle trop fine réduit de deux à trois fois l'apport sanguin dans les tissus de l'entrejambe.
Il faut que votre selle soit ferme ! Ni dure ! Ni molle ! Une selle trop dure ne s'évase pas du tout et les points d'appui sont très localisés ; du coup, les pressions y sont très élevées ! Une selle trop molle s'avachit et le contact s'étend jusqu'aux zones de l'entrejambe inapte à assumer ce type de contraintes. Une selle juste ferme permet de répartir la pression au voisinage des reliefs osseux. Pour plus de sécurité et selon votre sensibilité, vous pouvez préserver votre coccyx ou votre périnée en choisissant une selle avec un évidement postérieur ou central.
En roulant, changez de position sur votre selle. Ainsi vous variez les points d'appuis. Alternez travail assis et en danseuse pour décomprimer votre zone fessière. Les études montrent que votre périnée reçoit quatre fois plus de sang et d'oxygène dès que vous quittez le contact de la selle !

6 • ROUES ET PNEUS

EN BREF

Si le cadre est l'âme d'un VTT, les roues en sont l'essence. De la qualité de leur roulement et de leur rigidité, dépendent confort, précision et rendement. Adaptées pour recevoir des freins à disques ou sur jante, des pneus *tubeless* ou tubetype (avec chambre à air), les roues ont fait des bonds énormes en fiabilité.

• > Les roues

Signe distinctif du vélo depuis ses premiers tours, la roue de 26 pouces (un pouce = 2,54 centimètres) singularise le VTT par sa petite taille. En se faufilant au nez et à la barbe des traditionnelles roues de 700 millimètres de diamètre des vélos de route, le VTT a pris la clé des champs. Le diamètre 26 pouces rendant au vététiste en maniabilité et en rigidité, ce qu'il a perdu en développement.

• Un rôle essentiel

Les contraintes reposant sur ces cercles d'aluminium maintenus à un moyeu par une poignée de rayons sont énormes. Leur rigidité est fondamentale : les roues doivent résister aux déformations latérales et offrir une grande souplesse frontale. Quel rôle ingrat ! Elles encaissent les chocs en tête, avant le cadre et sont contraintes à un rendement perpétuel pour transmettre l'énergie du pédalage au sol. Ce ne serait rien si le critère de confort ne rentrait pas en ligne de compte. Un vaste programme, par ailleurs remis en question par une figure légendaire du VTT, Gary Fischer, qui voudrait introduire les roues de 29 pouces, dont la maniabilité serait proche de roues 26 pouces mais le rendement meilleur. Une histoire à suivre qui risque de compliquer un choix déjà large. Il faut déjà opter entre des roues adaptées aux pneus *tubeless* (sans chambre à air) ou *tubetype* (avec chambre à air) et pouvant recevoir des freins à disques ou un freinage sur jante. Un arbitrage pas toujours évident et parfois négligé, à tort, au détriment d'équipements plus tape à l'œil. Pourtant, quels sont les éléments premiers sur un deux-roues ?

• Comment choisir une roue ?

Une roue se compose d'une jante, d'un moyeu et d'une poignée de rayons. Depuis 1996, sous l'impulsion de Mavic, elles se commercialisent complètes, mais si vous êtes du genre « bricoletout », vous pouvez acheter les composants en vrac et vous monter du sur mesure. Une roue affiche de 600 à 1500 grammes à la pesée, selon le niveau et le type de gamme, l'arrière étant plus lourd que l'avant. Une fourchette de poids pouvant donner des idées pour optimiser son rendement, sachant que l'embonpoint d'une pièce tournante se ressent à chaque tour de pédale.

LA JANTE

Elle est à double paroi sur un VTT qui vous respecte. Les jantes à simple paroi équipent les VTT de « loisir » d'entrée de gamme et ne résistent pas longtemps aux traitements du tout-terrain. En général en aluminium, elles sont larges et renforcées pour la descente et les utilisations musclées, étroites et légères pour le *cross-country*. La jante destinée à un freinage à patin est dotée de deux pistes (une de chaque côté) recevant, pour optimiser le freinage, une fine couche de céramique, un micro-usinage, une anodisation ou un gros rien du tout. Adaptées pour accepter le montage de pneus à chambre à air ou de pneus *tubeless* (voire les deux pour certaines jantes compatibles), elles sont préparées à recevoir les écrous des rayons.

LES RAYONS

En acier galvanisé, en inox ou en aluminium, selon la gamme, de diamètres plus ou moins importants, aplatis ou cylindriques, le rayonnage peut être croisé selon la rigidité recherchée et le nombre de rayons utilisés. Celui-ci varie de 16 à 36. En général, les roues en comptent 26 ou 32, la roue arrière pouvant être plus rayonnée que l'avant. Pour les usages sévères, une roue de 36 rayons est l'usage. Montés mécaniquement sur les roues complètes, ces bouts de métal ont une tension à vérifier régulièrement. L'assemblage manuel est réservé à certaines roues d'orfèvre et la fiabilité s'en ressent : des rayons serrés par une main experte ne bougent pas. En cas de casse, sur le terrain, il est préférable de le retirer pour qu'il ne se prenne pas dans le dérailleur, à l'arrière ou de l'attacher à son voisin, le temps de rentrer.

LE MOYEU

Simple axe de roulement à l'avant, il comprend également un système de roue libre à l'arrière. Pour accepter des freins à disques, les moyeux doivent être dotés des standards en vigueur : celui international six trous ou le Shimano Center-lock. Pièce tournante, son poids est essentiel, mais son étanchéité l'est tout autant et les roulements annulaires semblent prendre le pas sur les classiques roulements à billes cônes/cuvettes.

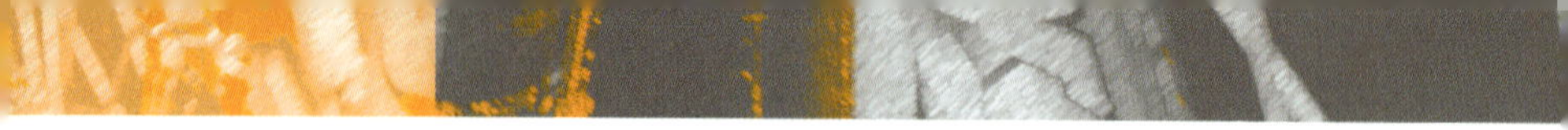

À SAVOIR

Le voilage est la maladie numéro un des roues, difficile à soigner sans un tour de clé exercé. Il est préférable de confier cette opération à un spécialiste, mais si un fort voilage survient sur le terrain, vous devez savoir donner les quelques coups de clés nécessaires pour rentrer sur le vélo.
Repérez les portions voilées et retendez les rayons les plus desserrés en serrant par quart de tour. Ensuite, tendez - toujours en serrant par quart de tour - les rayons d'une même nappe (groupes de rayons), en desserrant (par quart de tour également) ceux de la nappe opposée. Fort heureusement, les roues sont de plus en plus fiables et avec un pilotage en finesse, vous éviterez de perdre les belles rondeurs de vos roues.

NE PAS FAIRE

Ne changez pas de vélo si vous le trouvez trop lourd, mais arrêtez-vous un instant sur vos roues. S'il est un équipement sur lequel perdre quelques grammes se ressentira immédiatement sur le rendement, ce sont bien elles. Gagner du poids sur les pièces tournantes se perçoit à chaque tour de pédale (ceci vaut pour toutes les pièces en mouvement du vélo). Comparez votre coup de pédale printanier sur terrain sec et la lourdeur de votre pédalage l'hiver, les roues alourdies par la boue pour vous en convaincre.

LE MOT DU DOC

NI LE CADRE, NI LES ROUES NE CONSTITUENT L'ACHAT IDÉAL POUR PERDRE DU POIDS ET GAGNER EN PERFORMANCE !

Il faut plutôt investir chez votre primeur en fruits et en légumes puis réduire les frais en soda et barres chocolatées. Le placement est beaucoup plus rentable car, tout en faisant fondre les kilos, vous réalisez le plein de minéraux et de vitamines indispensables au fonctionnement de vos muscles.

EN BREF

De la motricité au freinage en passant par l'accroche et la résistance, les pneumatiques guident votre pilotage. Avec ou sans chambre à air (*tubeless* ou *tubetype*), les enveloppes s'adaptent au terrain, à la discipline et au pilotage, mais des pneus de section large (au-dessus de 2 pouces) et de structures polyvalentes, correspondent à une grande majorité de vététistes. Après, il faut veiller à ne pas trop gonfler.

• > Les pneus

Que de chemin parcouru depuis 1891 et la sortie des ateliers auvergnats d'Édouard Michelin du premier pneumatique démontable pour vélocipède jusqu'aux pneus *tubeless* d'aujourd'hui ! Le rôle de ces enveloppes de gomme est prépondérant : elles assurent le roulement, la motricité, l'accroche et se doivent de résister aux chocs et aux crevaisons. Que de fonction pour un "simple" consommable !

• Les grandes largeurs

DIMENSIONS

Si le diamètre des pneus de VTT s'arrête à 26 pouces (un pouce = 2,54 centimètres), la largeur varie de 1,50 à 2,35 pouces. Les pneus de petite section, permettant une plus grande précision de pilotage, sont les préférés des compétiteurs. Si vous n'êtes pas à la seconde près, optez plutôt pour des sections larges (à partir de 2 pouces). Un des avantages des grandes largeurs est de pouvoir rouler sans trop gonfler en diminuant les risques de crevaison par pincement (sur les pneus avec chambres à air). Malheureusement, les mesures affichées par les manufacturiers ne sont pas toujours justes et parfois même très fantaisistes.

SENS DE MONTAGE

Les ingénieurs se sont décarcassés à travailler sur la structure directionnelle des pneus, alors montez-les dans le bon sens ! Il est précisé sur le flanc des pneus.

• De bonnes compositions

CARCASSE

Composée de fils de nylon tressés, la carcasse est le squelette du pneu. En VTT, les carcasses souples sont préférées pour leur capacité à se déformer et à absorber les chocs. Indiquée sur le flanc du pneu en TPI (Thread per inch), mesure indiquant le nombre de fils par pouce, une carcasse au-dessus de 100 TPI est très souple et se retrouve sur les pneus haut de gamme.

TRINGLE

Souples ou rigides, ces deux cerceaux ont la charge de bloquer le pneu sur la jante. Les tringles rigides, plus lourdes, équipent les pneus d'entrée de gamme, ainsi que ceux de descente et de trial, subissant des mauvais traitements et montés avec de faibles pressions de gonflage. Les tringles souples sont destinées aux enveloppes haut de gamme. Plus légères elles facilitent le montage des pneus et se rangent pliées (pratique dans un sac à dos).

POIDS

De moins de 500 grammes pour les pneus haut de gamme de *cross-country* à plus d'un kilo pour les pneus à tringle rigide de descente, l'embonpoint se ressent rapidement dans les jambes après quelques heures de selle et quelques milliers de tours de pédale. Si le poids est important pour les deux pneus, à l'arrière il devient déterminant. Les chasseurs de poids gagneront à calculer les grammes de ce consommable, au rapport gramme/prix des plus avantageux.

• Des reliefs marqués

Le pneu avant est directionnel, l'arrière à une fonction motrice. Les crampons latéraux influent sur l'accroche en virage et sont essentiels sur le pneu avant, pour conserver précision et adhérence dans les virages. Pour le pneu arrière, on s'attachera surtout aux crampons placés sur la bande de roulement qui conditionnent la motricité, le freinage et le roulage.

Si vous ne jouez pas la gagne tous les week-ends, ne raisonnez pas comme un compétiteur international et utilisez un profil accrocheur et des pneus polyvalents, adaptés à votre région.

- **Sur terrains gras** et dans la boue, les pneus efficaces sont de section ronde, dotés de crampons volumineux et peu nombreux, afin que la boue ne reste pas coincée dans le relief du pneu et puisse être facilement éjectée en roulant. Les pneus de faible section fendent la boue plus facilement.
- **Sur terrains rocailleux**, une gomme tendre pour l'accroche et des grandes largeurs pour l'amortissement sont à privilégier.

• Une pression s'il vous plait !

La pression moyenne d'un pneu de VTT tourne autour de 2,5/3 bars et peut descendre à 2 bars pour des pneus *tubeless*. Les variations dépendent de votre poids, de la qualité de votre pilotage (les pilotes fins et techniques gonflent peu et ne crèvent pas pour autant), du terrain et de vos objectifs.

Les faibles pressions de gonflage autorisent une meilleure adhérence du pneu et une plus grande absorption des impacts à faible allure, donc un meilleur confort. En revanche, un pneu sous-gonflé, peut engendrer un certain flou dans les trajectoires à vitesse élevée. Une pression élevée est indiquée pour optimiser le rendement sur terrain roulant. En général, les pressions mini et maxi recommandées sont indiquées sur les flancs des pneus. La fourchette est large et fournit les valeurs extrêmes pour ne pas déjanter ou risquer l'éclatement. Ces valeurs sont exprimées en bars ou en PSI, mesure anglo-saxonne, à multiplier par 0,07 pour la conversion en bars.

• Avec ou sans chambre ?

La majorité des sports mécaniques se passent de chambre à air, alors pourquoi pas le VTT ? Présentés en 2000 pour le VTT, les pneus *tubeless**sans chambre, sont aujourd'hui mis en avant par tous les manufacturiers. Ils se montent sur des jantes prévues à cet effet. Si vos jantes ne sont pas adaptées, conservez « l'antique » système des pneus avec chambre, dénommés *tubetype**, les manufacturiers proposent leurs modèles dans les deux versions.

LES AVANTAGES DU *TUBELESS*

• L'absence de crevaison par pincement et la plus forte résistance à la crevaison, en général. D'autant plus qu'en cas de crevaison, le pneu se dégonfle beaucoup moins vite, permettant de rentrer plus facilement.

• La possibilité de rouler à des pressions très basses - autour de 2 bars et moins - améliorant confort et motricité, tout en autorisant le montage de pneus de section plus étroite.

• Un meilleur rendement grâce au gain de poids appréciable (une chambre à air pèse de 100 à 300 grammes) et à la souplesse du pneu *tubeless*.

LES INCONVÉNIENTS

• L'obligation de changer ses jantes pour se passer de chambres à air freine les ardeurs des plus volontaires. L'investissement est coûteux, d'autant plus qu'avec des chambres à air en latex ne pesant qu'une centaine de grammes, le rendement reste très bon en *tubetype*.

• Le *tubeless* n'est pas anticrevaison et la meilleure solution pour réparer en pleine nature est... de mettre une chambre à air. Cocasse, même si les crevaisons se réparent assez facilement. En acceptant uniquement les chambres à air équipées des « petites » valves de type Presta, les pneus *tubeless* les ont remis au goût du jour, au détriment des « grosses » Schraeder, pourtant initialement préférées des vététistes.

* « Tube » désigne la chambre à air en anglais.

• Le montage des pneus tient souvent du combat de boxe dont le pneu sort parfois vainqueur par abandon du combattant. Les multiples conseils et recommandations de montage des manufacturiers sont révélateurs de la difficulté à installer les *tubeless*, malgré l'aide d'un liquide de montage ou d'eau savonneuse.

• La crevaison, un mal nécessaire ?

Avec des VTT bardés de haute technologie, on peut être surpris de rencontrer encore des problèmes de crevaison sur nos vélos. Ce problème serait-il insoluble ? Toujours est-il que pour limiter les percements, les manufacturiers conseillent de remplacer les fonds de jante à chaque changement de pneumatique. Neuf fois sur dix, la crevaison touche la roue arrière. Logique, elle est la plus sollicitée. Mais avez-vous déjà remarqué que ce sont souvent les mêmes qui crèvent ? Rien à voir avec une quelconque mauvaise étoile, mais plutôt à un pilotage de bourrin ou un surpoids coupable.

À SAVOIR

Sur les premiers prix de VTT, les pneus sont très souvent de piètre qualité, mais sur les gammes moyennes et supérieures, les pneus en première monte peuvent n'être que de simples plagiats des modèles à succès. Réalisés par les manufacturiers eux-mêmes, dont ils arborent la marque et le modèle, ils ne sont parfois que des sous-produits réalisés à l'économie sur la matière et la manufacture ! Le marketing a parfois ses raisons que la raison ignore. Sachez également que pour afficher des poids flatteurs sur catalogue, certaines marques équipent leurs modèles de pneus de faible largeur. Mesquin non ?

NE PAS FAIRE

Ne gonflez pas trop vos pneus. Outre le confort aléatoire, la souplesse du pneu ne pouvant plus jouer son rôle d'amortisseur, votre vélo aurait tendance à rebondir à la moindre secousse et à contrarier vos évolutions. Disposer d'un VTT tout suspendu avec des pneus trop gonflés altère le travaille des suspensions.

MOT DU DOC

VÉRIFIEZ VOTRE GONFLAGE !

L'usage de la pompe à pied est l'occasion d'un petit dérouillage musculaire : restez dos droit et faites travailler les genoux !

7 • LE GROUPE TRANSMISSION/FREINAGE

EN BREF

Toujours mécaniques, les systèmes de transmission peuvent paraître désuets mais ils fonctionnent. Et de mieux en mieux ! Dotés de cassettes de neuf vitesses à l'arrière et trois plateaux à l'avant, les transmissions offrent une réelle polyvalence quel que soit le type et niveau de pratique. Le choix est une affaire de niveau de gamme, de type de commande et de compatibilité.

• > La transmission

Le VTT a mis au goût du jour les petits développements et les braquets adaptés aux cuisses de mouche, sous le regard bienveillant des médecins et autres entraîneurs. Fini le pédalage lent et pénible des vélos de route et des biclous de grand-mère, place aux coups de pédale alertes et aux franchissements de murs. Facile avec les systèmes de transmission toujours plus performants ! Ils fonctionnent à tous les niveaux de gamme, le haut du panier étant uniquement plus léger, plus solide et plus facile à reconditionner.

• Les commandes

Que de chemin parcouru depuis l'apparition des vitesses indexées (en 1987), permettant de faire monter ou descendre la chaîne d'un seul geste ! Aujourd'hui, trois types de commande imposent leurs volontés, à droite en jouant avec les pignons de la cassette, à gauche avec les couronnes des plateaux :

LES MANETTES À GÂCHETTE

Le premier et le plus classique des systèmes, par lequel, les vitesses se montent ou se descendent du pouce et de l'index.

LES POIGNÉES TOURNANTES

Souvent appréciées des randonneurs et des débutants pour leur simplicité d'utilisation : un tour de poignée vers le haut ou le bas et l'affaire est réglée. Elles comptent également des inconditionnels parmi les compétiteurs.

Certains vététistes n'hésitent pas à mixer les deux, en plaçant des gâchettes à droite et une poignée tournante à gauche pour profiter de la plage de positionnement plus large sur le plateau.

LES LEVIERS DE FREINS ARTICULÉS

Haut de gamme de Shimano, intègrent les changements de vitesse aux leviers de frein, sur le principe des commandes des vélos de route. Le monde du VTT n'est pas unanime sur ce principe.

Le géant japonais Shimano ne règne plus seul, rejoint désormais par l'américain Sram et l'autre japonais, Suntour. La qualité est de mise et le choix des manettes est une affaire de goût, de niveau de gamme, de poids... et de compatibilité, car toutes les commandes ne sont pas compatibles avec tous les dérailleurs. À vérifier, avant de vous lancer dans de grandes transformations.

- **Les bons développements**

Trois plateaux devant, huit ou neuf pignons sur la cassette arrière (six ou sept pignons pour les anciennes cassettes), vous disposez de dix-huit, vingt et un, vingt-quatre ou vingt-sept vitesses théoriques. En évitant les rapports extrêmes, destructeurs pour la chaîne et le dérailleur ainsi que les rapports redondants, on est plus proche dans la réalité : de douze à quatorze vitesses pour six pignons ; de quatorze à seize vitesses pour sept pignons ; de seize à dix-huit vitesses pour huit pignons ; de dix-huit à vingt vitesses pour neuf pignons.
Les **combinaisons standards** offrant la meilleure polyvalence sont des plateaux 22/32/44 dents à l'avant (nombre de dents du petit plateau, de l'intermédiaire et du grand), combinés à une cassette neuf vitesses à l'arrière 11/32 ou 11/34 (la première valeur indiquant le nombre de dents du plus petit pignon, la seconde celui du plus grand).
Si vous évoluez en montagne, vous pouvez préférer des cassettes 12/34 tandis qu'en plaine, l'étagement 11/28, 12/26 ou 12/23 suffira pour passer partout. Les grands plateaux proposent des dentures de 42, 44 ou 46, les moyens de 32, 34 ou 36 dents et les petits de 22, 24 ou 26 dents.
Bien que les vélos de route soient désormais équipés de cassettes dix vitesses, neuf vitesses semblent être la limite en VTT, un pignon supplémentaire obligerait l'emploi d'une chaîne et de pignons encore plus étroits, peu conciliables avec l'utilisation d'un VTT.
Côté matériaux, l'aluminium est employé pour la grande majorité des plateaux, hormis le petit souvent en acier et parfois en titane sur les hauts de gamme. En revanche, l'acier est utilisé pour la majorité des cassettes, seul le titane se mêle aux cliquetis pour certains pignons de cassettes haut de gamme.

• Les pédaliers

Les manivelles, fixées aux plateaux sont en général en aluminium, mais le carbone pointe le bout de son nez. Comme sur les vélos de route, elles mesurent 175 millimètres, un standard pouvant passer à 180 millimètres pour augmenter le bras de levier. La technologie Hollowtech se retrouve sur le haut de gamme : les manivelles sont forgées et creuses pour conserver de la rigidité en s'allégeant de quelques grammes. Le marché permet de choisir entre un emmanchement carré, cannelé ou les boîtiers à roulements externes

• Les dérailleurs

La partie mécanique d'un vélo qui fait peur à voir pour les néophytes. Les réglages, pourtant maintenant assez simples (mais nombreux) donnent des suées aux vététistes peu bricoleurs. Rassurez-vous, on peut faire du VTT sans être un as de la mécanique.

L'arrière subit les plus fortes contraintes avec la charge d'orienter correctement la chaîne sur une des vitesses de la cassette. La durée de vie d'un dérailleur avant est quasiment illimitée, celle de l'arrière peut facilement atteindre les 20 000 kilomètres avec un entretien régulier. Les dérailleurs arrière d'entrée de gamme sont souvent limités à sept ou huit vitesses, il faut casser sa tirelire pour permettre à la chaîne le passage sur huit ou neuf vitesses. En plus de ses contraintes de fonctionnement, le dérailleur arrière est exposé aux chutes et peut rendre l'âme sur un gros choc. Côté matériaux, l'aluminium et les matériaux composites sont préférés à l'acier sur les moyens et hauts de gamme.

• La chaîne

Les vitesses sautent de plus en plus souvent ou passent mal. Ne cherchez pas plus loin, votre chaîne se détend ! Il ne faut pas hésiter à la changer (tous les ans pour les gros rouleurs) pour assurer une bonne transmission ; comme elle ne s'use jamais seule, le changement de la chaîne s'accompagne généralement de celui de la cassette (une chaîne neuve sur des pignons usés saute). Pour choisir cet ensemble de 114 ou 116 maillons, assurez-vous de la compatibilité avec le nombre de vos vitesses, les maillons étant de largeur différente selon le nombre de pignons de la cassette.

• L'avenir sans fil ?

Pour changer de vitesse, les commandes sont toujours mécaniques et actionnées par câble, enfin pour l'instant ! Les groupes de transmission électrique, sans câble, ne sont peut-être plus très loin d'une commercialisation massive. Les vitesses intégrées au moyeu, déjà utilisées en compétition de descente non plus. Une histoire à suivre...

MINILEXIQUE DE LA TRANSMISSION

• Le **braquet** est le rapport de démultiplication entre le nombre de dents du plateau et celui du pignon. Avec un braquet de 32 / **11** (32 dents du plateau pour **11** dents du pignon), le rapport est de 2,09, ce qui veut dire que lorsque le pédalier fait un tour complet la roue arrière fait 2,09 tours

• Le **développement** est la distance parcourue à chaque tour de pédale. Il est égal au produit du braquet par la circonférence de la roue.

Le haut de gamme de Shimano, le groupe XTR, dans son intégralité.

À SAVOIR

De la transmission au freinage, les équipementiers proposent des groupes complets, dans lesquels la transmission occupe la place centrale et allant jusqu'aux freins : cassette, dérailleurs, commandes, chaîne, boîtier de pédalier, pédalier, moyeux, freins, jeux de direction, pédales... Ces groupes, sont composés selon des niveaux de gamme homogènes. Les marques de vélo équipent souvent leurs modèles en panachant des éléments de gammes différentes, mais vous pouvez également monter votre VTT en sélectionnant tous les équipements d'un même groupe.

NE PAS FAIRE

Ne changez pas votre transmission sans vérifier les différentes compatibilités. Si les dérailleurs avant fonctionnent indifféremment avec toutes les commandes, il n'en est pas de même pour les dérailleurs arrière qui utilisent des ratios différents : Shimano utilise un ratio 1 : 2, c'est-à-dire que pour une unité de tirage du câble à la commande, le dérailleur se déplace de deux unités ; Sram opte pour un ratio 1 : 1, soit une unité de déplacement à la commande correspondant à une unité au dérailleur. À l'usage, l'un ou l'autre des systèmes ne change pas grand-chose, il faut simplement connaître ces différentes compatibilités commande/dérailleur arrière avant de changer de matériel.

LE MOT DU DOC

LE TRIPLE PLATEAU : LE CADEAU SANTÉ DU VTT !

Le VTT a inspiré l'ensemble de l'industrie du cycle. Autrefois, les vélos de route n'étaient équipés que de double plateau et proposaient au grand public approximativement les mêmes développements qu'aux coureurs du tour de France ! Les médecins du sport ont vu se généraliser les petits braquets avec bonheur ! En moulinant, la santé était vraiment au rendez-vous ! L'intensité pouvait rester modérée malgré le relief ! La tension artérielle ne s'élevait plus de façon inconsidérée et le cartilage des genoux était préservé !

SINGLE SPEED, RETOUR VERS LE FUTUR

Face à la débauche de suréquipement, une tendance à la simplification, venue des États-Unis se développe avec des vélos dotés d'une seule vitesse. Retour à l'âge de pierre ou coup de gueule antimarketing ?

Dérailleurs, câbles et commandes passent à la poubelle, sur ces **VTT** dépouillés au maximum. Certains se passent même de fourches suspendues. Si ce mouvement *underground* aux origines confuses se retrouve essentiellement dans les pratiques alternatives (*street*, *dirt*...), il se propage dans le classique *cross-country*, dont des championnats du monde officieux de *single speed* sont organisés depuis 1999. Ce retour vers la simplicité tient d'un courant refusant la complexification technologique du vélo, rejetant l'ex-monopole du géant japonais Shimano pour la transmission et se défendant face au marketing agressif des marques. Il fut également encouragé par certains coursiers américains à vélo, roulant sur une vitesse dans leur job quotidien et déboulant en tout-terrain à leurs heures perdues sur ces vélos monovitesse.

LE PLAISIR SANS MATÉRIEL

Le *single speed* ramène le **VTT** au plaisir simple de rouler en partant d'un constat évident : la majorité des vététistes n'utilisent pas la moitié de leurs vitesses, encore moins du potentiel de leurs suspensions, les réglages deviennent de plus en compliqués en faisant oublier l'essentiel du **VTT**, le plaisir d'évoluer en tout-terrain. Surtout qu'avec une seule vitesse, ça roule. Et sans les bruits de fond d'un dérailleur mal réglé s'il vous plait. Les rapports généralement utilisés sont de 2 : 1 entre la couronne avant et le pignon arrière (pour une couronne de trente-quatre dents, le pignon en comportera dix-sept), le choix des développements étant à discrétion de l'utilisateur. Le cadre est souvent en acier (l'esprit « revival »), semi-rigide ou tout rigide avec une géométrie *sloping* (tube supérieur incliné), de petite taille pour privilégier maniabilité et nervosité. Les manivelles sont plus longues (180 millimètres) que la normale, le cintre assez large et relevé et les pneus de grosse section et bien cramponnés. Le vélo, tout comme la facture, se trouve singulièrement allégé par ce régime minceur.

LES MODERNES CONTRE LES ANCIENS ?

Le côté passe-partout du **VTT** prend un sacré coup dans l'aile, surtout dans les montées très raides. Ce débat semble nous renvoyer à une autre époque du vélo, à la fin du XIXe siècle, quand les systèmes de changement de vitesse en marche fleurissaient, jusqu'à la généralisation du dérailleur, rejeté par les coursiers. Guerre des anciens contre les modernes ? Mais qui sont les modernes ?

Si vous croisez des adeptes de la monovitesse sur les sentiers, appréciez la qualité de leur pilotage car avec une seule vitesse, tout le corps participe aux évolutions, les cuisses se renforcent et la moindre petite descente devient prétexte à prise d'élan.

TIMEX

EN BREF

Vous pouvez confier le freinage à des freins à disques – mécaniques ou hydrauliques – plus puissants, plus progressifs et efficaces dans toutes conditions. Des avantages indéniables par rapport au freinage sur jantes *V-brake*, à la valeur pourtant prouvée et qui restent d'un poids et d'un prix inférieurs.

• > Les freins

Freins sur jante ou à disques ? Les premiers peuvent paraître désuets face aux disques finement découpés. Ils disposent pourtant de sérieux atouts, notamment en terme de légèreté, face aux freins à disques dont la puissance et la progressivité, surtout sur terrain mouillé fait merveille... selon les modèles. Sur les VTT de loisir de premier prix, les freins à disques mécaniques tiennent de l'animation de supermarché et ne présentent aucun intérêt.

• Freinage sur jante

LES *V-BRAKE*

La simplicité de réglage, la puissance et la légèreté ont imposé le système du tirage latéral des *V-brake* (freins en V), à l'antique Cantilever. Une technologie toujours plébiscitée par les pilotes de *cross-country* élite qui les préfèrent aux disques sur terrain sec, pour leur légèreté. Quand on court après le temps, le moindre gramme compte. Solides et facilement réglables, les *V-brake* sont également appréciés des baroudeurs pour leur réparation aisée, en tout lieu. Il faut éliminer tout de suite les étriers en résine pour choisir parmi les modèles sérieux, en aluminium. Prenez également le temps de remplacer régulièrement les patins. Ces bouts de gommes, plus ou moins tendres, changeront la qualité et durabilité de votre freinage. Les gommes tendres offrent un meilleur mordant mais s'usent très vite, surtout sur terrains gras. Si vous possédez des jantes céramiques, elles sont assez corrosives et certains patins leurs sont exclusivement destinés.

LES FREINS HYDRAULIQUES

Les freins hydrauliques sont une alternative intéressante aux freins à disques avec l'agrément de la commande hydraulique pour la puissance et la progressivité du freinage. Si vous n'êtes pas disposé à changer vos roues, votre fourche, voire votre cadre pour passer aux disques, vous apprécierez cette technologie intermédiaire.

Le problème du freinage sur jante, qui ne l'a pas rencontré un jour avec un léger voile à la roue ou le passage dans un bain de boue ? Dans le premier cas, les patins frottent, dans le second ils ne bloquent plus grand-chose, s'usent rapidement et les câbles coulissent moins bien. Dans les gros bourbiers, la boue peut bloquer le vélo, en s'amoncelant au niveau des étriers, un comble ! Sur terrain gras, les freins à disque peuvent représenter le paradis pour un vététiste.

• Freins à disques

Plus puissants que des *V-brake* ils fonctionnent sous toutes les latitudes. Idéal pour la descente, le *free ride* et le trial pour leur puissance, ils offrent des agréments certains en randonnée et *cross-country*.

Dans les premiers prix, les freins à disques mécaniques sont actionnés par un simple câble tandis que les freins à disques hydrauliques fonctionnent par l'intermédiaire d'un circuit hydraulique. Un net avantage pour la progressivité de la commande. Le principe emprunté à la moto est d'exercer une forte pression d'un petit déplacement du levier de frein, sur une miniaturisation de la roue, le rotor, par l'intermédiaire de plaquettes. La puissance et la progressivité du freinage sont supérieures à un freinage sur jante et en aucun cas soumises aux aléas météo. Les freins à disques peuvent essuyer un déluge, ils fonctionnent.

Le disque, solidaire de la roue, est généralement d'un diamètre de 160 millimètres pour le *cross-country* et la randonnée sportive, mais il passe à 180 millimètres pour les pratiques plus musclées, pour atteindre 200 millimètres et plus en descente. La course au plus gros disque n'est pas forcément gage de meilleur rendement. La qualité de la plaquette et son épaisseur, le diamètre du piston de la poignée par rapport au piston de l'étrier... ont également leur mot à dire.

Si votre VTT n'est pas équipé d'origine, vous devez vous assurer que votre cadre et votre fourche disposent de la fixation pour les étriers, mais également que vos roues soient adaptées : le moyeux doit être doté d'un des standards en vigueur et le rayonnage doit pouvoir encaisser la puissance du freinage. Une transformation pouvant se révéler très coûteuse au bout du compte.

S'ils ne sont pas supprimés des catalogues, les freins sur jante ont encore de beaux jours devant eux, ils semblent simplement être en sursis marketing.

À SAVOIR

Plus la mécanique est compliquée, plus elle exige d'entretien. En plus du changement des plaquettes (comme les patins pour les freins sur jante), il faut régulièrement purger les freins à disques pour supprimer les bulles d'air du circuit. Selon les modèles et la fréquence d'utilisation, cette opération s'effectue environ une fois par an.

NE PAS FAIRE

Ne vous lancez pas dans une grande descente ou ne prenez pas le départ d'une compétition sans respecter une phase de rodage de vos nouveaux freins à disques. Comptez minimum deux à trois à sorties avant de disposer d'un freinage parfaitement efficace.

LE MOT DU DOC

TOUTE ENTORSE DU POIGNET EST UNE FRACTURE DU SCAPHOÏDE JUSQU'À PREUVE DU CONTRAIRE !

Le scaphoïde, c'est le petit os des gros soucis ! Souvent, il se brise bêtement en tombant sur le poignet après un coup de frein trop violent. Sa petite taille fait que l'articulation ne gonfle pas trop et que la douleur reste modérée. Pourtant sa mission est essentielle : il tient tout le petit puzzle osseux de la main !

Si vous avez une fracture, si vous n'allez pas chez votre médecin, si vous ne faites pas de radios, si vous ne mettez pas de plâtre, votre scaphoïde ne consolidera pas ! Tous les petits os de la main vont bouger et votre poignet va s'user très vite ! En quelques années, parfois quelques mois, il vous sera impossible de réaliser de nombreux gestes de la vie quotidienne, ... encore moins tenir un guidon de VTT sur un chemin chaotique !

8 • PÉRIPHÉRIQUES ET ACCESSOIRES

EN BREF

Les périphériques ne sont pas accessoires. Le type et le niveau de ces équipements sont souvent révélateurs de la pratique et des exigences du vététiste.

• > Pédales, câblerie et compagnie

• Les pédales, vous avez dit automatiques ?

PÉDALES AUTOMATIQUES

En se solidarisant au pied, les pédales automatiques rendent le pédalage plus efficace et les descentes chaotiques plus faciles. Hormis les trialistes, quelques irréductibles descendeurs et les pratiques alternatives (*dirt*, *street*...), les vététistes confirmés s'accrochent aux pédales. L'énorme avantage par rapport aux pédales automatiques des routiers est de pouvoir marcher sans ressembler à un pingouin en risquant de glisser à chaque pas.

On doit à Shimano la première pédale automatique pour le VTT en 1990, avec son système SPD (Shimano Pedaling Dynamics), toujours d'actualité. Quel que soit le système de fixation - à griffes ressort ou à arceaux -, vérifiez la compatibilité avec leur indissociable binôme, les chaussures. Le déchaussage doit être facile et une bonne liberté angulaire est indispensable pour ne pas déclencher des tendinites, entre autres. Après, le choix reste une affaire de qualité des roulements de l'axe, d'appuis, de poids et bien entendu de budget, car la facture grimpe sur certaines pédales affichant des records de légèreté, à moins de 200 grammes.

PÉDALES PLATES

Les randonneurs et les débutants n'apprécient pas toujours de se retrouver ainsi attachés au vélo et préfèrent souvent des **pédales plates**. Une bonne chose selon les entraîneurs car elles favorisent l'acquisition d'une bonne technique. En revanche, il est difficile de trouver une paire offrant suffisamment d'adhérence pour la randonnée, sans tomber dans le rayon des pédales à picots et reliefs agressifs pouvant martyriser vos jambes. Les pédales automa-

tiques à plates-formes - issues de la descente -, cumulent les avantages des pédales automatiques et des plates, en proposant une bonne zone d'appui. Une alternative intéressante.

• Serrages, rapides mais efficaces

Sur le principe de leviers à excentriques, les blocages rapides de roue font partie des équipements standard facilitant la vie de tout vététiste. Une bonne chose. Une meilleure encore est de fermer le levier correctement : à l'avant, il se place derrière le fourreau de fourche ; à l'arrière, entre les deux tubes du triangle ou au-dessus du hauban. Surtout, ne l'orientez jamais vers le bas. Côté sécurité, vérifiez également vos serrages avant de partir en vous servant de votre « bonne » main, sans serrez comme une brute épaisse, mais plutôt comme si la fixation de vos roues en dépendait...

Également utilisés pour les tiges de selle, ils permettent d'adapter rapidement la hauteur de selle au terrain et restent plus fonctionnels que les serrages à collier, destinés aux vététistes chassant le gramme supplémentaire.

• La câblerie, le VTT ne tient qu'à un fil

Votre douce mécanique fonctionne avec des câbles devant parfaitement coulisser dans des gaines. Vous êtes-vous déjà préoccupé de ces filins d'acier ou d'inox et de leurs gaines ? Pourtant pour un investissement modique, la transmission et le freinage de votre vélo peuvent s'en trouver transfigurés.

Pour le freinage, les câbles sont plus épais que pour les dérailleurs (1,6 millimètres de diamètre pour les premiers, 1,2 millimètres pour les seconds). Plus que les câbles, les gaines sont différentes pour le freinage et la transmission : celles des freins doivent être très résistantes, celles des dérailleurs souples. L'ensemble est à changer régulièrement, surtout dans les régions pluvieuses, sauf à s'équiper de câbleries « étanches » assez coûteuses et fastidieuses à monter, mais diablement efficaces.

• Compteur

Les compteurs ne sont pas uniquement destinés aux compétiteurs, mais également aux randonneurs, pour apprécier le nombre de kilomètres restant à parcourir avant de rentrer au bercail, réguler la vitesse moyenne d'un groupe et adapter l'itinéraire ou pour rouler

« à la carte » et ne pas rater le petit sentier à 500 mètres à droite après le pont. Aux fonctions basiques (vitesse instantanée, vitesse moyenne, kilométrage, temps parcouru, kilométrage moyen, vitesse maxi atteinte...) s'ajoutent des options comme des capteurs de cadences de pédalage, un altimètre... et certains compteurs cumulent également avec des fonctions de cardio-fréquencemètre. Les compteurs sans fils sont pratiques à VTT pour éviter de rompre le fil sur les chutes. La fiabilité et l'étanchéité se mesurent à l'usage, la facilité d'utilisation à l'achat.

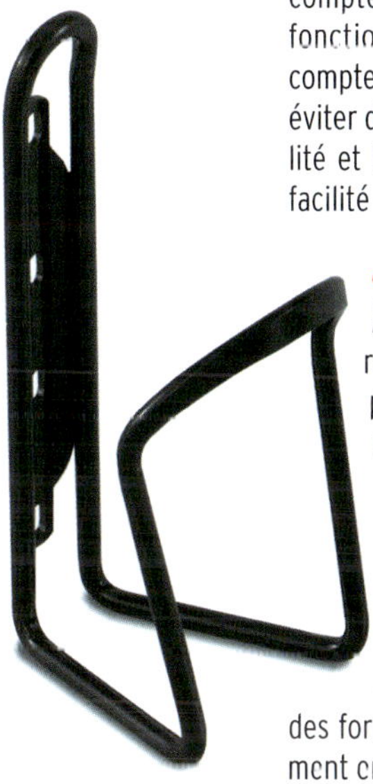

- **Porte-bidon**

À compter le nombre de bidons à terre sur les randonnées et compétitions de *cross-country*, on peut se demander pourquoi certains accessoiristes rivalisent d'ingéniosité pour proposer des supports qui ne tiennent pas les bidons dès que les parcours deviennent chaotiques. Le fil d'aluminium conserve l'avantage de pouvoir serrer correctement les gourdes de plastique. Accompagné de tampons en caoutchouc les empêchant de glisser, il lutte désormais contre le carbone et le plastique modelant des formes très design, pour un accessoire se concevant également en titane.

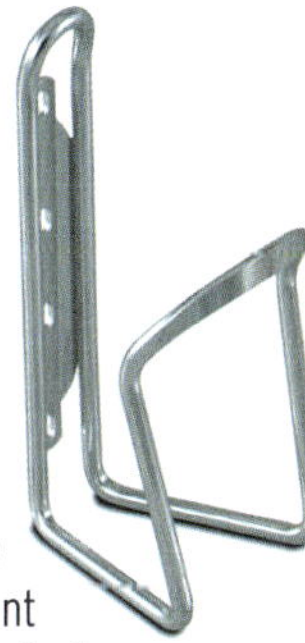

À SAVOIR

Pour retrouver votre bonne hauteur de selle, marquez votre tige de selle avec adhésif costaud.
Un repère parfait pour retrouver sa position.

NE PAS FAIRE

Ne serrer pas vos pédales comme un forcené, cela ne sert à rien et elles pourraient se retrouver fixées à jamais. N'oubliez pas non plus que le pas de vis est inversé et que les pédales ont un sens de montage indiqué par les lettres L *(left)* et R *(right)*.

EN BREF

Qui veut aller loin ménage sa monture ou du moins l'entretien. En plus du lavage et du graissage, de rigueur après chaque sortie, des contrôles réguliers s'imposent pour rouler sur un vélo en bon état de marche, sans craquements, ni frottements.

• > L'entretien

Plus de plaisir, moins de soucis et un vélo qui traversera les années sans vieillir. Pourquoi se priver d'un entretien régulier ?

• Le lavage

Nettoyez votre vélo après chaque sortie, avant que la boue ne prenne le temps de sécher. Le jet d'eau (surtout pas de haute pression) ne doit pas être dirigé directement sur les roulements. Utilisez un simple liquide vaisselle et une brosse puis rincez en restant perpendiculaire aux axes afin de ne pas faire pénétrer d'eau dans les roulements. Égouttez votre vélo en le faisant rebondir sur les deux roues, et séchez-le à l'aide d'un chiffon propre, en insistant sur les éléments de transmission.

• Le graissage

L'entretien, à effectuer après chaque lavage et avant une mise au placard prolongée, débute par le graissage de la chaîne. Puis huilez les axes des roulettes et les pivots du dérailleur arrière, les articulations du dérailleur avant, les embouts de gaine, butées de cadre, les orifices de passage des câbles des commandes ainsi que les pivots de frein sur les *V-brake*. Essuyez le surplus d'huile avec un chiffon propre pour éviter à la poussière de coller. Pour les *check up* plus complets, vous pouvez vous faire aider par un professionnel.

• Les contrôles réguliers

Votre mécanique encore sous les chocs a tendance à relâcher sa visserie. Certains contrôles de sécurité sont nécessaires avant chaque sortie et des réglages s'imposent.

AVANT CHAQUE SORTIE

- Vérifiez vos serrages de roue et leur fixation correcte : tapez violemment sur vos pneus, en exerçant une pression verticale, roues relevées.
- Freins serrés, poussez le vélo d'avant en arrière pour vous assurer de l'absence de jeu au niveau de la direction.
- Contrôler les serrages de votre tige de selle, de votre chariot de selle, de votre potence et de votre cintre.

- Les commandes ne doivent pas tourner, les leviers de frein non plus.
- Gonflez vos pneus et vérifier l'usure des crampons et de la carcasse.
- Jetez un coup d'oeil à l'état de vos patins.
- Ajuster les réglages de votre fourche et de votre amortisseur arrière si besoin.

APRÈS CHAQUE SORTIE

Vélo lavé et graissé, vérifiez la tension des rayons, l'état des câbles, le fonctionnement correct des freins et de la transmission. Si un léger voile se déclare, n'attendez pas pour retendre les rayons, la situation ne pourra que s'aggraver. Si votre transmission craque, que vos freins se détendent, procédez aux réglages nécessaires et changez les éventuelles pièces défectueuses.

RÉGULIÈREMENT

- Vérifiez le serrage des galets du dérailleur arrière, le collier du dérailleur avant, les manivelles.
- Reportez-vous aux consignes d'entretien de votre fourche et de votre amortisseur et respectez-les.
- Changez patin ou garnitures de freins à disque, selon l'intensité de votre utilisation et les conditions d'usage.
- Si vous roulez beaucoup, graissez les roulements des moyeux et du jeu de direction tous les trois à quatre mois, mais également les pédales automatiques que vous démonterez pour les graisser correctement.
- Vérifier que vos moyeux ne prennent pas de jeux en remuant la roue latéralement. Elle ne doit pas bouger, dans le cas contraire, il faut penser à les changer.

TOUS LES ANS

Selon votre usage, changez chaîne et cassette, pneumatiques, câblerie et gaines si besoin. Faites une vidange de fourche et contrôlez l'état des pédales, des couronnes ainsi que toute la visserie. Graissez le boîtier de pédalier (avec de la graisse blanche), ainsi que la tige de selle.

À SAVOIR Pour l'entretien de votre chaîne, utilisez une huile fluide mais ne mettez surtout pas de graisse : terre, poussière et autres malpropretés se colleraient dessus, encrassant complètement votre transmission.

NE PAS FAIRE Prenez garde à ne pas lubrifier un frein à disque en graissant votre vélo : les plaquettes seraient bonnes à être remplacées, mais le temps de vous en apercevoir, la chute risquerait d'être rude et douloureuse.

EN BREF

La plupart des incidents de parcours ne demandent qu'un minimum d'outillage et de pièces de rechange pour se résoudre très facilement. Ne partez pas le sac vide.

• > Le nécessaire de dépannage

Neuf fois sur dix, les incidents mécaniques peuvent se réparer directement sur le terrain, alors partir dans la nature sans outillage de dépannage se fait une fois, grand maximum. Après on se souvient de la galère et on emporte ce qu'il faut pour bricoler sur le terrain et rentrer facilement à vélo.

• Le kit de base

UNE MINIPOMPE

Les modèles double valve s'imposent, pour gonfler les chambres à airs équipées de valves Presta (les longues) et Schraeder (les petites). Préférez les têtes réversibles aux démontables, elles évitent de perdre des pièces dans la nature. Choisissez une pompe rigide, au corps solide et à la course de gonflage suffisamment longue pour ne pas vous user en mettant la pression.

UNE CHAMBRE À AIR (OU DEUX)
Dotée d'une valve longue, elle vous dépannera même si vous roulez en Tubeless. Si vous avez de la place prenez-en plutôt deux.

DEUX DÉMONTE-PNEUS
Même s'ils ne sont pas conseillés au montage et démontage, ils sont parfois nécessaires.

UN MULTIOUTIL
Ce n'est pas un gadget à la Mac Gyver, mais votre atelier portable. Il doit être le plus complet possible, tout en restant fonctionnel et ergonomique.

UNE CLÉ À RAYONS
Pensez à vérifier sa compatibilité avec vos nouvelles roues.

UN NÉCESSAIRE ANTI-CREVAISONS
Il ne doit pas sortir de la sacoche vélo de votre grand-père, la colle pouvant s'évaporer et les rustines durcir.

UN DÉRIVE CHAÎNE
On ne fait surtout pas l'impasse dessus, sauf s'il est intégré au multioutil.

UN MAILLON ATTACHE RAPIDE
Avec quelques maillons de chaîne, il est irremplaçable en cas de bris de chaîne.

Les compétiteurs rajoutent une cartouche de CO_2, souvent fixée directement sur le tube de selle. Pour les sorties en groupe ou les raids sur plusieurs jours, ce nécessaire de base peut être complété par des élastiques, des colliers Rilsan, des courroies de cale-pied, une petite pince, du fil de fer, du ruban adhésif. L'ensemble se glisse dans un sac à dos, une sacoche de selle ou de cadre.

À SAVOIR

Pensez à protégez votre kit de dépannage dans un sac plastique, certains équipements survivent mal à une humidité prolongée.

NE PAS FAIRE

Ne portez pas d'outils dans vos poches, en cas de chute, ils pourraient vous blesser. Rangez-les soigneusement dans votre sac à dos ou sacoche de selle.

UNE GARDE RAPPROCHÉE

Le VTT en jean et baskets ? Pour faire le tour du pâté de maison peut-être, mais pour passer quelques heures chaotiques sur une selle, des équipements techniques vont s'imposer comme une évidence. Sans tomber dans le déguisement de carnaval ou la tenue tribale, la panoplie du parfait vététiste associe confort, sécurité et performance. Les équipements du pilote sont votre garde rapprochée. Pensez-y !

2 COMMENT S'ÉQUIPER ?

Le casque se porte même pour une démonstration, une courte virée ou un entraînement léger. C'est toujours lors de circonstances inattendues que se produisent les accidents.

1 • LES ÉQUIPEMENTS DE SÉCURITÉ

EN BREF

L'équipement de sécurité numéro un se porte en toutes circonstances mais pour être efficace, il doit s'ajuster parfaitement et offrir un maintien parfait, sans l'aide des jugulaires. Attention, il ne protège qu'une fois en cas de chute.

• > Le casque

Obligatoire en compétition, c'est le cerveau qui impose ce couvre-chef pour toutes les sorties VTT, même les plus tranquilles. Ne pas en porter tient de la roulette russe. Et n'invoquez pas l'idée que le casque altère la performance, son poids est négligeable - entre 250 et 300 grammes en moyenne - comparé aux quelques rondeurs qu'il vous reste à perdre !

Ne vous réfugiez pas derrière une prétendue chaleur étouffante. Pour votre confort, la ventilation du cuir chevelu est optimisée par des ouvertures profilées faisant converger les flux d'air au sommet du crâne.

Les études comparatives entre les casques à coque ventilée et les protections à boudin montrent que la température à la surface du crâne est nettement inférieure sous les couvre-chefs modernes que sous leurs ancêtres à lanière, pourtant largement ouverts. Sachez également que la pénétration dans l'air est améliorée grâce à sa forme aérodynamique.

Enfin, si vous le choisissez de couleur blanche, votre crâne attirera beaucoup moins le soleil que votre crinière brune et vous souffrirez moins de la chaleur.

• Une sécurité assurée

La norme européenne EN 1078 (EN pour European Norm), en vigueur depuis 1996 garantit la résistance aux chocs et à l'arrachement de la jugulaire. La majorité des fabrications intègre la technologie « In-mold », un processus de fusion de la coque externe au rembourrage interne (en polystyrène), permettant le renforcement aux endroits critiques, sans rajout de poids, ni d'épaisseur.

La coque a deux fonctions : elle amortit directement l'impact mécanique en se tassant sur un impact et diffuse l'onde de choc tout autour de sa structure circulaire. Ainsi, vous comprenez l'impérieuse nécessité de changer de casque après une violente chute sur la tête.

La moindre fissure au sein de la carcasse rigide se comporte comme un fossé bloquant la propagation périphérique de l'onde de choc. Le séisme replonge vers les profondeurs ... et rejoint votre boite crânienne.

• L'essayer, c'est l'adopter

Les casques se retrouvent souvent en taille unique (de 54 à 61 centimètres de tour de tête) ou classés en trois grandeurs (S, M et L). Le choix est simple mais ne vous dispense surtout pas d'un essayage. Pour être 100% fiable, la protection cranienne doit être parfaitement ajustée et ceci vaut pour tous, notamment pour les enfants qui ne doivent pas porter le casque de leur papa, même s'ils en ont envie. Pour la sécurité, le maintien et l'ajustement sont essentiels et dépendent autant du système de fixation que de la façon dont vous le vissez sur la tête. Idéalement, un casque dispose d'un réglage occipital (le réglage situé derrière la tête) facile d'utilisation et permettant un ajustement avec des gants. Les modèles haut de gamme comportent plus de vingt aérations, dix étant le minimum pour ne pas suffoquer.

La visière n'est pas un détail esthétique, maintenue par Velcro, clip ou charnières plastiques, elle protège des projections, des branches baladeuses, de la pluie et du soleil. Optez pour une visière souple pouvant se tordre ou s'arracher sur une chute, sans se casser.

Enfin, votre champ de vision ne doit pas être gêné, d'autant plus que vous allez rajouter une paire de lunettes par dessus (il n'est d'ailleurs pas superflu de les essayer en même temps). Parmi les détails qui comptent, les filets anti-insectes sur les aérations frontales et la mousse sur la jugulaire, sont des plus en terme de confort, tout comme l'intérieur amovible. Pensez à nettoyer régulièrement ces mousses internes qui absorbent votre transpiration.

Pour la calotte externe, pas de détergeant ou autres produits corrosifs, de l'eau savonneuse rendra à votre casque son lustre d'antan, sans l'endommager.

Porter un casque est un réflexe qui doit s'apprendre très jeune.

À SAVOIR

En cas de crash, la plupart des marques de casque le remplacent pour un prix public situé entre 40% à 50% de sa valeur. Il suffit de le ramener (ou ce qu'il en reste) à votre revendeur avec la facture d'achat, pour repartir avec un bol tout neuf.

NE PAS FAIRE

Ne réutilisez jamais un casque avec lequel vous avez chuté. Sur un choc, le casque se déforme et peut se fendre pour amortir l'impact et protéger votre tête. Fendu ou déformé, il sera aussi utile qu'un chapeau de paille. Il faut le remplacer immédiatement. De la même manière, ne portez pas un casque mal ajusté, sa protection serait inefficace.

LE MOT DU DOC

PAS DE CASQUE, PAS DE VTT !

À VTT, une banale chute sur la tête peut se révéler extrêmement dangereuse ! Un traumatisme crânien à 30 Km/h dans une descente sur sol rocailleux correspond à un plongeon du premier étage sur macadam ! Au cours d'une balade à vitesse plus modérée, aux environs de 20 Km/h, si votre crâne heurte le sol, les contraintes mécaniques atteignent le seuil de résistance de l'encéphale.

Des traumatismes apparemment anodins peuvent se révéler particulièrement graves. Même s'il n'existe aucune fracture du crâne, les lésions du cerveau sont parfois très importantes. En cas de décélération brutale, l'encéphale subit l'inertie et vient frapper la face profonde de la boite crânienne. Ce choc provoque souvent une perte de connaissance et un gonflement du système nerveux : c'est la commotion cérébrale.

Pire encore, au cours de ce traumatisme, le cerveau tire violemment sur les vaisseaux sanguins qui le relient à l'os. Ces petites artères peuvent se déchirer et commencent à saigner. Il se constitue un hématome à la périphérie de la membrane entourant le cerveau appelé "dure-mère". On parle d'hématome extradural.

Alors que le sportif a repris connaissance, un hématome se constitue peu à peu dans le crâne. L'enveloppe osseuse ne peut pas se distendre, la pression augmente. À nouveau le cycliste se sent moins bien. Il est somnolent et a envie de vomir. Soudain, comprimé par la poche de sang, le cerveau glisse vers le haut du cou, au milieu des vertèbres cervicales. C'est l'engagement cérébral. Les parties les plus profondes du cerveau sont écrasées. Ces structures se situent à l'opposé de l'écorce cérébrale qui assure notre réflexion ; elles assument les fonctions basiques de notre vie réflexe : la respiration, les battements cardiaques, etc. La compression de ces neurones bloque le fonctionnement de ces fonctions indispensables à la vie... et le décès survient rapidement !

ATTACHER SON CASQUE

Le casque entre **sans forcer** et ne doit pas vous gêner.

1

Le **réglage occipital** le maintient horizontalement. Parfaitement stable, il ne doit plus bouger lorsque vous secouez la tête.

2

Une fois **bien positionné,** prenez soin d'ajuster les lanières qui doivent se rejoindre sous l'oreille, sans la toucher.

3

Ne serrez pas trop la jugulaire sous la mâchoire et laissez l'espace d'un doigt.

4

EN BREF

Souples, légères et confortables, les lunettes sont un équipement de sécurité à VTT. La qualité des filtres protégeant des rayonnements et la teinte des verres, déterminante pour la vision sont deux choses bien distinctes à connaître pour se protéger en toutes saisons.

• > Les lunettes

Moucherons, vent, poussière, soleil, branches... En l'absence de protection, de nombreux agresseurs partent à l'attaque de vos yeux. En rajoutant les allergies printanières et les porteurs de lentille, pour qui ces pince-nez de plastique tiennent de l'indispensable, on peut se demander pourquoi les vététistes ne les utilisent pas systématiquement. Le confort, le look ou le prix ?

• Verres et monture font la paire

Les verres des lunettes de sport sont fabriqués à partir de résine polymérisée, présentant l'avantage d'être incassables, mais l'inconvénient de se rayer. D'où leur fréquent traitement par un vernis protecteur.

Les montures, en plastique ou fibre de carbone doivent être légères, solides et fines. Elles épousent le contour du nez sans l'écraser, en reposant avec douceur sur les oreilles pour éviter d'éventuels échauffements. La tendance est aux branches droites n'entourant pas les oreilles, une bonne option si les lunettes tiennent malgré les secousses. À l'essayage, secouez la tête pour vous en assurer.

Choisissez des lunettes n'altérant pas votre champ visuel. En aucun cas elles ne doivent gêner votre vision latérale. Les verres doivent être larges, descendre suffisamment et s'étaler sur les cotés en moulant votre visage pour assurer une protection de votre regard sous tous les angles.

Enfin, puisque vous suez sang et eau pendant l'effort, un revêtement antibuée s'impose.

• Filtres et teintes, un rapport flou

Utilisez des lunettes filtrant les UV (rayons ultraviolets), invisibles mais dangereux pour la vision. L'aspect plus ou moins sombre des verres n'a pas de rapport direct avec la filtration de ces rayons. Même totalement transparents, des verres peuvent assurer une protection correcte. À l'inverse, opaques mais de mauvaise qualité, ils laissent parfois passer ce rayonnement.

La norme européenne en vigueur (EN 1836) distingue cinq catégories de protection pour les verres, de 0, désignant des verres clairs, n'arrêtant pas ou très peu la lumière, à 4, pour des verres très foncés. Lorsque le temps est ensoleillé, utilisez des lunettes dont l'indice de protection est coté 2 ou 3. Ne portez pas des verres cotés 4, trop opaques, ils sont inadaptés au VTT.

La protection est une chose, la qualité de la vision en est une autre. Portez des verres dont la teinte ne modifie pas trop les couleurs de l'environnement.

En cas de forte exposition solaire, le **gris** ou le **marron** paraissent bien adaptés. Les verres **orange** sont très certainement les plus polyvalents, vous permettant de passer d'une forte exposition à un sous-bois ombragé. Par temps de brouillard, optez pour les verres **jaunes**. En effet, ce véritable nuage terrestre est constitué de millions de gouttelettes d'eau qui troublent votre vision. Chacune d'elles diffracte la lumière en un rayon lumineux et donne naissance à un arc-en-ciel microscopique. Les contours des objets observés deviennent imprécis, votre vision se trouble. Heureusement, le jaune se situant au centre du spectre de lumière, pour vos lunettes qui sélectionnent cette couleur, vous percevez une image beaucoup moins déformée. Enfin, lorsque la luminosité ambiante ne nécessite pas d'adaptation, n'hésitez pas à porter des verres incolores, ils vous protègent du vent, des branches, des projectiles et parfois même des UV.

Les branches des lunettes doivent passer sur les sangles du casque et non le contraire.

À SAVOIR

La lumière est composée de plusieurs types de rayons, dont le spectre s'étend du bleu au rouge. Les rayons infrarouges - au-delà du rouge - qui nous réchauffent et les rayons ultraviolets - en deçà du bleu - (UVA et UVB), invisibles et les plus dangereux pour l'œil. Quelle que soit leur teinte, les lunettes doivent protéger de ces ultraviolets.

NE PAS FAIRE

N'oubliez pas la vision latérale, essentielle dans le choix de lunettes pour le VTT. Attachez-vous, lors de vos essais, à disposer d'une parfaite vision panoramique pour apprécier obstacles et dangers latéraux.

LE MOT DU DOC

À VTT, LES LUNETTES, CE N'EST PAS DU GADGET !

Si vous ne portez pas de lunettes, dès que vous accélérez sur terrain roulant, le courant d'air provoqué par votre incroyable vitesse de déplacement engendre l'évaporation de la fine couche de larme recouvrant vos globes oculaires. Le revêtement de l'œil appelé « conjonctive » se dessèche. On parle de « syndrome sec ». Vos avez l'impression d'avoir du sable dans les yeux. La conjonctivite vous guette.

Des branches basses, des graviers, de la terre éjectée par l'insolent qui vous précède ou des insectes inconscients peuvent percuter vos yeux. La cornée, première lentille située en avant de l'œil, est particulièrement sensible. À la moindre éraflure, la gêne peut persister trois semaines. Quant aux piqûres de guêpe sur les paupières toutes minces, elles provoquent des réactions inflammatoires ou allergiques impressionnantes.

Vous aimez le soleil. Il est un ingrédient indispensable à la recette d'une belle balade estivale. Pourtant cet astre lumineux abîme vos yeux. Vous le savez, la peau est agressée par les UV. Le contour de l'œil est un lieu privilégié pour le développement des cancers cutanés.

La **cornée** est sensible aux UV. Une exposition solaire de une à deux heures sans protection suffit parfois à provoquer une érosion de sa surface. On parle de "kératite". En l'absence de traitement ou en cas de récidive, la lésion ne tarde pas à devenir chronique.

Le **cristallin**, deuxième lentille oculaire, situé un peu plus en profondeur, souffre de l'impact des rayons solaires. Son contenu est fluide. En effet, cette structure doit rester souple car elle a pour mission de s'amincir ou de s'épaissir sous l'action des petits muscles qui l'entourent. C'est l'accommodation ! Ainsi, comme un zoom d'appareil photo, l'œil parvient à mettre au point sur l'objet fixé, quel que soit l'éloignement... Malheureusement les substances chimiques transparentes contenues dans le cristallin sont altérées par l'énergie lumineuse. Elles s'agglutinent et le milieu devient plus opaque. De cette manière s'installe la fameuse « cataracte ». Cette maladie est en nette recrudescence depuis le développement des loisirs au grand air. Un contact régulier avec les UV semble accélérer de cinq à dix ans la survenue des cataractes. Dès 60 à 70 ans, 10% de la population en est victime. Alors si vous ne souhaitez pas faire partie des 400 000 interventions annuelles en France, protégez vos yeux !

Plus ennuyeux encore, les rayons solaires gagnent la **rétine**. Vous le savez, cette dernière est une structure nerveuse située au fond de l'œil. Elle enregistre les impacts lumineux et les envoie au cerveau qui reconstruit les belles images des paysages traversés. Ces neurones sont très fragiles, ils ne se multiplient pas ! Aussi, les dégâts provoqués par les UV sont-ils irréparables ! On suspecte de plus en plus le soleil de favoriser la « dégénérescence maculaire ». Cette maladie irréversible touchant les personnes âgées correspond à la destruction insidieuse du centre de la rétine, siège de la vision précise. Peu à peu ces lésions conduisent à une perte de la vue.

EN BREF

Le VTT mains nues ? Très agréable sur des courtes distances, mais rapidement inconfortable au fil des kilomètres et gare à la première chute. Longs ou courts, les gants protègent, isolent et doivent se faire oublier.

• > Les gants

Pour bien sentir son vélo et piloter « d'une main de fer dans un gant de velours », les intermédiaires ne sont pas les bienvenus. Pourtant les gants, protecteurs contre les aggressions, ampoules et autres griffures, sont le premier service secours sur chute. Outre les interventions d'urgence, ils isolent des vibrations, évitant (ou limitant) les fourmillements dans les avant-bras et retardent le refroidissement par temps froid.

• Adaptés aux disciplines

Pour la randonnée, les gants se renforcent d'une paume matelassée, une surépaisseur de confort pas vraiment appréciée en *cross-country*. Les compétiteurs de *cross-country* se passent de ce molleton pour des renforts de paumes fins et légers. Par temps chaud, les mitaines, évitent la sudation excessive et les revêtements éponges, placés sur le pouce permettent de s'essuyer le visage d'un revers de la main. En descente, les gants longs possèdent des protections sur les phalanges et sur les doigts. Pour conserver longtemps les qualités de vos mitaines ou gants longs, lavez-les régulièrement... à la main.

• L'hiver, c'est long

L'hiver, afin d'éviter les surcouches, les fabricants font appel à des fibres coupe-vent, parfois totalement étanches mais dans tous les cas, permettant l'évacuation de la transpiration (Eutotex, Gore Tex, Windtex, Windstopper...). Le cahier des charges est exigeant : les gants doivent protéger du froid, mais rester souple, la paume doit être plus accrocheuse, pour la bonne tenue des grips sous la boue et la pluie. Comme pour les chaussures, il ne faut surtout pas être comprimé, afin de favoriser la circulation du sang. Malgré toutes ces précautions, l'hiver, le froid sort souvent vainqueur de vos virées. Secouez vos mains et remuez les doigts afin de raviver votre circulation sanguine.

À SAVOIR

Porter des sous-gants en soie, l'hiver, sous sa paire de gant retarde le refroidissement, sans nuire au pilotage. Si vous êtes particulièrement sensible, essayez les crèmes chauffantes, elles favorisent l'ouverture des petits vaisseaux. Testez aussi les chaufferettes, glissées entre les gants et le dos de la main, elles réchauffent le sang en gagnant les extrémités.

NE PAS FAIRE

L'hiver, ne superposez pas les paires de gants qui risquent de vous comprimer les mains, entravant la circulation sanguine et accélérant le refroidissement. Optez pour des gants étanches et coupe-vent suffisamment amples pour favoriser l'isolation d'une couche d'air chaud à l'intérieur.

LE MOT DU DOC

VOS MAINS SONT TRÈS FRILEUSES !

Pendant l'effort, vous stimulez votre corps. Vous sécrétez la fameuse adrénaline, cette substance oriente le flux sanguin vers les muscles en actions. Pour cela, elles ferment les vaisseaux menant aux territoires « inutiles » notamment les mains et les pieds ! De surcroît, quand il fait froid, l'organisme cherche à conserver sa chaleur centrale en réduisant le passage du sang dans la peau au contact du vent glacé. Là encore, les mains et les pieds ne sont pas épargnés ! Dans ces conditions, les extrémités reçoivent si peu de sang et d'oxygène que les tissus souffrent et deviennent parfois douloureux ! Vous savez que les montagnards grimpant dans la neige sont parfois victimes de gelures provoquant la destruction totale des doigts ou des orteils.
Pour préserver vos mains et vos pieds, il est indispensable que l'organisme considère les extrémités comme un secteur préservé du froid environnant. Alors, vos gants, tout comme vos chaussettes et vos chaussures d'hiver doivent conserver la chaleur mais également couper efficacement le vent !

Disposer d'une paire de gants d'hiver et de mitaines pour l'été est le minimum. Rajouter des gants long pour les saisons intermédiaires complète l'équipement du vététiste.

2 • TEXTILES ET CHAUSSURES

EN BREF

Le cuissard typé cycliste ou intégré dans un short est un gage de confort mais également une assurance santé : la protection antibactérienne évite les échauffements et adoucie les points de pression.

• > Cuissard et short

S'il est un équipement qui singularise le cycliste, c'est bien le cuissard, avec son fond antibactérien en peau de chamois ou synthétique. Le VTT l'a également adopté.

D'un esthétisme discuté, le cuissard (long ou court) fait autorité pour son confort : l'absence de coutures évite les échauffements, le renfort réduit les frottements et la pression sur les points de contact. Porté par tous les compétiteurs de *cross-country*, son maintien près du corps permet également de rester très mobile sur la selle et de n'entraver aucun mouvement. Les bretelles sont un gage supplémentaire d'aisance, évitant d'être serré à la taille, mais cela reste une affaire d'appréciation personnelle.

Pour les adeptes des looks moins radicaux ou plus fun, les peaux antibactériennes sont maintenant intégrées dans des shorts larges. Des shorts à double fond en sorte, autorisant une vie sociale après le vélo et une tenue moins moulante pendant. Lorsqu'on ne dispose pas d'un corps d'athlète, c'est appréciable. Du point de vue de l'usage, le short large reste confortable en conservant toutes les qualités du cuissard. En revanche, il est beaucoup moins performant : sous la pluie, le tissu flottant prend l'eau et s'alourdit, il glisse moins facilement sur la selle qu'une simple « culotte » de lycra et les jambes du short peuvent s'accrocher sur la selle, avec les gesticulations du vététiste.

Équipé d'un short avec cuissard intégré, le vététiste gagne beaucoup au niveau du look.

À SAVOIR

En peau de chamois ou synthétique, les cuissards sont à laver après chaque sortie pour éviter les infections bactériennes. Un lavage à la main est idéal pour conserver la souplesse de la peau.

NE PAS FAIRE

L'hiver, ne roulez jamais jambes nues. Avec le froid, vos cuisses se durciraient et seraient difficiles à mettre en action, vous ressentiriez des douleurs aux genoux, voire des points de contracture. Le cuissard long, de préférence molletonné par grands froids, ou un sur-pantalon s'impose.

LE MOT DU DOC

LES MALHEURS DE L'ENTREJAMBE DU VÉTÉTISTE !

À VTT, l'entrejambe est comprimé. Il frotte en permanence lors du mouvement de pédalage et il subit de multiples microtraumatismes à l'occasion de vos passages sur sols irréguliers. Les conséquences sont nombreuses, douloureuses et parfois dangereuses.

Au niveau du périnée, les multiples irritations permettent la multiplication des bactéries, ne tardant pas à former un furoncle. Lorsque plusieurs de ces derniers se rejoignent et s'unissent pour le pire, ils constituent ce que les médecins nomment un anthrax. Le furoncle régresse aisément avec une désinfection locale, une hygiène rigoureuse et la mise au repos de la peau pendant quelques jours. L'anthrax provoque souvent de très vives douleurs et de la fièvre caractérisant le passage des microbes dans la circulation sanguine. Un avis médical rapide devient obligatoire !

La surface cutanée n'est pas la seule à souffrir, des frottements se produisent dans le petit matelas graisseux situé sous-jacent. Tout se passe comme si la peau restait collée sur la selle alors que l'os du bassin oscillait au rythme du pédalage. Le tissu profond est victime d'un cisaillement entraînant l'apparition d'une poche liquidienne comparable à une grosse ampoule. On parle alors de « bourse » et lorsque celle-ci est irritée, on la nomme « bursite ». Quand elle devient très volumineuse, les cyclistes l'appellent : le troisième testicule ! Un arrêt des frottements et des anti-inflammatoires sont souvent nécessaires. Parfois, une infiltration locale, voire une excision chirurgicale se révèlent indispensables. De toute façon, un avis médical s'impose.

EN BREF

Éviter la multiplication des couches et les vêtements ne permettant pas l'évaporation de la transpiration est la règle de base, en toutes saisons

• > Maillots et coupe-vent

Le tee-shirt en coton est parfait pour aller chercher le pain au village mais dès que la balade se prolonge, il va rapidement éponger toute votre transpiration et devenir inconfortable. Vous devez portez des vêtements laissant passer votre transpiration, des vêtements dits « respirants ». Ceci été comme hiver.

• En été, portez des vêtements clairs et moulants.

Maillot et short cyclistes en lycra conviennent mieux que les tenues plus amples. La sueur imprégnant le tissu est en contact direct avec votre peau. Elle ne ruisselle pas, elle s'évapore en utilisant et en éliminant la chaleur de votre corps.

Optez pour des manches courtes, des couleurs claires et vérifiez la présence de poches dorsales, zippées ou non, très pratiques pour glisser barres de céréale, minicarte...

Les cols avec fermeture éclair sont appréciables pour leur facilité d'ouverture en roulant.

• À la mi-saison, on roule à deux

En rajoutant une seconde épaisseur, une veste ou un gilet coupe-vent, une polaire ou une veste thermique, selon les conditions (pluie, vent, température...), vous conserverez une bonne liberté de mouvement. Les manches du maillot se rallongent ou sont complétées par des manchettes.

• En hiver, c'est à trois que l'on a le plus chaud !

En hiver, l'idéal théorique est constitué de trois couches. Près de la peau, mettez un maillot synthétique absorbant peu la transpiration. Il restera... presque... sec au contact de votre torse. Des sous-vêtements techniques manches longues, comportant des empiècements respirant et un plastron coupe-vent sur le torse possèdent un fort pouvoir d'isolant thermique. Les mêmes sous-vêtements se portent également pour les jambes. De bons investissements pour éviter l'hibernation de votre vélo.

Par-dessus, enfilez une polaire qui vous protégera du froid et épongera l'humidité. Elle doit être ample afin de laisser un vide jouant le rôle d'isolant thermique.

Recouvrez le tout d'un coupe-vent, imperméable et respirant. Le vent frais est à l'origine d'un « froid perçu » très supérieur au froid réel. En effet, si l'air ne bouge pas, un équilibre s'établit entre votre corps et l'environnement. En revanche, si le vent hivernal circule sur votre buste, il prélève à chaque passage un peu plus de chaleur à votre organisme ! Le coupe vent imperméable et respirant se caractérise par la présence de micropores dans le tissu. La vapeur d'eau provenant de l'évaporation de la transpiration peut les traverser alors que les gouttes de pluie ruissellent en surface. Ainsi, la sudation demeure efficace, évitant surchauffe et déshydratation alors que le tissu conserve son imperméabilité.

Cuissard long, polaire, le VTT se pratique en toutes saisons avec un équipement adapté.

Si les prix semblent jouer la farandole c'est qu'à regarder de plus près, on retrouve des matières différentes, chacun y allant de sa fibre plus bloquante, plus respirante, plus étanche. Le top sont les vêtements imperméables et coupe-vent, certains n'étant que coupe-vent. Regardez à la loupe la solidité des fibres, les finitions comme les rabats sur les zips, le poids, les coutures, le nombre de poches et leur emplacement, les aérations... Compte tenu du prix et de son utilité, il n'est pas superflu de choisir sa veste avec autant de soin que sa tenue de mariage.

Les manches amovibles sont un vrai plus, transformant votre veste hivernale en plastron automnal ou printanier.

La coupe « queue de pie » est de rigueur, avec pour pénétrer dans ce club fermé des pratiquants hivernaux : la partie arrière recouvre le dos le plus bas possible, l'avant reste court afin de ne pas gêner la remontée des cuisses.

À SAVOIR

Par fortes chaleurs, si votre sac à dos d'hydratation contient une boisson de l'effort, votre porte-bidon peut accueillir une réserve d'eau claire ! Utilisez-la pour vous asperger régulièrement ! L'eau glissant sur votre peau brûlante vous refroidit directement. Évaporée, elle est aussi efficace que la sueur et vous économisez l'eau de votre corps !

NE PAS FAIRE

N'utilisez pas d'assouplissants pour le lavage de vos vestes coupe-vent en machine, ils boucheraient les pores faisant perdre à ces fibres toutes leurs qualités. Utilisez des programmes destinés aux linges délicats, à faible température (30 ou 40 degrés).

LE MOT DU DOC

TRANSPIREZ INTELLIGEMMENT !

Souvenez-vous ! Votre prof de physique vous l'a dit ! Après avoir grimpé une grosse côte, vous avez acquis une belle quantité d'énergie mécanique ! Elle vous sera restituée sous forme de vitesse si vous redescendez à fond ! Simultanément, vous avez accumulé sous votre coupe-vent trois fois plus de calories ! En effet, le rendement de votre corps n'est pas parfait. 75 % de l'énergie que vous produisez se transforme en chaleur. Voilà pourquoi, même en hiver, il est indispensable de permettre le rafraîchissement de votre organisme ... et ce n'est pas en transpirant que vous y parviendrez ! La sécrétion de la sueur ne sert à rien ! C'est son évaporation, en utilisant la chaleur corporelle, qui permet d'abaisser la température de votre organisme. Vous comprenez désormais pourquoi il est indispensable d'utiliser un « coupe-vent respirant » dès les premiers frimas !

EN BREF

Conçus pour rouler mais aussi pour marcher, les deux points de contact moteurs du vélo ne doivent pas sacrifier le confort au rendement et doivent pouvoir se faire oublier.

• > Chaussures

Les chaussures de VTT doivent être de doux chaussons, à la semelle d'une fermeté intraitable avec les pédales pour laisser le pied jouer son rôle pendant le pédalage.
Comme pour tous les équipements, le choix est fonction de l'usage, mais la marche, voire la course, font partie intégrante du VTT et des chaussures doivent s'essayer en marchant. Il est nécessaire de contrôler la bonne tenue du talon et de ne ressentir aucun point de pression.

En **randonnée**, les exigences de confort et de souplesse sont prioritaires. Pas besoin d'une semelle raide comme la justice pour transmettre correctement l'énergie du pédalage ; en revanche, elle doit être bien cramponnée pour faciliter la marche.
Les chaussures montantes offrent un bon maintien de la cheville évitant les entorses en marchant sur les pierriers ou sols meubles.
Beaucoup de modèles comportent un cache au niveau de la fixation de la cale, sous la semelle, se retirant facilement d'un coup de cutter ou en ôtant deux vis. Une polyvalence, permettant d'être utilisée sans cale automatique ou avec.

Les **crosseurs** rechercheront toujours la légèreté, mais surtout une semelle très rigide pour ne pas perdre un watt d'énergie. Le carbone et matériaux composites se prêtent de plus en plus à ce jeu.
Les systèmes de serrage ont renvoyé les lacets aux seules chaussures de randonnée. Complétés d'une bride ou d'un rabat pour éviter de se prendre dans le plateau, ils sont plus sécurisants.
Plus fonctionnelles, les brides en Velcro sont très pratiques, mais peuvent se fatiguer à la longue, surtout dans les terrains boueux. Sur les modèles haut de gamme, elles sont désormais complétées par une bride micrométrique.

Les **descendeurs** et consorts se protégeront la malléole, très exposée en recherchant un compromis entre rigidité pour le pédalage et souplesse pour sentir les appuis au pilotage.
Côté prix, l'addition peut aller du simple au quintuple, surtout si vous cherchez des souliers légers, certains ne pesant que 600 grammes
.

À SAVOIR

L'hiver, les sur-chaussures sont parfaites pour vos infidélités routières, mais moins bien adaptées au VTT. Essayez les chaussettes thermiques se portant sous les chaussures, elles sont d'une efficacité redoutable pour conserver la chaleur.

NE PAS FAIRE

Sans chaussure technique, ne portez pas des chaussures de running à la semelle trop amortissante qui vous empêcheraient de sentir vos appuis sur les pédales et vous feraient perdre trop d'énergie au pédalage. Si vous roulez sans pédale automatique, les chaussures de trekking sont un bon compromis pour la randonnée.

LE MOT DU DOC

VOTRE SQUELETTE ET VOS SEMELLES FONT ÉQUIPE !

Les semelles rigides et légèrement cambrées sont parallèles au squelette du pied. Ainsi la force de vos membres inférieurs passe par les os pour atteindre les pédales. Les muscles stabilisateurs de la cheville et du pied se fatiguent beaucoup moins. Pour optimiser la transmission de puissance, il faut bien placer vos pieds sur les pédales et bien régler vos cales : il est nécessaire que l'axe de la pédale soit en regard de l'extrémité du premier métatarsien, juste sous la petite bosse latérale située à la base du gros orteil.

Carbone pour la semelle,
bride micrométrique pour un serrage mesuré et légèreté d'ensemble,
les chaussures sont conçues comme un équipement tourné vers la performance.

Pour un pédalage efficace, la semelle de la chaussure doit être rigide.

3 • LES ÉQUIPEMENTS OPTIONNELS

EN BREF

Tel un chameau, le vététiste peut porter sa réserve hydrique sur le dos et puiser dedans tout en roulant.

• > Sac à dos d'hydratation

Camelbak est à l'outre dorsale, ce que Frigidaire est au réfrigérateur, K-way à l'imperméable pliable, Mobylette au vélomoteur, un nom de marque utilisé comme générique. Malgré la floraison des sacs adoptant maintenant ce fameux procédé, il est rentré dans le langage commun du vététiste, séparant la famille en deux : d'un côté les fidèles du bidon et de l'autre les « porteurs dos ».

Les premiers sont des crosseurs préférant limiter leur chargement mais aussi des vététistes ne s'habituant pas à la pipette d'abreuvage et renvoyant cette invention au rayon des gadgets marketing. Les seconds, en général des randonneurs et « raideurs », ne peuvent plus se passer de cette généreuse fontaine intégrée à un sac dont ils étaient déjà affublés.

• L'abreuvoir perpétuel

Né dans les années 1980, de l'ingéniosité d'un coureur cycliste amateur américain pour s'abreuver régulièrement en course, le sac à dos d'hydratation séduit d'abord les randonneurs. Les compétiteurs continuent de l'ignorer. Pourtant, avec leurs petits bidons de 500 ou 750 millilitres sur le vélo, ils se retrouvent au régime sec quand les chameaux disposent d'un litre et demi à 3 litres à portée de bouche pour étancher leur soif. La poche d'eau, prolongée d'un tuyau et d'une valve se glisse dans un compartiment du sac à dos et permet de se déshydrater sans lâcher le cintre. Les plus petits sont constitués de la seule poche à eau, les plus grands offrent également une capacité de rangement pouvant dépasser les 30 litres. Les « bidonneurs » avancent la sudation excessive sous le sac, mais quitte à porter un sac à dos, autant l'optimiser. D'autant plus qu'il est préférable de porter les kilos sur soi que sur le vélo. L'aisance des bretelles, la qualité des rembourrages dorsaux et les indispensables sangles pectorales et ventrales pour les plus grandes capacités, évitent à votre fontaine ambulante de vous labourer le dos. Le maintien doit être parfait !

Un autre avantage est la bonne conservation de la fraîcheur. De quoi tenir le bar ouvert toute la journée !

À SAVOIR Le sac à dos d'hydratation n'est pas réservé aux seuls sportifs, des gammes sont spécifiquement dédiées aux militaires et à certains usages professionnels exigeant une liberté totale des mains pour s'abreuver.

NE PAS FAIRE Ne négligez pas l'entretien de la poche à eau. Des moisissures peuvent germer dans la poche et dans le tuyau sans un lavage systématique et un séchage rapide. De nombreux goupillons de lavage, cintres gonflant la poche et autres accessoires facilitent ce nettoyage, des outres sont également conçues avec de larges ouvertures. Une astuce consiste à placer sa poche d'eau au congélateur entre deux sorties ou d'utiliser des comprimés de stérilisation à froid.

LE MOT DU DOC MAIS QUE CONTIENT LA BOSSE DU CHAMEAU ?

Au début de votre sortie, vous êtes en pleine forme ! Pendant votre entraînement, vous transpirez, vous dépensez de l'énergie... et vous vous fatiguez : remplacez l'eau, les minéraux et le sucre que vous perdez, vous le serez moins ! Buvez, régulièrement et souvent, par petites quantités, une boisson contenant des sucres et des minéraux. Buvez avant d'avoir soif ! La soif apparaît après une perte d'eau égale à 2% du poids du corps, soit, si vous pesez 70 kilos, 1,4 kilo ! Vous aurez, dans ces conditions, déjà altéré votre force musculaire de 20 %. Alors n'attendez pas pour vous réhydrater. Avalez deux à trois gorgées toutes les dix minutes. Avec les sacs à dos, c'est facile ! L'ingestion brutale d'une grande quantité d'eau chez des sportifs déshydratés et assoiffés fut la "source" de théories sans fondement comme : "boire coupe les jambes". En effet, si un volume important de liquide gagne brusquement l'estomac, il occasionne, surtout s'il est trop froid, des spasmes. Ce qui signifie que l'estomac bloque soudainement son évacuation. L'organisme ne profite donc pas de l'eau qui lui est apportée et reste déshydraté. De plus, l'estomac alourdi par son contenu est ballotté. Peut-être avez-vous déjà perçu ces "glouglou" provenant de votre abdomen ; ils portent le nom médical de "bruits hydroaériques", ils annoncent souvent la survenue de douleurs du tube digestif puisque ce dernier, recevant peu de sang au cours de l'effort musculaire, tolère mal ce surcroît de travail. Absence d'efficacité de la réhydratation sur un corps assoiffé avec, en prime, quelques souffrances abdominales, voilà de quoi "couper les jambes" ! Votre poche à eau contient un breuvage choisi ou composé par vos soins. Il peut s'agir d'une de ces "boissons de l'effort" ou de jus de fruit coupé d'eau. Optez pour le jus de pomme ou le jus de raisin. Ils sont d'une douce saveur, moins acides et mieux tolérés sur le plan digestif que les jus d'agrumes. En hiver, pour préparer votre boisson de l'effort, suivez les instructions mentionnées sur l'emballage. En été, n'hésitez pas à accroître nettement la dilution. Quand le temps est froid, il est également possible

de faire moitié jus de fruit, moitié eau. Lorsqu'il fait très chaud, il est vivement conseillé de passer à 25% de jus de fruit pour 75 % d'eau et d'ajouter une petite pincée de sel.
Attention, si l'eau sucrée avec des vitamines et des minéraux recharge les batteries d'un sportif en plein effort... ça nourrit aussi parfaitement les bactéries ! Après quelques heures de stockage à température ambiante, elles se sont copieusement multipliées ! Mais ne comptez pas sur ces germes pour contribuer à l'équilibre de votre ration. Si vous avalez l'ensemble du mélange, vous risquez fort de l'évacuer rapidement par les deux extrémités de votre tube digestif ! Ainsi, lors des longues randonnées, il est préférable de mettre de l'eau pure dans le Camelbak tout en ingérant régulièrement des comprimés de sucre, des fruits secs ou des pâtes de fruit ... quitte à s'arrêter pour savourer aussi le paysage !

EN BREF

Développées et réservées à la descente, les protections se démocratisent aux autres disciplines du VTT moins engagées, mais pouvant tout de même laisser quelques cicatrices.

• > Protections

L'habit ne fait pas toujours le moine et porter des genouillères et coudières pour rouler sur des terrains pierreux n'est pas se prendre pour un descendeur, mais tout simplement vouloir se préserver. En plus, l'hiver, ça réchauffe !

Les protections des vététistes n'en sont qu'à leurs débuts. La voie tracée par la société italienne Dainese, forte de son expérience en moto est maintenant largement empruntée par d'autres entreprises et les armures des descendeurs sont sorties des paddocks pour investir des pratiques moins radicales. Les protections s'adaptent et s'affinent pour laisser une parfaite liberté de mouvement au pédalage. L'ensemble genouillère/protège tibia préservera l'intégrité de vos jambes.

Le temps où on arborait fièrement ses blessures de guerre au pied

Les genoux et les tibias bien protégés, il est plus facile de s'engager dans des descentes techniques.

des sentiers fait peut-être partie de l'histoire ancienne du VTT. Les femmes étant toujours plus nombreuses à se passionner pour le VTT, elles peuvent apprécier de porter des jupes après le vélo, sans arborer des traces de ponçages et autres estampilles de retours de pédale.

À SAVOIR

Comme pour le casque, l'ajustement des protections est aussi important que leurs qualités intrinsèques. Mal ajustées, elles ne servent à rien et peuvent même se montrer blessantes.

NE PAS FAIRE

Ne vous engagez pas en Descente sans un équipement complet : protection dorsale, casque intégral, masques, gants longs, genouillères, coudières.

EN BREF

Une montre intelligente qui écoute votre cœur et vous prévient lorsque vous lui faites battre la chamade peut être très utile, à condition de ne pas rester les yeux rivés dessus.

• > Cardio-fréquencemètre

Sortie des laboratoires des entraîneurs et médecins du sport, la montre cardio-fréquencemètre s'est banalisée. Parfaite pour connaître sa fréquence cardiaque, programmer ses plages d'entraînement et se faire alerter quand on « tape » trop dans la machine.

Les cardios sont de véritables ordinateurs de bord, permettant même de récupérer les performances sur un PC.

De là à se prendre pour un champion, il n'y a qu'un pas. Mais s'entraîner dans les bonnes fréquences cardiaques ne doit pas faire oublier que ce n'est qu'un des paramètres, ne dispensant pas de rester à l'écoute de ses sensations.

Les ceintures pectorales correctement placées sont suffisamment confortables pour se faire oublier. Les montres se positionnent indifféremment sur le cintre ou se gardent au poignet. Cumulées avec les fonctions de compteurs, les montres cardio en savent plus sur vous pendant vos virées que n'importe qui ; couplées avec un logiciel d'entraînement, elles risquent de vous mener la vie difficile et de vous obliger à supprimer pas mal d'excès.

Le plus difficile est souvent de s'ingurgiter les modes d'emploi et de trouver une utilité pour les nombreuses fonctions destinées à des entraînements de champion.

Un copain entraîneur, médecin ou les conseils dispensés dans ce livre doivent vous aider à trouver une utilité à ces fonctions et un nouvel intérêt à vos entraînements. Le cardio n'est pas la pierre philosophale de l'entraînement !

Une montre, un support de cintre et une ceinture pectorale, le cardio-fréquencemètre fait désormais partie des équipements standards.

À SAVOIR

Pour favoriser la conduction de l'onde, humidifiez la ceinture du capteur au démarrage, la sudation s'en chargera par la suite.

NE PAS FAIRE

Ne gardez pas votre cardio-fréquencemètre en course, les interférences avec les fréquences des cardios de vos rivaux sont fréquentes et risquent de vous induire en erreur. Si vous le conservez, éteignez l'alarme sonore, un indicateur trop visible pour vos adversaires.

LE MOT DU DOC

L'UTILISATION RIGOUREUSE DU CARDIO-FRÉQUENCEMÈTRE DOIT ÊTRE APPROXIMATIVE !

Votre fréquence cardiaque ne permet pas d'évaluer finement l'**intensité** ou la difficulté de votre effort, notamment en compétition ; de nombreux paramètres modifient le rythme de votre cœur pour une même puissance de travail.

L'émotion

Avant une compétition, vous déchargez les hormones du stress. Dans l'attente du départ, au repos, votre cœur bat plus vite, semblant anticiper sur l'effort à venir. Votre fréquence cardiaque à l'exercice s'élève à peu près d'autant pour une intensité donnée.

Le "*tapering*"

Ce terme décrit le repos précédent la compétition. Au cours de cette période, vous vous ressourcez, votre système nerveux impose de moins en moins de récupération à votre cœur.
Votre rythme cardiaque de repos augmente légèrement. Pendant l'épreuve, il est probable que votre fréquence cardiaque monte d'autant.

Le repos avant une épreuve aide vos muscles à supporter le rythme cardiaque effréné de la compétition. Tout se passe comme si cette phase de régénération avait permis une récupération des masses musculaires situées dans les membres. Ainsi, l'appareil locomoteur pourrait emmener le système cardio-vasculaire à une intensité plus élevée sans manifester la moindre souffrance.

La thermorégulation

Que la chaleur provienne de la contraction musculaire ou de l'air ambiant, il faut l'évacuer. Les vaisseaux sanguins de la peau s'ouvrent amplement et les glandes sudorales sécrètent une sueur abondante. Plus l'effort se prolonge, plus le système cardiovasculaire se doit d'acheminer du sang vers la périphérie du corps. Pour une même vitesse, la fréquence cardiaque grimpe insidieusement.

La dérive cardiaque

Lorsque l'exercice se poursuit longtemps, chaque contraction du cœur perd de sa vigueur. Le sang éjecté à chaque battement diminue. Pour maintenir un débit cardiaque constant, la fréquence cardiaque s'élève peu à peu.

L'heure de la journée

Les rythmes biologiques de notre organisme font varier notre fréquence cardiaque tout au long de la journée. Ainsi, à l'exercice, notre cœur bat plus vite en fin d'après-midi.

L'accrochage cardiovasculaire

Lorsque vous débutez un fractionné à vitesse élevée, votre fréquence cardiaque ne cale pas immédiatement sur l'intensité de l'exercice. Pendant deux à trois minutes, elle est plus basse que ne le voudrait la dépense énergétique. Cette inertie se réduit au cours de la séance, au fur et à mesure que s'enchaînent les répétitions.

La dette cardiovasculaire

Pour cause d' "accrochage cardiovasculaire" ou en raison de « travail supérieur au seuil », le corps accumule une dette en oxygène. Lorsque vous arrêtez un fractionné, votre fréquence cardiaque est plus élevée que celle qu'imposerait votre vitesse de récupération.

La fréquence cardiaque varie pour une même **pénibilité**. En clair, un exercice peut vous paraître plus ou moins difficile alors que la fréquence cardiaque est identique. Deux paramètres justifient cette constatation.

Le volume musculaire sollicité

À VTT, la dépense énergétique se concentre sur quelques muscles. Le cœur bat plus lentement et déjà vos cuisses se mettent à chauffer. Vous encaissez plus difficilement une fréquence cardiaque importante. À l'inverse quand vous courez, la demande en oxygène est répartie sur une importante masse musculaire. Alors que le système cardiovasculaire est fortement sollicité, la souffrance des muscles est modérée. Vous tolérez plus aisément une fréquence cardiaque élevée.

Si la fréquence cardiaque contribue à évaluer l'intensité de l'exercice, elle ne constitue pas le seul critère. Sur le "terrain", chez le vététiste expérimenté, elle n'est probablement pas le plus performant. Pour doser son effort, il faut faire appel à d'autres paramètres tout aussi essentiels :

• La respiration : le "seuil de l'essoufflement" doit être particulièrement surveillé.

• Les perceptions musculaires : les tensions ou les brûlures musculaires permettent également de moduler son activité.

• Les sensations articulaires : le "sens du train" cher au sportif d'endurance provient des récepteurs articulaires qui informent le cerveau de la vitesse du mouvement.

• Les sensations psychologiques : la difficulté perçue au cours de votre séance vous aide à évaluer son intensité. Vous avez lu dans cet ouvrage que chaque thème de travail correspondait à un niveau de "pénibilité".

Alors, apprenez le bon usage du cardio-fréquencemètre ! Croyez en son utilité ! Pratiquez-le avec intelligence, en tenant compte de tous les facteurs modulant le rythme du cœur ! N'adhérez pas à la secte pseudo-scientifique et psychorigide des coincés de la fréquence cardiaque, ne vous laissez pas enfermer dans votre fourchette !

APPRENTISSAGE ET CURE DE JOUVENCE

L'apprentissage consistant à imiter et à répéter, il est préférable de reproduire des gestes réalisés à la perfection. Qui mieux que Julien Absalon peut vous montrer les bonnes techniques du VTT et la voie à suivre ? Observez bien ses positions, chaque détail compte : direction du regard, orientation du buste, inclinaison des épaules, écartement des coudes... Après l'observation, passez à l'action, mais à votre rythme, sans brûler les étapes. Certains mouvements vous sembleront faciles, d'autres plus ardus. Et alors ? Soyez patient et accordez-vous du temps sans vous comparer sans cesse à vos copains. En vous exerçant régulièrement, vos progrès seront rapides. Imaginez des parcours de maniabilité, des boucles test, roulez avec des plus forts, écoutez vos sensations... et faites-vous plaisir.
Le VTT passe partout et s'amuse d'un rien. Tourner autour d'un arbre, conserver l'équilibre, monter, descendre, sauter... sont autant de jeux qui vous feront retrouver les plaisirs d'enfance des dérapages incontrôlés.
Ne vous privez pas de cette cure de jouvence !

3

LE VTT, ÇA S'APPREND

LE PAROLE DU DOC

LA « MÉTHODE GLOBALE », DE L'INSTITUTEUR À L'ENTRAÎNEUR

L'instituteur de cours préparatoire, apprenant à lire à ses bambins, évitait autrefois le morcellement des mots en lettres et en syllabes. Pour anticiper et se rapprocher du fonctionnement du cerveau de l'adulte, le ministère de l'Éducation nationale propose aux maîtres des écoles d'apprendre à leurs élèves à reconnaître les mots... entiers.
Cette pédagogie contestée est appelée la "méthode globale". L'entraîneur peut lui aussi s'en inspirer.

> EXPLICATIONS !

En superficie du cerveau se trouve son écorce, elle porte le nom de "cortex". Celui-ci assure la motricité dite "volontaire", sa réalisation ou son déclenchement nécessitent "d'y penser". Plus profondément se situent les "noyaux gris centraux". Ceux-ci ont la responsabilité de la motricité dite "automatique" ; elle permet d'accomplir "sans y penser" de nombreux gestes heureusement programmés.
Le pédalage est sous dépendance des « noyaux gris centraux »... vous ne pensez pas à faire tourner les jambes ! Mais lorsque vous souhaitez franchir ce petit tronc situé en travers de votre chemin, c'est votre "cortex" qui déclenche le geste, au moment où vous "pensez" le plus opportun.

> APPLICATION PRATIQUE !

Vous pédalez un peu carré et vous ne savez pas tirer activement sur les pédales ! Quelques exercices s'occupant de l'étape défectueuse existent. Par exemple, grâce aux pédales automatiques, on peut vous proposer de pédaler avec une seule jambe. Malheureusement, le geste n'est pas du tout spécifique. L'autre membre inférieur est inactif imposant une posture et un équilibre très différents. Ce mouvement s'inscrit dans votre cerveau à un endroit bien différent de celui du pédalage normal. Seul le "cortex" travaille sur ces "éducatifs" et il n'est pas évident que ces derniers modifient le mouvement global programmé dans les « noyaux gris centraux ». Lorsque vous reprenez le geste complet, vous retrouvez votre défaut ! Maintenant, pédalez ! Moulinez !
Accomplissez le mouvement spécifique dans sa totalité. Prenez conscience de votre erreur technique puis à chaque rotation « automatique », « pensez » à remonter activement les genoux vers le cintre. Votre "cortex" agit alors directement sur la programmation gestuelle située dans les « noyaux gris centraux ». Ainsi, vous gravez dans votre « programme moteur automatique » le mouvement le plus efficace !

> CONCLUSION !

Les "éducatifs" ont pour intérêt pédagogique de vous faire prendre conscience de votre erreur technique. Pour la corriger, pour espérer un « transfert » de l'exercice vers le geste complet, il est indispensable d'enchaîner rapidement avec le mouvement spécifique au cours duquel on pensera à corriger l'imperfection gestuelle.

EN BREF

Le mouvement correct du pédalage s'apprend et se travaille.

Appliquez-vous à arrondir votre pédalage par un geste souple et régulier tout en pensant à remonter vos genoux et à libérer votre cheville.

Pédaler en souplesse, c'est rouler économique et efficace !

Apprendre à pédaler ? Simple, nous diriez-vous, vous savez le faire depuis l'âge de trois ans alors... Détrompez-vous, le pédalage est un geste technique qui nécessite une parfaite coordination. L'apprentissage du bon mouvement vous permettra de gagner en efficacité, d'économiser vos forces et de réussir des franchissements difficiles.

• Un mouvement à quatre temps

En vous limitant à appuyer sur les pédales, vous faites fausse route ! Un cycle de pédalage correspond à une rotation complète de pédalier se décomposant en quatre périodes : la pression, le point mort bas, la remontée, le point mort haut. Il convient d'exercer une force à chacun des moments du cycle et d'articuler ces quatre phases entre elles, afin d'effectuer un pédalage harmonieux et sans à-coup. Les entraîneurs conseillent d'arrondir le coup de pédale, le plus important étant la puissance moyenne développée sur l'ensemble du cycle de pédalage et non la puissance maximale développée au point fort du cycle, lorsque la manivelle est en position horizontale (phase de pression).

• Rondeur et souplesse

Dans le jargon cycliste, on parle de "pédaler rond", "d'enrouler du braquet ». L'image est juste : le mouvement doit être circulaire, souple et continu. En solidarisant le pied à la pédale, l'utilisation de pédales automatiques, facilite la phase de remontée et aide à exécuter un pédalage rond. Votre pied doit exercer une pression constante sur les pédales et votre cheville agir comme un axe de rotation. Pendant la phase de remontée, levez le genou et veillez à ce que pied, genou et hanche restent parfaitement en ligne.

Avec environ 10 000 tours de pédales pour deux heures de VTT, vous vous épargnerez bien des souffrances avec un geste harmonieux et votre souplesse de pédalage sera un atout pour certains passages techniques.

À SAVOIR

Un bon exercice consiste à ne pédaler que d'une seule jambe pour bien assimiler le mouvement et le rôle tenu par la cheville, le pied et les muscles postérieurs de la jambe : vous vous apercevrez très vite que si vous ne faites qu'appuyer sur les pédales, vous avancerez par à-coups.

NE PAS FAIRE

Ne pédalez pas la pédale sur la plante du pied, mais en plaçant l'articulation du gros orteil au niveau de l'axe de la pédale.
Si vous ne disposez pas de pédales automatiques, attachez-vous à maintenir cette position.

LE MOT DU DOC

EN PÉDALANT ROND, VOUS ROULEZ PLUS VITE ET PLUS LOIN !

Grâce à une meilleure technique, vous répartissez l'effort au sein de toutes les masses musculaires de vos membres inférieurs. La phase descendante sollicite les extenseurs. Simultanément, la remontée de la pédale opposée est favorisée par l'action des fléchisseurs. C'est ainsi que les muscles parviennent à se contracter moins fort au cours du même cycle de pédalage, ils se fatiguent moins et peuvent travailler plus longtemps. À moins que vous ne choisissiez de les solliciter à la même puissance que quand vous pédaliez « carré » ; dans ces conditions, à fatigue équivalente, vous roulez beaucoup plus vite !

LE CYCLE DU PÉDALAGE, UN MOTEUR À QUATRE TEMPS

PHASE DE PUISSANCE OU DE PRESSION 1 : période prépondérante pendant laquelle la jambe exerce une pression de haut en bas ; pour optimiser cette étape, il est nécessaire de conserver le pied le plus à l'horizontal possible.

POINT MORT BAS 2 : phase de transition appelée également secteur critique inférieur. La manivelle à la verticale et le pied en bas rendent impossible tout mouvement de poussée. Il faut tirer vers l'arrière en fléchissant le genou.

PHASE DE REMONTÉE 3 : secteur optimisé par l'utilisation de pédales automatiques. Il faut tirer vers le haut avec la jambe : le levé du genou entraîne le talon vers le haut. On allège aussi la pédale du poids de la jambe, en apportant un soutien au travail de l'autre jambe qui se trouve dans la phase de puissance.

POINT MORT HAUT 4 : la poussée, également appelée secteur critique supérieur. Petit frère du point mort bas, ce passage nécessite la réalisation d'un "fouetté" de pied, consistant à projeter la pointe du pied vers l'avant tout en abaissant le talon. Ce mouvement demande une grande souplesse de la cheville. Le pédalage de Julien Absalon est un modèle de fluidité : observez le travail de la cheville et le parfait alignement pied/genoux et hanches.

1
2
3
4

EN BREF

Si la fréquence de pédalage idéale n'existe pas, un rythme de pédalage élevé (de 80 à 105 tours/minute) vous permettra de rouler plus vite et plus longtemps.

Efforcez-vous donc de "mouliner" sans vous essouffler, vous conserverez des forces pour terminer votre randonnée sans fatigue ou pour réaliser un final rapide en course !

Vous maîtrisez le geste du pédalage, parfait ! À quelle vitesse devez-vous tourner les jambes ? La vérité n'est pas très loin de la fameuse réplique de Fernand Raynaud : « ça dépend... ».

La mesure de la fréquence de pédalage est la révolution par minute (rpm) ou tours par minute qui se calcule sur un cycle complet du pédalier. Pour un sujet non entraîné et une pratique de loisir, la moyenne généralement constatée est de 55 à 65 rpm, elle passe de 80 à 110 rpm pour un sujet entraîné mais sachez qu'elle peut facilement atteindre 180 rpm sur un sprint court et 250 rpm en bicross.

• Des fréquences élevées

Les études réalisées sur des sportifs, dans le but d'optimiser leurs performances, situent les fréquences de référence de 80 à 110 rpm sur le plat et de 60 à 85 rpm dans les ascensions. Cependant, la cadence idéale n'existe pas, surtout à VTT où le pédalage doit sans cesse s'adapter au terrain.

Néanmoins, préférez un rythme soutenu sur un petit développement, à une fréquence plus lente sur un développement plus gros. Sans aller jusqu'à l'essoufflement, efforcez-vous de « mouliner », vous serez gagnant, quels que soient vos capacités naturelles, votre forme, votre expérience et vos objectifs.

Les bénéfices de la vélocité sont nombreux : s'économiser, sprinter, changer de rythme, rouler dans les surfaces meubles...

• Une mesure à prendre en compte

À puissance développée équivalente, un pédalage rapide sollicite davantage le système cardio-respiratoire qu'un pédalage lent, plus contraignant sur le plan musculaire et articulaire. Mesurez votre fréquence de pédalage ! Vous serez surpris car on pense souvent tourner les jambes plus vite que la réalité.

Certains compteurs fournissent cette information par un capteur placé sur la base arrière du vélo et un aimant sur la manivelle, d'autres modèles calculent votre cadence d'après la vitesse et le braquet employé. Un simple chronomètre et un comptage "de tête" font l'affaire et vous fourniront des informations fiables.

Entraînez-vous à augmenter votre rythme de pédalage, mais respectez une progression régulière sans essayez d'atteindre une fréquence supérieure à 100 rpm lors de vos premières sorties.

A SAVOIR

Plus le rythme de pédalage est lent, plus le franchissement des points morts devient difficile : la perte d'énergie sur ces points ne permet plus d'enchaîner le pédalage et oblige à un travail en force sur la phase de pression. C'est ce qui amène à adopter la position "en danseuse" avec un mouvement alternatif (poids du corps sur une pédale puis sur l'autre).

NE PAS FAIRE

La principale erreur du débutant consiste à rouler avec un trop gros braquet en pédalant en force. Choisissez l'option inverse, réduisez votre développement et pédalez en souplesse à une fréquence plus élevée, vous soulagerez vos muscles, tendons et ligaments.

LE MOT DU DOC

TOURNER VITE LES JAMBES
C'EST BON POUR LA SANTÉ ET LA PERFORMANCE !

Tournez vite les jambes et vos genoux vous remercieront. En moulinant, votre cuisse se contracte moins vigoureusement, la rotule glisse rapidement sur le fémur sans être écrasée. Le cartilage recouvrant les os au niveau des articulations est poli comme le cuir de vos chaussures que vous lustrez d'un mouvement agile. De plus, les variations de pressions dans le cartilage contribuent à l'aspiration des substances nutritives venues du sang. Le cartilage de vos genoux améliore sa texture. À l'inverse, en envoyant un grand braquet, vous contractez puissamment votre cuisse. À chaque tour, vous écrasez lentement et profondément votre rotule sur le fémur. Vous rabotez votre cartilage ! Vous ne tarderez pas à souffrir des genoux !
Tournez vite les jambes et votre cœur et vos vaisseaux vous remercieront ! En alternant rapidement contractions et décontractions, les masses musculaires sont à l'origine d'une véritable aspiration sanguine. Le cœur est autorisé à propulser moins vigoureusement le sang qui sort de ses cavités. La pression artérielle diminue pendant l'effort et les parois des vaisseaux. Le cœur se fatigue moins et la paroi des vaisseaux est moins abîmée par la violence du flux sanguin. *A contrario*, en contractant lentement et puissamment vos cuisses, vous aplatissez durablement les vaisseaux sanguins qui les traversent. Le cœur est obligé de se contracter intensément pour tenter d'irriguer les muscles et votre tension artérielle augmente !
Tournez vite les jambes et votre chrono s'améliorera.
La succession rapide de contractions et de décontractions musculaires favorise l'aspiration du sang par les muscles. Voilà qui améliore l'oxygénation musculaire et diminue le travail cardiaque. Voilà qui permet d'améliorer vos performances.

Adapter sa fréquence de pédalage au terrain, à sa forme du moment et à la période de l'année est le lot commun de tous les sportifs, du dilettante... au grand champion.

UTILISER LES DÉVELOPPEMENTS ADAPTÉS

EN BREF

Vous disposez de vingt et une, vingt-quatre ou vingt-sept vitesses théoriques, utilisez-les à bon escient ! Anticipez et changez vos vitesses dans le rythme, tout en évitant de croiser la chaîne, vous vérifierez ainsi sur le terrain l'adage selon lequel il n'existe pas de difficultés insurmontables, mais seulement des braquets inadaptés.

Vous avancez, c'est parfait ! Maintenant, pour commencer à piloter, il va falloir utiliser avec justesse votre système de transmission et adapter vos braquets au terrain.
Faites vos gammes lors de vos premières sorties, en multipliant les passages de vitesse pour bien apprécier tous les développements et vous entraîner à changer de vitesse en souplesse, sans perturber votre cadence de pédalage, ni provoquer le moindre craquement (merci pour la mécanique !).
La règle première est d'éviter de croiser la chaîne en bannissant les rapports extrêmes (petit plateau/petit pignon ; grand plateau/grand pignon) qui font supporter plus de frottements à la chaîne, maltraitent le dérailleur et diminuent le rendement.

En maîtrisant bien votre gamme de développements, vous vous surprendrez à passer partout :
• **Le grand plateau** utilisé avec un des trois ou quatre petits pignons reste l'apanage des sportifs de bon niveau dans les grandes descentes et sur terrain plat. Même si vous êtes très costaud, soyez vigilant avec les gros braquets, ils peuvent vous empêcher de relancer la machine et vous bloquer sur certains obstacles.
• **Le plateau intermédiaire**, le plus utilisé, est adapté aux situations moins extrêmes, en offrant un panel de développements largement suffisant en de nombreuses circonstances. C'est sur ce plateau que vous aborderez le mieux les longues montées en changeant progressivement les pignons (en les montant un à un) tout en conservant votre rythme de pédalage. Dans les descentes chaotiques où il n'est pas possible de pédaler, restez sur le plateau du milieu en passant sur un des grands pignons, la chaîne ainsi tendue vous évitera les déraillements intempestifs. De plus, vous serez d'attaque pour relancer en bas de la descente.
• **Quant au petit plateau**, il permet de franchir des côtes très raides et vous aidera à finir les montées interminables, débutées sur le plateau intermédiaire. Indispensable en montagne, il est également très précieux sur les terrains boueux ou sablonneux.

Enfin, il sera salutaire au retour d'une sortie difficile ou en cas de méforme.

À SAVOIR

Si un braquet trop gros risque de vous bloquer au moindre obstacle (côte raide, marche...), à l'inverse, un braquet trop petit vous obligerait à « mouliner » trop vite et aurait tendance à vous déséquilibrer. Le bon compromis n'appartient qu'à vous, recherchez-le !

NE PAS FAIRE

Évitez de changer les vitesses lorsque vous êtes en danseuse mais faites-le avant de vous mettre debout sur les pédales et relâchez la pression sur les pédales lors des passages de vitesse, vous épargnerez votre transmission.

LE MOT DU DOC

J'AIME ENVOYER DE GROS BRAQUETS, C'EST LA FAUTE DE MES PARENTS !

Vos muscles sont constitués de fibres lentes et de fibres rapides. Si les premières prédominent dans votre corps d'athlète vous êtes fait pour l'endurance. Si les secondes sont beaucoup plus nombreuses, la nature a fait de vous un sprinter ! En effet, cette répartition est essentiellement déterminée par votre patrimoine génétique. Cependant avec l'âge et avec l'entraînement en endurance certaines fibres rapides se transforment en fibres lentes. Mais ces dernières ne parviennent pas à faire l'inverse. C'est ainsi qu'on naît coureur de 100 mètres mais que l'on peut devenir marathonien !
Pour la majorité d'entre nous, la répartition est homogène. Certaines études suggèrent que notre rythme de pédalage optimum dépendrait de la composition de nos muscles en fibres lentes et fibres rapides. Ainsi, pour l'essentiel des vététistes, il faut tourner les jambes aux alentours de 80 tours par minutes. Ceux qui possèdent une génétique de sprinter seront plus rentables à une cadence un peu plus élevée. Alors que ceux qui sont programmés pour le marathon auront probablement un meilleur rendement à une fréquence de pédalage légèrement plus faible.

Bianchi

FREINER AVEC JUSTESSE

EN BREF

Le frein avant étant le plus puissant, c'est lui qui vous arrêtera, le frein arrière vous fera simplement ralentir. Pressez vos leviers de frein avec seulement un ou deux doigts pour conserver une bonne prise du guidon.

Vous pensez que pour aller vite, il vous suffit de pédaler plus fort ? Vous avez tort, bien freiner n'est pas réservé aux trouillards, c'est gagner en vitesse et maîtriser son VTT.
Le b.a.-ba consiste à dissocier l'avant de l'arrière et à se servir de l'un et l'autre indépendamment puis simultanément. Inutile, d'utiliser tous vos doigts pour freiner, l'index seul, éventuellement accompagné du majeur, suffit et laisse les autres doigts au contrôle de la direction. Ce n'est pas superflu !

• L'avant d'abord

Pour être efficace, le freinage doit être assuré majoritairement (à environ 70 %) par le frein avant, l'arrière n'intervenant qu'en soutien (les 30 % restants). Le freinage impliquant un transfert des masses (vous et votre vélo) vers l'avant, la roue chargée adhèrera mieux et permettra un freinage plus fort. Cette puissance est accentuée par la petite course du câble reliant le frein avant à sa commande. Le frein arrière est un simple assistant ne servant qu'à ralentir ou à déclencher des petits dérapages pour passer certains virages. Pour optimiser le freinage, poussez sur le guidon avec les deux bras, vous replacerez le poids du corps vers l'arrière et rendrez un peu plus d'efficacité au frein arrière, en réduisant les risques de dérapage. Si le frein avant est prédominant dans les trajectoires rectilignes, oubliez-le dans les virages, sinon vous connaîtrez vite les rudes effets de la glissade avant. Enfin, dans les descentes, ne vous cramponnez pas aux leviers de freins, mais opérez par petites pressions discontinues, vous éviterez les dérapages incontrôlés en conservant le contrôle de la situation.

À SAVOIR

Beaucoup de motards inversent les commandes de frein sur leurs VTT afin de retrouver le frein avant à droite, comme sur leurs motos.

NE PAS FAIRE

Ne freinez jamais de l'avant lorsque votre roue ne touche pas le sol, comme lors d'une descente de marche par exemple, votre roue se bloquerait et vous seriez bon pour une jolie figure de style en passant par-dessus le guidon. Même chose en virage où le bon sens impose de relâcher la pression sur le frein avant, sinon c'est par terre que vous méditerez sur ce principe de base.

Un ou deux doigts sur chaque levier suffisent pour freiner efficacement et garantissent une bonne prise du cintre.

Dans une descente, les masses se déplacent vers l'avant et rendent encore plus efficace le freinage avant. En freinant, poussez sur les bras afin de lester la roue arrière et d'éviter son dérapage.

Rester souple et mobile sur son vélo en portant le regard au loin sont les principes fondamentaux du VTT. En alternant position assise et station debout sur les pédales, vous amortirez les chocs, grâce au plus perfectionné des systèmes de suspension : votre corps. En restant raide et statique, votre vélo dernier cri ne servirait pas à grand-chose. Souplesse des bras et des jambes, mobilité du corps conditionnent la qualité de votre pilotage et la réussite des franchissements.

Levez le nez du guidon. Le regard commandant la direction, portez vos yeux loin devant, pour anticiper et diriger votre vélo sur les bons caps. Si vous regardez le fossé ou un arbre, vous foncerez droit dessus.

LE MOT DU DOC

PLUS C'EST FACILE, PLUS C'EST EFFICACE !

Les sorties cool représentent l'occasion idéale pour mémoriser puis automatiser un geste complexe.
En effet, la fatigue altère le geste technique : si les muscles nécessaires à la réalisation du mouvement parfait sont épuisés, le cerveau se voit obligé de solliciter d'autres muscles, dits compensateurs, alors responsables d'un geste moins efficace et moins rentable. Le cerveau automatise le programme musculaire effectué le plus souvent. Aussi, si l'exercice se poursuit, c'est le programme défectueux qui est mémorisé. Il faut dissocier le travail technique du travail physique.
Lorsqu'un vététiste, dont les cuisses sont douloureuses et fatiguées, tente de continuer à emmener les gros braquets, il « pédale avec les épaules », basculant son corps d'une pédale sur l'autre dans une débauche d'énergie inconsidérée. Son cerveau est en train de mémoriser un geste défectueux ! Dans le jargon des entraîneurs, on dit qu'il « désapprend » !
Si en abordant un passage technique un vététiste n'est pas fatigué, toutes ses masses musculaires sont disponibles. Il lui est possible d'enclencher le schéma moteur complet récemment acquis ! Sous les conseils de son ami plus expérimenté, il peut solliciter un peu différemment ses articulations, améliorer encore sa prestation et automatiser le bon geste ! Mais attention, à force de répétitions, les muscles faiblissent et cherchent des compensations malvenues. Il est impératif de faire une pause !
Retenez bien : le travail technique s'arrête lorsque la fatigue s'installe !
Seul le compétiteur de haut niveau maîtrisant parfaitement le geste ne doit pas écouter ces conseils ! En effet, lorsque le mouvement est parfaitement automatisé, il est inscrit de façon indélébile dans les circuits électriques du cerveau. Si le champion répète le geste en état de fatigue, au lieu de compenser, il fait travailler plus intensément les bons muscles et favorise leur progression physiologique ! De plus, il s'entraîne spécifiquement à la réalisation du bon geste en état d'épuisement... comme c'est le cas en fin d'épreuve, au moment où il faut faire la différence face aux meilleurs adversaires !

Si un champion comme Julien Absalon peut reproduire les gestes techniques même en état de fatigue, un sportif moyen devra travailler ses mouvements en pleine possession de ses moyens, pour ne pas désapprendre.

Une fois votre vélo bien réglé et adapté à votre morphologie, vos postures vont déterminer la qualité de votre pilotage mais également votre fatigue et vos éventuels traumatismes articulaires ou musculaires. Prenez exemple sur Julien Absalon et tenez-vous bien sur les deux positions de base : assis en pédalant, et debout, à l'approche d'une difficulté.

• Assis en pédalant

Coudes dégagés du corps, bras semi-fléchis, le regard au-delà de la roue avant pour anticiper et choisir les bonnes trajectoires, vous maintenez le cap fermement mais en souplesse, les mains posées sur le cintre.

Bien positionné sur votre vélo, le poids réparti sur tous les points d'appui (cintre, pédales, selle), vous pédalez en souplesse, en amortissant les irrégularités du terrain, prêt à vous redresser sur les pédales pour relancer le rythme ou aborder un obstacle.

À SAVOIR Les poignets ne doivent pas être « cassés », mais suivre naturellement le prolongement des avant-bras.

NE PAS FAIRE Être assis sur la selle ne signifie pas « s'avachir » dessus : le poids du corps doit se répartir sur tous les points d'appui (cintre, pédales, selle) et pas seulement sur le séant.

MET
Bianchi
SIDI
SID
MICHELIN

• Debout à l'approche d'une difficulté

Bras et jambes fléchis, debout sur les pédales, vous approchez d'une difficulté, manivelles à l'horizontale et pied d'appel en avant (celui sur lequel vous vous sentez le mieux). Les coudes décollés du corps, le regard porté loin devant et les doigts sur les leviers de frein, vous abordez les obstacles dans la position idéale, paré à effectuer un geste technique.

À SAVOIR

Essayez d'alterner votre pied d'appel, vous gagnerez en facilité dans certains enchaînements et passages.

NE PAS FAIRE

Ne vous raidissez pas sur les jambes et ne verrouillez pas les articulations, mais adoptez une posture souple, jambes légèrement fléchies.

Bianchi
SID

Avant de vous lancer à corps perdu dans des folles escapades ou de vous atteler immédiatement aux leçons de pilotage, arrêtez-vous un instant sur ces principes de base.
Certains conseils paraissent évidents, mais une bonne révision de ses gammes ne fait pas de mal.

• En montée

• Assis sur l'arrière de la selle, vous enroulez le pédalage, le bassin souple pour amortir les obstacles et pouvoir vous déhancher.
• Penchez-vous légèrement en avant et aidez-vous, les bras fléchis, en tirant sur le guidon au plus fort de la pente.
• Adoptez la position assise, plus efficace et plus économique (en énergie s'entend !). Si l'adhérence le permet, mettez-vous de temps en temps en danseuse afin de solliciter différemment les groupes musculaires.
• Anticipez en adaptant le bon braquet, avant d'attaquer la pente.
• Avancez-vous sur le vélo pour donner plus d'adhérence à la roue avant lorsque la pente devient raide.
• Utilisez les bonnes trajectoires ! Il est préférable de slalomer en restant sur le vélo plutôt que de filer tout droit et de mettre pied à terre ; enfin ne négligez pas les trajectoires permettant de récupérer un peu.

À SAVOIR
Adoptez une cadence de pédalage rapide et ne forcez pas en tirant un trop gros braquet, vous vous économiserez.

NE PAS FAIRE
Ne vous crispez pas sur le guidon !
Même au plus dur de l'effort, la souplesse est de rigueur.

• En descente

• Abordez la descente debout sur les pédales, les manivelles à l'horizontal et le pied d'appel devant.
• Placez-vous sur l'arrière du vélo, afin de gagner en stabilité et de redonner plus d'adhérence à la roue arrière ; si la descente est très raide, votre bassin doit passer derrière la selle.
• Laissez la ligne de vos épaules la plus perpendiculaire possible à la ligne de pente : lorsque le sentier tourne, vos épaules doivent également tourner.
• Pensez à vous aplatir sur le vélo pour abaisser votre centre de gravité et améliorer la stabilité (vous pouvez baisser votre selle pour descendre le centre de gravité).
• Régulez la vitesse du frein avant, le frein arrière venant en appui ou pour placer le vélo d'un dérapage contrôlé.

À SAVOIR

C'est souvent en bas de la pente que se produisent les chutes : le retour sur le plat s'amortit successivement des bras et des jambes. Surtout, restez concentré jusqu'au bout.

NE PAS FAIRE

Même en situation délicate, ne perdez pas les pédales en retirant un pied de son appui pour tenter de vous stabiliser. L'effet obtenu sera inverse et sans les deux pieds sur les pédales, la chute s'approche à grande vitesse.

• Dans les virages

Vous devez dissocier les trois phases du virage : la préparation, le virage, la sortie.

• Pendant la préparation, placez-vous à l'extérieur et freinez pour adapter votre vitesse ; ce n'est pas en arrivant vite que vous passerez le plus rapidement.

• Dans le virage, vous ne devez plus freiner, ni pédaler. Placez la pédale extérieure en position basse en appuyant fortement dessus (de votre jambe extérieure), afin de renforcer l'adhérence ; le talon est positionné à l'horizontal ou pointé vers le bas et le genou extérieur plaqué contre le cadre.

• En sortie de virage, reprenez le pédalage le plus tôt possible pour gagner de l'adhérence et prendre rapidement de la vitesse.
- Fixez la sortie du virage, votre corps et le vélo suivant votre regard, vous éviterez ainsi de rester planté dedans.
- Avancez vos épaules au-dessus du cintre dans les virages, pour charger la roue avant et lui donner de l'adhérence.
- Nous avons tous un coté de prédilection pour tourner, entraînez-vous à droite, comme à gauche.

À SAVOIR **Portez toujours votre regard sur la sortie de la courbe.**

NE PAS FAIRE **Évitez de déraper, il est préférable de passer sans glisser pour contrôler son VTT, maîtriser ses trajectoires et gagner du temps.**

Bianchi
SID

• Dans les sauts

• Pour débuter, ne gonflez pas trop les pneus, vous bénéficierez de l'effet ressort de la gomme dans la phase d'appel.
• Pendant l'extension, grandissez-vous en montant vos épaules.
• Une fois en l'air, poussez sur le guidon en tendant les bras vers l'avant, afin de projeter votre vélo au-delà de l'obstacle.
• Atterrissez le corps légèrement sur l'arrière, pour faire toucher le sol à la roue arrière en premier.
• Le retour sur terre s'amortit en fléchissant les bras et les jambes.

À SAVOIR Initiez-vous sur de petites bosses avec des réceptions en descente.

NE PAS FAIRE N'atterrissez pas sur la roue avant.

Bianchi

Jamais deux fois identiques, selon le terrain, le type de virage, la pente et votre vitesse, les trajectoires ne se ressemblent pas souvent, mais suivent pourtant des règles immuables.

- **En montée**

Optez pour la trajectoire la plus longue, à l'extérieur, elle présentera un dénivelé plus faible qu'à la corde : il vaut mieux parcourir plus de chemin en conservant un rythme de diesel, plutôt que de raccourcir la distance en forçant sur les pédales.
Vous pouvez serrer à la corde, si vous êtes en compétition ou en lutte pour l'apéritif avec vos copains, mais il vous faudra alors posséder les cuissots et le coffre à la hauteur de cette ambition.
Si des obstacles sur la trajectoire extérieure ou une erreur de pilotage vous conduisent à l'intérieur du virage, passez sur un développement plus petit afin de préserver votre rythme de pédalage.

À SAVOIR — **Regardez loin devant, afin de trouver la trajectoire la moins cassante et offrant le maximum d'adhérence.**

NE PAS FAIRE — **Ne délivrez pas votre effort maximum en entrant dans le virage, mais gardez des forces pour passer le point de corde, l'endroit le plus rude.**

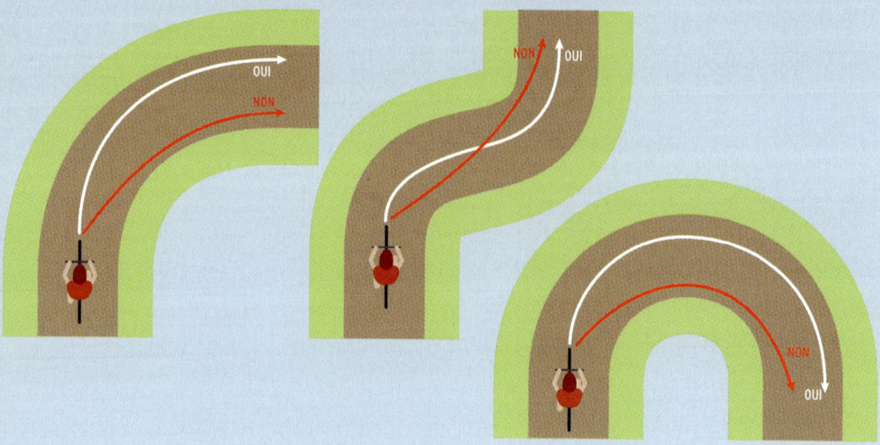

- **En descente**

Pour bien aborder un virage en descente, placez-vous à l'extérieur et freinez suffisamment fort (de l'avant et de l'arrière) avant de rentrer dans la courbe, pour réguler votre vitesse en une seule fois. Dans le virage, vous ne devez plus toucher aux freins. Passez de l'extérieur à l'intérieur en coupant à la corde (en supposant que rien, ni personne, n'arrive en face). La sortie du virage se négocie en se laissant déporter sur l'extérieur.

À SAVOIR Dans les successions de courbes, le passage de la première conditionne l'enchaînement. Alors appliquez-vous sur le premier virage !

NE PAS FAIRE Bannissez le freinage au moment de virer : de l'avant, vous vous retrouveriez immédiatement par terre ; de l'arrière, vous partiriez en dérapage incontrôlé.

ÉQUILIBRE, MANIABILITÉ ET PETITE VITESSE

Bien piloter votre VTT commence par votre habileté à maîtriser l'équilibre et à évoluer à vitesse réduite. Ces gestes de trial vous apporteront une aisance de pilotage à toute allure, quelle que soit votre pratique. Vous apprendrez à dissocier le haut et le bas du corps, à rechercher les points d'équilibre, à rester mobile sur votre VTT, à mieux répartir votre poids sur les différents points d'appuis du vélo.

Julien Absalon vous guide en utilisant des pédales automatiques. Son talent et son expérience le lui permettent. Pour ces exercices, nous vous conseillons plutôt de chaussez des pédales plates et de baissez votre selle. Coté terrain de jeu, un bout de trottoir ou un petit carré d'herbe suffisent pour vous entraîner. Alors ne vous privez pas de répéter ces figures et amusez-vous !

LA PAROLE DU DOC

ÉCOUTEZ MIEUX VOTRE CORPS POUR GARDER L'ÉQUILIBRE

Quatre systèmes de renseignement contribuent à votre équilibre et à vos performances en VTT : la vision, l'oreille interne, la peau et les articulations.
Sachez choisir les meilleures informations pour optimiser vos performances... ou éviter la chute !

> LA VISION

Regarder permet de se situer dans l'espace. Chez vous, le mur indique la verticale, le sol montre l'horizontale. Voilà des informations essentielles pour conserver son équilibre. À VTT, la nature est plus espiègle que l'architecte, la route est rarement droite et l'arbre est souvent incliné, mais la vision reste cruciale. Votre équilibre ne doit pas dépendre exclusivement de ce sens. Il faut regarder loin devant. Ainsi vous pouvez anticiper et votre système nerveux a l'opportunité de programmer la gestuelle la plus adaptée à la suite du parcours. La vue ne doit contribuer que modérément à votre équilibre immédiat. Ce sont les autres systèmes d'informations qui contribuent à l'analyse de ce qui se produit juste sous vos pneus. Une étude menée auprès de cavaliers de concours hippique est tout à fait transposable au VTT. Les casques de ces sportifs étaient équipés de caméras restituant ainsi l'image de leur vision. Les pratiquants de haut niveau regardaient l'obstacle suivant, alors que les débutants observaient fébrilement juste en avant de leur monture. Ainsi, vous comprenez l'adage : "Posséder un bon équilibre, c'est voir sans regarder. Avoir une bonne vue, c'est regarder pour anticiper !"

> L'OREILLE INTERNE

Juste derrière l'oreille, on trouve des petits récipients remplis de liquide. Selon la position de la tête, le fluide prend appui sur des zones différentes. Lors des mouvements il déplace et frotte sur les parois. Ainsi, le cerveau est-il en permanence informé de la situation de la tête et de son déplacement. Il peut alors modifier la programmation des gestes pour conserver son équilibre. Souvenez-vous de cette publicité ventant des aliments pour chat. On voyait le petit félin tomber à la renverse, replacer sa tête parfaitement à l'horizontale puis aligner l'ensemble de son corps. De cette manière, il retombait parfaitement sur ces pattes. L'information de l'oreille interne avait permis de positionner parfaitement la tête, c'est ensuite que tous les muscles ont agi pour mettre l'animal en position d'atterrissage ! Chez les personnes âgées, l'oreille interne se désentraîne, il confie leur équilibre à leur vision... et le risque de chute augmente quand la vue se dégrade à son tour ! À VTT, les mouvements que subit votre crâne vous indiquent votre position et vos déplacements. Ils ne vous permettent pas d'anticiper. Pire encore, située au sommet du couple homme-machine, l'oreille interne vous informe d'un déséquilibre alors que la bascule a déjà dangereusement commencé. Pour recueillir plus précocement des informations pertinentes et réagir au plus vite, il est indispensable de solliciter les articulations et la peau !

> LE SYSTÈME ARTICULAIRE ET CUTANÉ

Chaque articulation est entourée d'un sac appelé capsule. Par endroit, cette membrane se renforce et devient plus épaisse : ce sont les ligaments. Lorsque l'articulation bouge, lorsqu'elle bascule ou dévie de son axe de fonctionnement naturel, les ligaments sont mis en tension. Dans chacun d'eux, il existe de minuscules récepteurs nerveux. Véritables jauges de contraintes microscopiques, ils informent le cerveau du déplacement articulaire. L'encéphale réagit instantanément et programme le mouvement destiné à stabiliser la position. On trouve également des capteurs de pression dans la voûte plantaire. Lorsque le corps oscille et s'appuie plus d'un côté, le système nerveux est informé et réagit pour éviter la chute ou corriger le mouvement.

À VTT, beaucoup d'informations viennent de la peau des fesses au contact de la selle ! Les tensions et les pressions cutanées vous renseignent finement sur le comportement de votre machine ! Vous avez la possibilité de réagir plus précocement et plus subtilement. Vous comprenez mieux le conseil provocateur : "il faut piloter sa bécane avec son cul ! ".

Nombre d'indications proviennent également des articulations des poignets et des membres supérieurs qui répercutent les soubresauts de votre direction. Les pressions ressenties par la plante des pieds, au contact des pédales et la perception de tensions dans les membranes articulaires des jambes vous aident à analyser le comportement de votre machine. Vous comprenez bien que le « système articulaire et cutané » soit plus fin, plus performant et plus rentable que les deux précédents. Inutile de traiter la complexe information visuelle, nul besoin que le corps oscille jusqu'à la tête, l'information est prélevée à la base, sur la peau, dans les membres et dans les pieds. Elle est traitée dès les prémisses du déséquilibre. La posture et le geste sont corrigés plus précocement ainsi vous dépensez moins d'énergie ! Vous consacrez votre force musculaire au pédalage ! Il est d'usage de dire que la vision est le système d'équilibration des vieillards, l'oreille interne est celui des sportifs débutants et le système articulaire est celui des champions !

Julien Absalon peut aller très vite en course car il maîtrise parfaitement l'équilibre et les mouvements techniques à faible allure.

L'apprentissage de l'alphabet du pilotage débute ici. Cette technique de base de trial vous préparera à rouler au pas dans les passages délicats, à vous équilibrer pour aborder des gros franchissements et à ne pas mettre pied à terre, dès que la vitesse décline. Bien maîtriser l'équilibre à l'arrêt est une simple affaire de placement de vélo, de corps... et d'entraînement.

‹‹‹ Sur une surface lisse, légèrement montante pour débuter, **vous avancez à faible allure**, debout sur les pédales, les manivelles à l'horizontale, le pied d'appel en avant.

‹‹‹ **En bloquant délicatement les freins** pour vous immobiliser, déplacez votre bassin sur l'avant du vélo et placez vos épaules au-dessus du cintre, tout en tournant légèrement la roue avant, afin d'augmenter la surface d'appui au sol et d'abaisser le centre de gravité.

‹‹‹ Une fois **immobilisé**, servez-vous de vos épaules et de vos genoux pour rétablir les déséquilibres latéraux, en conservant le corps bien vertical et en portant votre regard loin devant. Votre jambe intérieure (ici la droite) vient se placer contre le cadre (le tube supérieur). Votre pied d'appel se trouve sensiblement plus haut que l'autre.

Déplacez votre poids du corps en appuyant sur le guidon de votre bras placé le plus en avant (le bras gauche pour Julien). Vos mains restent décontractées, sans serrer le cintre et à aucun moment vous ne devez vous crisper, ni verrouiller les articulations.

Synchronisez le freinage et la pression des pieds sur les pédales. C'est en avançant et en reculant très sensiblement que vous conserverez l'équilibre.

‹‹‹ On peut observer le corps de Julien en **position parfaitement verticale** et sa jambe droite en appui contre le cadre. Regardez comme le *sloping* du cadre (le tube supérieur incliné) libère le mouvement des jambes.

L'équilibre maîtrisé, réduisez l'angle de rotation de la roue avant et exercez-vous à vous stabiliser, les roues le plus en ligne possible. ›››

À SAVOIR

- Bannissez les pédales automatiques à vos débuts, vous éviterez quelques fâcheuses contusions.
- Débutez dans une légère montée, sur un sol meuble et avec des pneus peu gonflés, pour faciliter vos premières stabilisations.
- Les manivelles à l'horizontale, conservez votre pied d'appui légèrement plus haut que l'autre.
- Répartissez le poids du corps sur les pieds et le bras placé en avant.
- Restez détendu pendant tout l'exercice, sans verrouiller les articulations.

NE PAS FAIRE

- Ne tournez pas le guidon brusquement dans le sens contraire pour vous rétablir.

Si le « nose wheeling » n'est pas une figure incontournable de vos sorties VTT, ce n'est pas non plus un numéro de cirque. En plus de vous procurer une grande confiance au freinage et d'améliorer votre technique, freiner sur la roue avant est la première partie du mouvement de rotation sur la roue avant, abordé ultérieurement. Un geste pas très difficile, demandant juste un peu de confiance.

<<< **L'approche** s'effectue à petite vitesse, sur un sol plat et lisse, debout sur les pédales, manivelles à l'horizontale. Vos bras sont souples et légèrement fléchis, vos jambes quasiment tendues et votre (vos) doigt(s) prêt à écraser le levier de frein avant.

<<< **Freinez avec force** (et conviction) du frein avant : votre roue arrière commence à décoller. Si elle reste scotchée au sol, vous n'alliez pas assez vite ou n'avez pas freiné suffisamment fort ; vous êtes peut-être positionné trop en arrière ou trop crispé sur vos appuis... ou bien un peu de tout ça.

<<< Il vous suffit d'**accompagner la montée** de la roue arrière d'une petite impulsion, en transférant votre poids sur l'avant, vos épaules venant se placer au-dessus du cintre. Restez dans l'axe de la roue avant, votre vélo fera de même.

‹‹‹ Le frein avant toujours bloqué, **aidez la progression** de la roue arrière en pliant les jambes et en reculant derrière la selle. Votre visage se retrouve à la verticale de l'axe de la roue avant.

‹‹‹ Il va falloir **stopper l'ascension** de la roue arrière pour éviter de passer par-dessus le guidon : reculez derrière la selle en pliant les jambes et en tendant vos bras, comme pour repousser le guidon. Après, il ne vous reste plus qu'à sentir le point d'équilibre et tenter de le conserver le plus longtemps possible.

‹‹‹ **Amortissez la redescente** en souplesse sur les jambes, pour vous retrouver parfaitement en ligne, bien équilibré sur le vélo, prêt à repartir vers de nouvelles aventures.

À SAVOIR

- Des pédales plates vous éviteront des visites répétées chez votre dentiste et votre traumatologue.
- Baissez la selle au maximum à vos débuts, pour faciliter la montée du vélo.
- Une fois cette technique bien acquise à l'arrêt, essayez de rouler sur la roue avant, dans une descente, en vous équilibrant du frein avant.

NE PAS FAIRE

- Ne lâchez pas le frein avant, pendant toute la durée du mouvement.

En plus d'épater la galerie, rouler sur la roue arrière est un excellent exercice pour progresser en franchissement et en maîtrise de l'équilibre. Armez-vous de patience, mais avec de la persévérance, soulever la roue avant en conservant le point d'équilibre deviendra un jeu d'enfant que vous reproduirez à loisir sur le terrain. Bon courage !

<<< Vous **avancez à faible allure**, sur un terrain plat, assis sur la selle, le buste légèrement fléchi sur le cintre, un doigt sur le levier de frein arrière, votre pied d'appel prêt à produire un énergique coup de pédale. Le regard porté deux à trois mètres devant la roue, vous devez penser au transfert de masse qui va s'opérer à l'étape suivante.

<<< Pour **cabrer le vélo**, donnez un violent coup de pédale tout en projetant les épaules vers l'arrière pour placer votre buste au-dessus de l'axe de la roue arrière et trouver immédiatement le point d'équilibre. Vos bras sont tendus, vos fesses posées sur la selle et votre dos maintenu bien droit.

<<< Vous devez maintenant **conserver cette position** d'équilibre en enchaînant en souplesse les cycles de pédalage : il suffit de freiner légèrement du frein arrière si vous basculez en arrière et d'accélérer le pédalage si vous tombez en avant.

ÉQUILIBRE LATÉRAL

‹‹‹ En plus de l'équilibre avant/arrière, une fois sur la seule roue arrière, vous devez **gérer l'équilibre latéral** qui se rattrape en écartant les genoux : le gauche si vous basculez à droite...

... et le droit si vous basculez à gauche. Le **buste doit rester droit** et les bras tendus, mais jamais bloqués.

À SAVOIR

- Pour débuter, baissez votre selle, gonflez bien vos pneus et repérez un terrain droit plat et lisse.
- Commencez à allure réduite : ce n'est pas sur la vitesse que le *wheeling* se réalise, mais sur l'équilibre.
- Pour bien doser le freinage qui empêche la bascule arrière, maintenez un très léger freinage de l'arrière pendant tout l'exercice.
- Optez pour un petit braquet, mais évitez le petit plateau, une vitesse de pédalage trop élevée vous déséquilibrerait. Des rapports 32/26, 32/28, 34/26 ou 34/28 sont souhaitables.

NE PAS FAIRE

- Oubliez vos pédales automatiques, vous éviterez la chute pieds fixés aux pédales, dans l'inconfortable (et risible) position de la tortue sur le dos. Chaussez des pédales plates !

Le but n'est pas de vous présenter à un numéro de funambulisme, mais de garder la maîtrise de votre trajectoire en contrôlant votre équilibre. Allez rouler sur une bordure de trottoir, sur une planche posée au sol, un arbre couché... Vous deviendrez imprenable dans les sentiers étroits et sinueux.

‹‹‹ À **très faible allure**, debout sur les pédales, vous évoluez sur un petit développement, votre regard posé un à deux mètres devant la roue, les doigts sur les freins.

‹‹‹ Bien détendu, **sans verrouiller les articulations**, restez très concentré sur la trajectoire et n'hésitez pas à faire du surplace en jouant des épaules pour vous équilibrer.

‹‹‹ **Pédalez sans à-coup**, en contre-balançant le mouvement de pédalage avec les épaules. En cas de déséquilibre, vos déhanchements et la mobilité de vos épaules vous maintiendront sur le vélo et sur le tronc d'arbre.

<<< **La fin est proche**, mais ce n'est pas le moment de vous déconcentrer ou d'accélérer le mouvement. Bien au contraire, regardez la sortie et terminez sur l'élan.

À SAVOIR

- Débutez en roulant sur une planche posée au sol, une ligne de terrain de sport, un trottoir... vous éviterez la difficulté supplémentaire de la hauteur.
- Pour cet exercice également, des pédales plates sont les bienvenues.
- Le mental est la clé de voûte de la réussite : soyez convaincu et relax.

NE PAS FAIRE

- N'entreprenez pas un obstacle comportant une marche d'attaque, vous rajouteriez une difficulté supplémentaire.

PIVOTER SUR LA ROUE AVANT

Vous savez déjà freiner de l'avant en décollant la roue arrière. Après, tout se joue sur l'impulsion et le transfert de masse. Une manœuvre bien utile pour vous remettre dans le sens de la marche dans les recoins sinueux et pour passer des virages en épingle en descente, à faible allure.

<<< Debout sur les pédales, manivelles à l'horizontale, le buste légèrement sur l'avant, **vous roulez à petite vitesse**, le pied d'appel devant, un (ou deux) doigt(s) sur le frein avant. Vous avez déjà anticipé la sortie en passant sur un petit braquet.

<<< **Freinez de l'avant** afin de bloquer la roue, en orientant légèrement la roue directionnelle dans la direction à prendre. Accompagnez la montée de la roue arrière d'une extension et d'un déhanchement du coté de la rotation, les épaules venant se placer au-dessus du cintre. Vous regardez la sortie du virage.

<<< En plaçant le poids du corps sur les bras, afin de délester la roue arrière, le déhanchement précédent vous permet **de pivoter**. Les épaules restent au-dessus du cintre, orientées à l'intérieur du virage.

‹‹‹ **L'arrière poursuit sa course** et entame sa redescente, vos jambes restent quasiment tendues pendant toute la rotation autour de la colonne de direction. Ne lâchez pas encore le frein avant.

‹‹‹ Vous avez pris un **virage à angle droit**, parfaitement équilibré. Après avoir amorti la réception en souplesse sur les jambes, vous voilà prêt à reprendre le pédalage.

À SAVOIR

- Exercez-vous à plat sur une surface plutôt souple.
- Comme pour la rotation sur la roue arrière, l'idéal est de matérialiser un virage à angle droit virtuel sur le sol.
- Vous avez forcément un sens de rotation préféré : commencez par celui-ci, puis changez.
- Prenez garde à ne pas bloquer la roue avant à la perpendiculaire du cadre.
- Plus la vitesse d'approche est faible, plus le mouvement d'extension pour décoller la roue arrière doit être important.

NE PAS FAIRE

- N'exagérez pas l'amplitude du mouvement, ni la vitesse de rotation, vous rendriez la réception délicate.

Pour négocier un virage serré avec obstacle (pierre, souche…), virer à angle droit ou dans une épingle, c'est le moment de sortir votre science du cabrage en lui associant une variante, le tournant. Avec une bonne coordination, vous parviendrez à virer dans un mouchoir de poche.

<<< **Bien équilibré** sur le VTT, vous approchez à vitesse réduite, sur un petit développement, en élargissant la trajectoire au maximum. Prêt à déclencher un *wheeling*, le buste fléchi, épaules et bassin tournés vers l'intérieur du virage, vous fixez la sortie du virage, un doigt sur le frein arrière pour parer à un éventuel déséquilibre.

<<< **Cabrez le vélo** d'un vigoureux coup de pédale extérieure (ici la gauche), en basculant vos épaules en arrière, le corps placé sur l'arrière du vélo et à l'intérieur du virage.

<<< L'accélération du coup de pédale vous permet de **conserver l'équilibre** et d'ajuster votre trajectoire. Le genou intérieur doit être légèrement écarté, les épaules et le bassin orientés dans le virage.

<<< Recentré sur le vélo, épaules et bassin toujours tournés à l'intérieur du virage, vous **maintenez la roue levée** en poursuivant le pédalage et préparez la sortie du virage en fixant le point de chute de la roue avant.

<<< **Amortissez la pose** de la roue avant, en avançant les épaules et en restant souple sur vos jambes. Vous voilà déjà en position pour relancer.

À SAVOIR

- L'idéal pour s'entraîner est de tracer un virage virtuel sur le sol.
- La roue avant se posera là où vous aurez fixé votre regard.
- Exercez-vous à tourner des deux cotés, en commençant par le plus facile pour vous.

NE PAS FAIRE

- Ne déclenchez pas le cabrage avec le pied intérieur, vous ne parviendrez pas à virer.

BASCULER D'UNE MARCHE LATÉRALEMENT

Encore une technique issue du trial, pour descendre de côté une marche un peu haute, sans poser pied à terre tout en impressionnant l'assistance. Ce mouvement spectaculaire se rajoute à votre bagage technique qui commence à être sérieusement garni.

‹‹‹ Manivelles à l'horizontal, pied d'appel devant, **maintenez l'équilibre**, freins bloqués, les deux roues parallèles au bord de la marche. Orientez légèrement la roue avant du coté opposé à la descente (ici vers la droite) et préparez votre extension, en abaissant le buste tout en fléchissant les jambes.

‹‹‹ Pour donner une bonne impulsion, **redressez-vous vivement** et déplacez votre corps sur l'avant du vélo, en poussant sur le cintre, pour faire décoller la roue arrière. Les freins restent toujours bloqués.

‹‹‹ Par un léger déhanchement, **replacez le vélo dans l'axe** de la roue avant en alignant vos épaules au-dessus du cintre. La roue arrière se retrouve au-dessus du vide.

<<< La roue arrière commençant sa descente, **poussez d'un coup** sec sur les bras pour faire décoller la roue avant avec l'aide du rebond, puis ramenez le cintre vers vous, afin de vous retrouver les deux roues en l'air.

>>> **Fléchissez les jambes** pour amortir la réception sur la roue arrière, en conservant une position bien verticale, sur l'avant du vélo, puis pivotez sur la roue arrière, afin d'éloigner la roue avant de la marche, sans quitter des yeux l'endroit où vous voulez la déposer.

Les deux roues bien dans l'axe, **accompagnez la repose de la roue** avant en vous fléchissant sur le vélo, puis lâchez les freins et reprenez votre escapade. >>>

À SAVOIR

- Bien entendu, débutez sur des petites marches (un trottoir est encore parfait) et entraînez-vous des deux cotés.
- Sur les marches hautes, décollez la roue directrice, avant que la roue arrière passe sous son axe, sinon la réception risque d'être délicate.

NE PAS FAIRE

- Ne vous lancez pas dans cette manœuvre sans maintenir parfaitement l'équilibre à l'arrêt.

Les deux roues bloquées, jouez au cabri en réalisant des petits sauts latéraux. Pour vous repositionner, sortir d'une ornière ou passer par dessus une branche à l'arrêt, la similitude avec le mammifère sera stupéfiante. Même si cette technique ne s'utilise pas couramment à l'arrêt, elle représente une étape de plus dans votre progression. À ce niveau, on vous tire même un grand coup de chapeau !

‹‹‹ **En équilibre à l'arrêt**, parallèle à l'obstacle, freins bloqués, le pied d'appel légèrement plus haut que l'autre, profitez de cette préparation pour évaluer l'obstacle et apprécier la zone de réception.

‹‹‹ D'un mouvement dynamique, **fléchissez** bras, jambes et **inclinez** le buste sur le vélo pour préparer une forte détente.

‹‹‹ **Détendez-vous** d'un seul coup, en utilisant le rebond du VTT pour monter le plus haut possible. En tirant le vélo sous votre buste, les manivelles restent à l'horizontal. Les freins sont toujours bloqués.

‹‹‹ L'impulsion doit être suffisante pour **faire décoller la roue arrière** qui suit le mouvement. Les manivelles ne bougent pas et restent horizontales.

››› Le vélo s'élevant au-dessus de l'obstacle, aidez-le à **poursuivre sa montée** en repliant bras et jambes. C'est le moment de fixer l'aire de réception et de déplacer latéralement votre VTT par un léger déhanchement.

››› Il ne vous reste plus qu'à gérer **l'atterrissage en douceur**, en fléchissant bras et jambes tout en vous écrasant sur le vélo, le bassin passant derrière la selle.

À SAVOIR

- Sauter une ligne continue au sol (marquage de terrain de sport...) est idéal pour vous exercer.
- La réussite est conditionnée par la dynamique de l'impulsion et l'amplitude du mouvement.
- Débutez par votre meilleur coté, mais n'oubliez pas de changer de sens.

NE PAS FAIRE

- Ne faites pas passer la roue arrière en tirant sur les pédales automatiques, elle doit suivre le mouvement (avec le reste du vélo) sur l'impulsion.

L'équilibre n'ayant plus aucun secret pour vous, vous allez franchir une nouvelle étape en vous stabilisant sur la roue arrière. Dans les zones techniques, vous pourrez poser votre roue avant sur n'importe quelle hauteur puis vous hisser sur votre vélo. Si vous tenez debout sur la roue arrière comme Julien, vous êtes très fort... on a même envie de vous demander un autographe.

‹‹‹ Sur une surface plane, **roulez à très faible allure**, debout sur les pédales, le buste sur l'avant du vélo, pieds d'appel en avant, prêt à freiner pour faire décoller la roue arrière.

‹‹‹ **Accompagnez le freinage** sur la roue avant, d'une impulsion pour faire décoller la roue arrière, en déplaçant vos épaules au-dessus du cintre. Vous savez déjà réaliser cette bascule avant dont le but, ici, est de préparer l'extension suivante.

‹‹‹ En utilisant l'énergie du mouvement de balancier, **transférez dynamiquement** votre buste vers l'arrière, en tendant bras et jambes et en projetant les fesses vers l'arrière. Le frein arrière doit être bloqué.

<<< L'avant du vélo délesté, **ramenez le cintre** vers vous d'une légère traction des bras, en tirant les coudes vers l'arrière, tout en vous redressant sur les pédales, le buste à la verticale. Il s'agit de bien doser ce mouvement des bras pour ne pas vous retrouver à terre.

<<< **Rebondissez sur place** par une extension dynamique vers le haut, en détendant vos jambes et en utilisant la compression du pneu. Le buste demeure bien vertical et les pédales horizontales. Vous pouvez sautiller ainsi très longtemps...

À SAVOIR

- Maintenez vos freins bloqués pendant tout le mouvement.
- Vous pouvez vous dispenser de l'élan en démarrant à l'arrêt et en réalisant une très forte extension vers l'arrière.

NE PAS FAIRE

- Ne remplacez pas le transfert dynamique du buste vers l'arrière, par une traction des bras : il ne s'agit pas d'un mouvement d'haltérophilie, mais d'un déplacement de masse.

OBSTACLES, SAUTS ET FRANCHISSEMENTS

Avec les franchissements, le pilotage devient encore plus ludique. Les obstacles à passer exigent une lecture rapide du terrain, un bon sens de l'anticipation et une excellente coordination. Ne vous attaquez pas d'emblée à des grosses difficultés mais passez les étapes une à une, en élevant le niveau technique au fil de vos sorties, vous vous surprendrez à survoler des passages que vous considériez comme infranchissables à vos débuts. Surtout n'oubliez pas que vous êtes beaucoup plus lourd que votre VTT et que la réussite de ces gestes est souvent conditionnée au seul transfert de masse, en l'occurrence vous. Observez la fluidité du pilotage de Julien Absalon et l'économie de ses gestes. Cette apparente facilité est le fruit de nombreuses heures de pratique et de travail technique.
Lancez-vous et sachez anticiper !

Bianchi

Si une branche barre votre chemin à hauteur d'homme, trois possibilités s'offrent à vous : tester la solidité de votre casque et de vos vertèbres, passer à pied ou utiliser une des techniques ci-dessous. C'est vous qui voyez !

‹‹‹ S'APLATIR SUR LE VÉLO

La posture la plus évidente est **de passer sur l'élan** en vous aplatissant sur le vélo, les manivelles à l'horizontale, les bras pliés et la tête rapprochée du guidon.

Assis sur la selle ou en flexion sur les jambes, comme le montre Julien, vous gagnez assez peu de hauteur. Pour peu que vous portiez un sac à dos... vous risquez de finir votre escapade, suspendu comme un jambon.

‹‹‹ PASSER DERRIÈRE LA SELLE

Pour vous abaisser encore plus, **prolongez le mouvement précédent** en passant les fesses derrière la selle, les bras tendus. Le buste se retrouve en appui sur la selle, les manivelles demeurant à l'horizontale. C'est nettement mieux au niveau gain de centimètre, mais attention à la perte d'équilibre à faible allure dans une telle position.

S'ABAISSER AU MAXIMUM

<<< Une autre technique, plus efficace mais également plus acrobatique, consiste à **placer votre corps sur votre pied d'appel**, pédale en bas. Le bras opposé (le droit ici) se retrouve pratiquement tendu et le mollet opposé (droit), en appui sur le tube supérieur.

<<< Sous l'obstacle, **abaissez votre buste au maximum**, en rentrant la tête dans les épaules ; vous pouvez encore gagner quelques centimètres en inclinant votre vélo du coté opposé. Dans une telle position, la difficulté est de conserver l'équilibre et de rouler droit.

<<< **Retrouvez votre position de base** en vous redressant en souplesse, sans vous déséquilibrer et surtout pas trop tôt : en plus de la tête, n'oubliez pas votre dos et de faire passer votre éventuel sac à dos.

À SAVOIR

- Exercez-vous à ces mouvements sur le plat et sans obstacles.
- Réduisez l'allure avant de vous engager.
- Le passage en déhanché sur votre pied d'appel sera facilité par un cadre *sloping* (le tube supérieur incliné sur l'arrière).

NE PAS FAIRE

- Ne gardez pas les yeux rivés sur la branche, mais baissez la tête et regardez droit devant.

Voilà un geste courant du VTT qui vous servira face à de nombreux obstacles naturels (marches, branches, racines...). En décomposant le mouvement, vous parviendrez à le réaliser sans heurt, la difficulté se corsant suivant la hauteur de la marche et l'état du terrain d'approche.

‹‹‹ **Préparez l'impulsion** du cabrage en ramenant le corps sur l'avant du vélo, le buste plié, la tête positionnée au dessus du guidon et les bras fléchis. Votre pied d'appel est en place pour déclencher le pédalage. Quelle que soit la hauteur de la marche à franchir, portez votre regard là où doit se poser la roue avant.

‹‹‹ En donnant un **coup de pédale énergique** de votre pied d'appel, tirez sur le guidon et ramenez le buste en arrière pour soulever la roue avant. Les fesses décollées de la selle, c'est le vélo qui monte et non pas le buste qui descend.

‹‹‹ **Posez la roue avant** en douceur sur la marche tout en poursuivant le pédalage. Les bras fléchis, le visage au dessus du cintre, vous êtes regroupé sur l'avant du vélo.

La roue avant sur la marche, **engagez les épaules** sur l'avant pour accompagner le passage de la roue arrière par une extension rapide vers le haut et l'avant du vélo. Les manivelles placées à l'horizontal, appuyez sur les pédales pour enrouler la roue arrière autour de la marche. Observez la position relevée du pied droit de Julien.

Pour terminer le franchissement, **poussez le guidon** vers l'avant en fléchissant les jambes pour laisser monter le VTT et filer sous votre bassin. Il ne vous reste plus qu'à enchaîner le pédalage.

À SAVOIR

- Soyez progressif et débutez sur terrain plat, sur des petites marches.
- Optez pour un développement intermédiaire afin de pouvoir donner une bonne impulsion.
- Votre mobilité avant/arrière conditionne la réussite de ce geste.

NE PAS FAIRE

- Ne prenez pas la mauvaise habitude de réduire le geste en tirant sur vos pédales automatiques, pour faciliter la remontée de la roue arrière, sans l'accompagner d'une forte impulsion.

DESCENDRE UNE MARCHE SUR LA ROUE AVANT

Quels que soient votre type et votre niveau de pratique, vous trouverez forcement sur votre chemin une cassure un peu plus haute que les autres qui vous plongera dans un cruel dilemme : mettre pied à terre ou vous lancer. Descendre en toute sécurité est pourtant facile et demande seulement l'application de quelques gestes simples.

‹‹‹ **Ralentissez** à l'approche de la marche, debout sur les pédales, manivelles à l'horizontale, pied d'appel devant. Penché sur l'avant, vous évaluez la meilleure trajectoire et l'endroit le plus propice pour vous engager.

‹‹‹ Positionné sur l'avant, il faut vous « ramasser » sur le vélo en **fléchissant bras et jambes**. Votre trajectoire est maintenant définitivement choisie mais il est encore temps de donner les derniers coups de freins pour ralentir si nécessaire. Après ce sera trop tard !

‹‹‹ Les affaires maintenant engagées, plus question de faire machine arrière. Les freins lâchés, **reculez votre bassin** le plus loin possible derrière la selle, tout en allongeant les bras, ce qui va propulser votre vélo vers l'avant. Allongé sur le VTT, la tête rentrée dans les épaules, votre regard reste dirigé sur l'aire de réception.

<<< Lorsque la roue avant touche le sol, vous êtes quasiment **assis sur la roue arrière**, le buste posé sur la selle. La roue avant étant délestée de tout poids, le contact avec le sol s'opère en douceur. Laissez le vélo descendre tout seul et ne touchez surtout pas au frein avant, sinon c'est la culbute assurée.

<<< En laissant toujours le vélo filer entre vos jambes, pendant que la roue arrière descend, **redressez-vous pour amortir** la réception et reprendre une position normale. La flexion des bras et jambes amortit la réception en douceur.

À SAVOIR

- Débutez sur des marches simples pour intégrer le mouvement, puis recherchez des obstacles de plus en plus hauts.
- Une selle abaissée aide à reculer le bassin le plus loin possible.

NE PAS FAIRE

- Ne faites pas machine arrière et ne freinez pas une fois engagé, sinon c'est la chute assurée.

DESCENDRE UNE MARCHE EN CABRANT

Une marche trop haute n'autorise pas toujours une descente sur la roue avant, vous y laisseriez quelques dents de pédalier... voire de votre mâchoire. La solution ? Le passage cabré sur la roue arrière.

<<< La roue avant au bord de l'obstacle, tenez-vous **debout sur les pédales**, en équilibre, freins bloqués, votre pied d'appel en arrière* (l'astuce est là !), les manivelles horizontales. Vous avez opté pour un petit développement vous permettant de lancer un *wheeling* debout, sans vous déséquilibrer.

**Julien part indifféremment de son pied d'appel ou non.*

<<< **Lâchez les freins** en donnant un coup de pédale énergique, tout en vous redressant et en tirant sur les bras pour cabrer le vélo, sans excès. La roue avant se retrouve dans le vide et vous poursuivez votre pédalage.

<<< Le demi-tour de pédale a propulsé votre roue arrière au bord de l'obstacle et là, comme par enchantement, **votre pied d'appel** se **retrouve devant**. Vous avez sélectionné un braquet vous amenant dans cette position, sur une demi-rotation de pédalier.

<<< Poursuivez votre tour de pédale, en vous reculant sur le vélo tout en ramenant le guidon vers la poitrine. La **roue arrière entame sa descente** tandis que la roue avant reste à la même hauteur, le vélo se retrouvant dans une position plus cabrée.

<<< Avant la réception de la roue arrière au sol, bloquez les freins, puis **amortissez l'atterrissage**, en repoussant le cintre vers l'avant.

<<< Bras et jambes fléchis, **réceptionnez-vous** en souplesse, en vous écrasant le plus possible sur le vélo, puis relâchez le freinage et reprenez une activité normale.

À SAVOIR

- Il faut bien évidemment s'entraîner sur de petites marches pour bien assimiler le mouvement.
- Le déclenchement du cabrage ne doit pas entraîner de déséquilibre.
- Sur des marches élevées, le bassin passe derrière la selle pour amortir la chute.
- La technique reste la même pour des obstacles de plus de 1 ou 2 mètres de haut.
- Le développement doit être court, (22/18, 22/20, 32/28... par exemple).

NE PAS FAIRE

- N'oubliez pas de freiner lors du retour sur terre, sinon il risquerait d'être violent... et douloureux.

Franchir une marche latéralement à faible allure est plus difficile que de l'aborder de face. Pour éviter une belle glissade, une montée en deux temps, pas toujours facile à exécuter, s'impose. Un geste très utile.

<<< Debout sur les pédales, présentez-vous à petite vitesse, le long de la marche, en cherchant à **ouvrir l'angle d'attaque**, le pied d'appel en position haute, prêt à déclencher un cabrage sur un quart de tour de pédale. Inclinez-vous sur l'avant du vélo, en fléchissant vos bras, pour lancer l'impulsion. Le regard est fixé sur l'obstacle.

<<< **Donnez un quart de tour de pédale** énergique, pour lever la roue avant, tout en tirant sur le cintre et en reculant sur l'arrière du vélo, les bras tendus. Vos épaules se déplacent latéralement, comme pour passer au-dessus de l'obstacle.

<<< **Faites passer la roue avant**, en tirant sur les bras et en ramenant le vélo sous votre buste. N'hésitez pas à donner de l'amplitude au mouvement pour faciliter le franchissement.

<<< Une fois la roue posée sur la marche, **basculez votre corps** sur l'avant, en fléchissant les bras. Par ce transfert dynamique de l'arrière vers l'avant, vous faites redescendre la roue avant et allégez l'arrière. Pendant tout le passage, les manivelles restent à l'horizontal.

<<< **Avancez-vous sur le vélo** en vous grandissant, le pied arrière imprimant un mouvement de remontée à la pédale et la jambe extérieure (ici la droite) poussant sur le cadre pour ramener le vélo dans l'axe. Le poids du corps sur les bras, les épaules au-dessus du guidon, la roue arrière, délestée, passe à son tour. Un léger coup de frein avant peut aider à sa remontée.

<<< Les deux roues alignées, **stabilisez-vous**, poussez sur le cintre et reprenez votre marche en avant, le regard porté sur la prochaine difficulté.

À SAVOIR

- Un trottoir est parfait pour acquérir le bon geste.
- Réussir ce mouvement des deux cotés vous aidera beaucoup sur le terrain.
- Les trialistes réalisent ce mouvement en équilibre, départ arrêté.

NE PAS FAIRE

- N'effectuez pas un geste étriqué, mais au contraire, amplifiez le cabrage de la roue avant qui conditionne la réussite du mouvement et du franchissement.

La terre va se dérober sous vos pieds ! N'ayez crainte et servez-vous de la vitesse pour passer. Indispensable en course, mais également lors de sorties sportives, passer une marche ou une cassure à allure soutenue vous permettra de conserver votre vitesse.

‹‹‹ Pédales à l'horizontal, pied d'appui devant, les doigts sur les freins, en flexion sur les bras et les jambes, **transférez votre corps** vers l'arrière, juste avant que la roue avant n'atteigne le bord de l'obstacle. Tirez fort sur les bras pour cabrer le VTT, les fesses derrière la selle et le buste légèrement fléchi. Le vélo doit se retrouver quasiment à l'horizontal et bien dans l'axe.

‹‹‹ La roue avant dans le vide, le mouvement est définitivement lancé, mais vous pouvez encore **rattraper l'assiette** en tirant plus ou moins vigoureusement sur les bras. Positionné bien en arrière du vélo, vos fesses au-dessus de la roue arrière, votre regard reste porté au loin.

‹‹‹ La roue arrière dans le vide, pour lui faire toucher le sol au plus vite - surtout avant la roue avant -, **détendez les jambes**. Équilibré sur le vélo, les bras tendus, votre VTT descend tout seul.

<<< Un léger coup de frein arrière peut rétablir une position horizontale si le vélo est trop cabré. Ce n'est pas le cas ici, le **vélo est quasiment à l'horizontal** et Julien dans une position parfaitement équilibrée.

<<< **En reprenant contact avec le sol**, vous pouvez rétablir une éventuelle bascule arrière, en freinant légèrement de l'arrière. Accompagnez en douceur le retour sur le plancher des vaches.

À SAVOIR

- Une allure rapide facilite le passage et permet de conserver une bonne stabilité.
- Plus la vitesse est élevée, moins le cabrage doit être important et long.
- Entraînez-vous d'abord à maîtriser le cabrage sur le plat puis commencez sur des marches basses (20 à 30 centimètres).

NE PAS FAIRE

- Attention à ne pas trop décoller la roue avant, le cabrage doit amener le vélo en position quasi horizontale.

La différence entre deux vététistes est souvent là : l'un passe le *bunny*, l'autre non et si le premier survole les obstacles avec brio, le second reste cloué au sol. La bonne coordination de ce mouvement vous fera rejoindre le clan de ceux qui sautent comme des lapins.

‹‹‹ **Approchez** de l'obstacle à **bonne allure** (au moins 15 à 20 km/heure), positionné sur l'avant du vélo, bras et jambes fléchis, le buste incliné, prêt à lancer une extension dynamique vers l'arrière.

2 à 3 mètres avant l'obstacle (selon la vitesse), **détendez-vous** vers l'arrière en tirant fermement sur les bras, tout en poussant sur les jambes pour cabrer le VTT, afin d'amener la roue avant plus haut que l'obstacle. ›››

‹‹‹ La roue avant au niveau de l'obstacle (avant ou après, selon la vitesse), détendez-vous énergiquement vers le haut en **poussant sur les jambes** et en vous redressant.

Au niveau de l'obstacle, **poursuivez l'extension** et laissez le VTT remonter sous vos pieds. Si l'impulsion a été suffisante, le vélo rebondit naturellement, sans tirer sur les pédales automatiques. Les manivelles restent toujours à l'horizontale. ›››

<<< Pour faciliter le franchissement, **poussez le vélo** vers l'avant, en tendant les bras, les fesses se retrouvant en arrière de la selle. Il passera impeccablement et retrouvera une assiette horizontale.

<<< **La réception** s'effectue en douceur sur la roue avant, en accompagnant ce retour sur terre par un amortissement des bras et des jambes.

<<< L'obstacle est derrière vous et vous l'avez franchi **sans ralentir ni faire de bruit** à la réception, signe d'un passage souple et réussi, épargnant le matériel.

À SAVOIR

- Pour bien maîtriser ce geste, il est préférable d'apprendre à le réaliser avec des pédales plates.
- Commencez sur un sol lisse, en franchissant de petits obstacles (branches, cailloux...), avant de vous attaquer à des hauteurs plus importantes.

NE PAS FAIRE

- Si vous roulez en pédales automatiques, ne tirez pas dessus pour faire remonter l'arrière du vélo, le transfert de masse et le bon *timing* sont les seules clefs de la réussite.

Vous n'auriez pas dû poser vos deux roues dans cette maudite ornière, mais maintenant que vous y êtes, dépêchez-vous d'en sortir, sinon c'est la chute assurée. Le *bunny up* latéral va vous tirer de cette mauvaise passe. Très utile pour ne pas subir le terrain et décider où vous allez placer vos roues.

‹‹‹ Ralentissez et placez-vous légèrement sur **l'avant du vélo** - debout sur les pédales, pied d'appel devant - pour charger la roue directrice et éviter qu'elle se mette en travers. Pendant cette manœuvre, cherchez au plus vite un endroit adapté à votre sortie et restez souple pour rattraper les déséquilibres.

‹‹‹ La sortie repérée (un rebord moins abrupt, une zone sans racines...), préparez la **première phase de cabrage** du *bunny up* latéral : fléchissez-vous sur l'avant, coté gauche si vous voulez sortir coté droit (et inversement).

‹‹‹ Profitez de votre déséquilibre à gauche pour **vous projeter en arrière**, coté droit, en tirant sur les bras, tout en poussant très fort sur les jambes pour sortir la roue avant de l'ornière.

<<< Sous la forte impulsion, la roue arrière va décoller. **Détendez-vous énergiquement** vers le haut en vous avançant sur le vélo. Au cours de cette extension, vos manivelles restent à l'horizontale et votre regard fixe la zone de réception.

Vous avez bondi en effectuant un déplacement latéral. Il ne vous reste plus qu'à **vous déhancher** (ici coté droit) pour ramener la roue arrière dans l'axe et atterrir hors de l'ornière. >>>

<<< **La réception** s'opère en souplesse, bras et jambes fléchis, en vous écrasant sur le vélo pour amortir le choc et repartir vers de nouvelles aventures.

À SAVOIR

- Réduisez votre vitesse pour mieux préparer votre sortie.
- Exercez-vous en commençant par votre coté le plus facile, puis permutez.

NE PAS FAIRE

- Ne regardez pas l'ornière, mais fixez la sortie.

Avant de vous envoyer en l'air sur des tremplins généreux, faites vos premiers décollages sur des obstacles faciles et peu dangereux. Frissons et plaisirs garantis !

‹‹‹ Debout sur les pédales, pied d'appel en avant et doigts sur les leviers de frein, vous arrivez à **vive allure** sur l'obstacle et préparez votre détente en vous fléchissant sur le VTT, le regard fixé sur la table d'appel.

‹‹‹ Dans la montée d'appel, donnez une **forte impulsion**, en poussant sur les jambes avec énergie, en vous aidant des bras, tout en gardant le VTT bien dans l'axe du saut. La dynamique de la poussée conditionne votre envol.

‹‹‹ Une fois en l'air, **grandissez-vous** et fixez la zone de réception du regard. Vous devez rester parfaitement relâché, bras et jambes fléchis, le VTT positionné à l'horizontal. Pendant l'envol, vous pouvez modifier l'assiette du VTT en avançant les épaules.

<<< Pendant la **redescente**, laissez le vélo piquer légèrement du nez, en allongeant les bras, pour retrouver le sol en douceur. Si cela s'avère nécessaire, donnez un léger coup de frein arrière, pour favoriser la bascule sur l'avant.

<<< **L'atterrissage** des deux roues simultanées, s'amortit en souplesse sur les jambes et les bras, afin de conserver un bon équilibre et de poursuivre votre chemin.

À SAVOIR

- Choisissez bien les tremplins pour vos premiers sauts, avec des appels assez doux et des airs de réception sur le plat ou en légère descente.
- Plus votre vitesse est élevée, moins l'extension doit être importante.
- Chaussez des pédales plates pour débuter.

NE PAS FAIRE

- Ne cherchez pas à monter haut, sauf à vouloir épater vos fans, mais effectuez des sauts les plus longs possibles, vous gagnerez en efficacité.

Encore un anglicisme pour nommer cette technique venue tout droit du BMX. À ce niveau, vous êtes déjà très fort, même un champion, et vous maîtrisez le *wheeling* sur le bout des crampons. En tenant l'équilibre arrière debout sur les pédales, la technique VTT n'aura plus beaucoup de secret pour vous. Bravo !

‹‹‹ Sur un terrain plat, voire légèrement descendant, vous êtes lancé, **debout sur les pédales**, pied d'appel en avant, le buste incliné sur l'avant, prêt à cabrer le vélo, sans vous aider du pédalage. Les doigts sont maintenus sur les leviers de frein.

‹‹‹ D'un mouvement dynamique, **transférez le poids du corps** sur l'arrière, les jambes fléchies, en passant les fesses derrière la selle tout en tirant sur les bras et en poussant sur les jambes.

‹‹‹ **La roue décolle** à la première impulsion. Les fesses derrière l'axe de la roue arrière, les bras tendus et le bassin très mobile, vous poussez toujours sur les jambes en cherchant le point d'équilibre. Si le cabrage est trop fort, freinez de l'arrière pour rebasculer sur l'avant.

‹‹‹ Pour **tenir la position vous devez gérer les déséquilibres latéraux e**t avant/arrière : si vous partez sur la droite, ouvrez le genou gauche et inversement ouvrez le genou droit pour un déséquilibre à gauche ; en cas de bascule avant, poussez sur les jambes en tirant sur les bras.

‹‹‹ Tenez le cap sur l'élan, en restant souple sur les jambes et en rattrapant les déséquilibres par une grande mobilité du bassin avant/arrière. **Restez en léger déséquilibre arrière**, prêt à freiner (de l'arrière) pour ne pas vous retrouver sur le dos.

À SAVOIR

- Gonflez bien vos pneus et baissez votre selle.
- Chaussez vos pédales plates pour vous essayer au *manual* sans y laisser votre santé.

NE PAS FAIRE

- Ne freinez pas de l'avant, mais laissez la roue poursuivre librement sa rotation en l'air, la force gyroscopique participant à la stabilité d'ensemble.

MONTÉES, DESCENTES ET VIRAGES

Vélo de montagne - *mountain bike* - à ses origines, le VTT exprime tout son potentiel sur les terrains escarpés et sinueux. Murs abrupts, toboggans vertigineux, virages serrés... toutes les difficultés (ou presque) peuvent se franchir à VTT. La recette ? Faites confiance à vos yeux et laissez-les vous conduire, en engageant votre corps tout entier dans les mouvements. Les techniques font autant appel à votre mobilité sur le VTT qu'à vos muscles et votre mental. Ne restez pas bloqué sur les freins et amusez-vous du relief, le VTT est aussi un sport de glisse !
Julien Absalon vous montre comment passer et gagner de précieuses secondes, en empruntant les bonnes trajectoires et en utilisant les braquets adaptés. Bien passer, c'est également s'économiser car, doit-on vous le rappeler, à VTT, le moteur, c'est vous !

LA PAROLE DU DOC

UTILISEZ LA "VISUALISATION", VOUS VERREZ LES PROGRÈS !

Pour améliorer votre confiance en vous, pour réviser vos gestes techniques, la "visualisation" peut vous aider. Afin de vous expliquer cette méthode d'entraînement mental et psychomoteur, il faut que je vous raconte l'histoire de Capucine, le chat de ma grand-mère qui s'est dévoué pour la science et pour les vététistes.

Depuis des années, "Capucine" somnole sur un pouf poussiéreux, vingt heures par jour, dans un vieil appartement parisien. Parfois, il part en voyage dans son panier en osier. Arrivé chez tante Jacqueline, en Normandie, il s'éjecte de sa cellule de rotin et disparaît dans le jardin !
Quelques minutes plus tard, il revient fièrement, une souris entre les dents ! Mais comment fait-il pour chasser aussi bien alors qu'il ne s'entraîne jamais ? Son seul exercice, sa seule activité technique consistent à sauter sur la table, se trémousser et miauler pour réclamer sa boîte de pâté !
Pour en savoir plus, nous l'avons discrètement subtilisé et confié à un laboratoire ! Lorsqu'on lui plante des électrodes dans la tête, on constate une hyperagitation électrique de son cerveau ! Pendant qu'il dort cette activité diminue. Soudain, alors que son sommeil semble devenir plus profond, alors que ses muscles se relâchent davantage, son encéphale retrouve sa frénésie ! ... que se passe-t-il ? Il rêve, bien entendu !
À quoi rêve-t-il ? Comment savoir ? Pour cela, il faut ouvrir le crâne du chat de notre grand-mère et supprimer un petit groupe de cellules nerveuses situées à la base de son cerveau !
Ce noyau s'appelle le "locus cœlomes" ... Retenez ce nom, il peut être utile si vous participez à un jeu télévisé ou si vous souhaitez faire étalage de votre culture au cours d'un dîner entre amis.
Cette structure a pour mission de bloquer les influx nerveux venant du cerveau. Ainsi, ils ne passent pas dans la moelle épinière, ils ne gagnent pas les nerfs chargés d'ordonner la contraction des muscles. En cas de destruction, le message pénètre dans les câbles nerveux et l'activité cérébrale s'exprime au niveau articulaire. Le chat vit ses rêves ... et chasse. Le chercheur voit l'animal sauter, bondir et jouer avec un rongeur imaginaire !
Ainsi, le svelte félin s'entraîne intensément sur son pouf parisien.

Il répète inlassablement les schémas moteurs génétiquement inscrits. Il révise, régulièrement, les gestes techniques indispensables à la survie de l'espèce.

Comme le chat de ma grand-mère, le vététiste peut faire tourner les programmes de coordination dans son cerveau. Il lui suffit d'imaginer le mouvement pour entretenir les connections entre les cellules nerveuses ! Le sportif active son "locus cœlomes", il ne bouge pas ! Allongé dans son lit, il lui est possible travailler la technique de franchissement d'un tronc posé au sol. En toute sécurité, assis bien en équilibre dans le fauteuil du salon, il peut réduire son appréhension en descente en se voyant dévaler la pente avec aisance ! Pour accroître sa motivation et sa confiance, le compétiteur peut visualiser le film de la course dont il termine victorieux ! Juste avant le coup d'envoi, il lui est même conseillé de réviser ! Non loin de l'air de départ, pour faciliter sa concentration, il s'isole de la foule en recouvrant son visage d'une serviette éponge ! Sur le terrain d'entraînement, le pratiquant de tout niveau peut faire une pause avant un passage délicat. Il révise ou imagine son franchissement en pensant particulièrement aux points techniques essentiels !

La "visualisation" se montre particulièrement efficace. Elle permet d'entretenir les schémas moteurs du sportif blessé mais aussi de faire progresser le vététiste en pleine forme ! Les études montrent qu'elle est utilisée par 60% des sportifs de haut niveau et 99% des athlètes olympiques ! Il est temps de vous y mettre !

Le terrain se dresse parfois de façon provocante. Relevez le défi ! Avec une bonne technique, un développement adapté et un mental d'acier, vous franchirez des murs impressionnants.

‹‹‹ Avant d'attaquer la montée, passez sur un **petit développement** pour ne pas vous retrouver bloqué au milieu de la côte. Prenez garde tout de même à ne pas choisir un braquet trop petit qui vous obligerait à trop mouliner.

‹‹‹ **En entrant dans la pente**, ne faiblissez pas, conservez une vitesse suffisante, mais toujours sans trop mouliner. Votre regard posé 1 à 2 mètres devant la roue, avancez votre bassin au bout de la selle (sur le bec de selle), les bras légèrement fléchis, afin de redonner de l'adhérence à la roue avant, délestée de tout poids.

‹‹‹ **Regroupez-vous** sur votre vélo, buste penché sur l'avant, pour éviter le cabrage de la roue qui a tendance à se décrocher et vouloir décoller. Pédalez sans à-coup, pour ne pas faire déraper la roue arrière et conserver un maximum de motricité, en tirant sur les pédales automatiques.

<<< La vitesse faiblissant dangereusement, le calage au beau milieu de la pente vous guette. **Plaquez-vous** encore plus sur l'avant du VTT, afin de rétablir le centre de gravité et aidez-vous en tirant sur les bras, les coudes collés au corps. Aux muscles et à la technique, rajoutez la volonté !

<<< **Poursuivez** sans relâcher l'effort jusqu'au sommet ! Dès que la pente se fait plus clémente, reculez vos fesses sur la selle, pour adopter une assise plus naturelle... et tellement plus confortable.

A SAVOIR

- C'est par un pédalage rond et souple, en recherchant le maximum d'adhérence et de motricité que vous gravirez des montagnes.
- Gardez une trajectoire rectiligne pour éviter les pertes d'équilibre.
- Montez vos vitesses une à une, afin de conserver un rythme de pédalage régulier.

NE PAS FAIRE

- N'appuyez pas comme une mule sur les pédales en essayant de grimper à la seule force de vos jambes. Pédalez avec la tête : la mobilité du bassin sur la selle, le travail du haut du corps, la bonne trajectoire et la souplesse de votre pédalage sont aussi importants que l'épaisseur de vos muscles.

S'ENGAGER DANS UNE DESCENTE

Dommage de descendre à pied dès que la terre s'incline exagérément, alors qu'avec un peu de technique et de confiance, vous dévalerez des pentes vertigineuses. Les toboggans et pentes abruptes sont le Disneyland du VTT, alors faites-vous plaisir !

‹‹‹ Debout sur les pédales, le buste fléchi, vous appréciez la déclivité et choisissez la meilleure trajectoire en vous plaçant **sur l'avant du vélo**. Les manivelles sont à l'horizontale, le pied d'appui devant et les doigts sur les freins.

‹‹‹ **Reculez derrière la selle** et laissez filer le vélo dans la pente, en veillant à placer le pied arrière légèrement plus bas que l'avant, afin d'augmenter l'adhérence de la roue arrière. Votre position reculée a déplacé le centre de gravité vers l'arrière et le bas.

‹‹‹ Plus la pente se fait raide, plus votre bassin se déplace derrière la selle. **Gérez votre vitesse** sans vous cramponner aux freins, mais en les actionnant par à-coup et en privilégiant le frein avant si le sol n'est pas trop piégeur. Les yeux sont décollés du guidon et fixent la trajectoire au loin.

‹‹‹ Allongé sur votre vélo, les bras se retrouvent tendus, mais les articulations ne sont pas verrouillées. **Ajustez votre position** selon l'inclinaison du terrain (plus ou moins en arrière, le buste plus ou moins allongé sur la selle). Bien en appui sur les pédales, talons baissés, continuez à bien doser votre freinage, en évitant blocages et dérapages qui vous feraient perdre tout contrôle.

La roue avant parvenue au pied de la descente, **relâchez complètement** le freinage et repassez sur l'avant du vélo. Pour amortir la réception en souplesse sur les jambes et accélérer sans pédaler, poussez sur les mains et les jambes. Bravo, vous êtes passé ! ›››

À SAVOIR

- Vous serez plus à l'aise pour reculer derrière la selle si celle-ci est baissée au maximum.
- Entraînez-vous d'abord sur le plat à placer le bassin derrière la selle, le buste en appui dessus.
- La meilleure trajectoire est souvent « droit dans la pente », en évitant les irrégularités.
- Dans les pentes très sévères, le bassin se retrouve au-dessus de la roue arrière, le buste en appui sur la selle.

NE PAS FAIRE

- Ne bloquez pas les freins lorsque vous plongez dans la pente, mais attendez d'être engagé pour contrôler la vitesse par le freinage.

Les montées courtes et sèches sont exigeantes tant physiquement que techniquement. Un bon développement, un joli coup de jarret et une grande mobilité sur le vélo vous conduiront jusqu'en haut. Vous suivez toujours ?

<<< Au pied de la bosse, passez sur un **petit développement**, pour ne pas vous retrouver bloqué au milieu. Prenez garde à ne pas choisir un braquet trop petit qui vous déséquilibrerait en vous obligeant à trop mouliner. Vous êtes concentré sur l'effort court et violent à réaliser, le regard fixé sur la bosse.

<<< Recherchez de la motricité pour conserver de l'adhérence et de la stabilité, en **vous avançant sur la selle** (les fesses sur le bec de selle, si nécessaire), le buste baissé, les bras fléchis et les coudes collés au corps. Le haut du corps « amortit » la cassure en souplesse.

<<< Le buste se porte naturellement sur l'avant du vélo pour **éviter le décrochage** de la roue directrice. Les fesses glissent sur l'avant de la selle, puis la quittent et vous optimisez le pédalage en tirant sur les bras, arc-bouté sur le vélo, les genoux au niveau du cintre.

<<< La roue avant passée, **enroulez les derniers coups de pédale**, en recherchant de la motricité, pour ne pas laisser la roue arrière patiner. Le vélo ne quitte pas sa trajectoire et reste bien en ligne.

<<< Ouf, c'est bientôt terminé. **Conservez la posture** sur l'avant jusqu'à la sortie complète du raidillon et poussez sur le cintre, pour retrouver une position horizontale, avant de vous asseoir.

À SAVOIR

- Buste, bassin et jambes doivent rester bien alignés pendant toute la poussée.
- La bonne fréquence de pédalage est déterminante pour conserver l'équilibre.

NE PAS FAIRE

- Ne modifiez pas votre cap, sous peine de perte d'équilibre et conservez une trajectoire rectiligne.

Dans une pente trop raide, si la position assise ne suffit pas pour vous hisser en haut, il ne vous reste qu'une solution : redressez-vous en danseuse pour gagner de la force, tout en vous plaquant sur le vélo afin d'éviter le décrochage de la roue arrière. Efficace mais usant !

<<< **Bien engagé dans la pente**, votre vitesse faiblit dangereusement et l'enchaînement du pédalage devient difficile. Vous êtes en position optimale, « regroupé » sur votre vélo, le buste incliné, le bassin sur le bec de selle et le regard porté 1 à 2 mètres devant la roue.

<<< **Dressez-vous** sur les pédales, pendant la phase d'appui de votre pied le plus fort, pour engager le mouvement avec puissance, votre bassin se retrouvant dans la position la plus reculée possible, au-dessus de la selle et les épaules au-dessus du guidon.

<<< **Aplatissez-vous** sur le vélo en inclinant le buste, pliez vos coudes vers le bas et tirez sur le cintre. Le bassin, décollé, doit être bloqué afin de transmettre toutes vos forces dans le pédalage.

««« Au plus dur de l'effort, ne décollez pas votre regard du sommet et restez concentré : cette position permet à la roue arrière de transmettre l'énergie du pédalage, **sans se dérober**, et à la roue avant de rester bien en ligne.

««« **En sortant de la bosse**, poussez le cintre vers l'avant en vous reasseyant sur la selle, reprenez votre souffle et poursuivez votre pédalage, prêt à aborder une prochaine difficulté.

À SAVOIR

- Le pédalage en danseuse doit rester souple et arrondi.
- Malgré la position très inclinée, redressez la tête et regardez au-delà, de la roue avant.

NE PAS FAIRE

- Ne vous mettez pas en danseuse plaquée au pied d'une longue montée, cette technique, très efficace mais gourmande en énergie doit être réservée à des courts raidillons ou pour venir à bout de longues montées.

Descendre un dévers sans déraper, ni s'entraver les pédales est une question de position, de dissociation homme/machine et d'équilibre. Le but ? Rouler sans chuter.

‹‹‹ Debout sur les pédales, le **buste avancé sur le vélo**, jambes et bras légèrement fléchis, les manivelles à l'horizontale, vous regardez le milieu de la pente et choisissez la trace vous permettant de rester le plus haut possible dans le dévers.

‹‹‹ Tout votre poids est placé sur **la pédale aval** (ici la droite), en position basse, sur laquelle vous devez déplacer votre corps latéralement afin de rechercher le maximum d'adhérence. Les épaules au-dessus du guidon, la gauche (celle en amont) est plus basse, le coude gauche (en amont) se retrouvant quasiment tendu.

<<< Dans cette position, le vélo reste bien droit. La pédale gauche (amont) relevée, le genou gauche (amont) « ouvert », jouez sur **le déplacement latéral des épaules** et les déhanchements pour rattraper les éventuelles pertes d'équilibre. Vous pouvez contrôler votre vitesse par un léger freinage.

<<< Votre regard toujours porté 2 à 3 mètres devant la roue, **conservez le cap** en souplesse, en absorbant les irrégularités du terrain et en évitant d'orienter la roue avant coté montée. Ne soyez pas trop pressé et attendez la sortie complète du dévers pour recouvrer une position plus centrale sur le vélo.

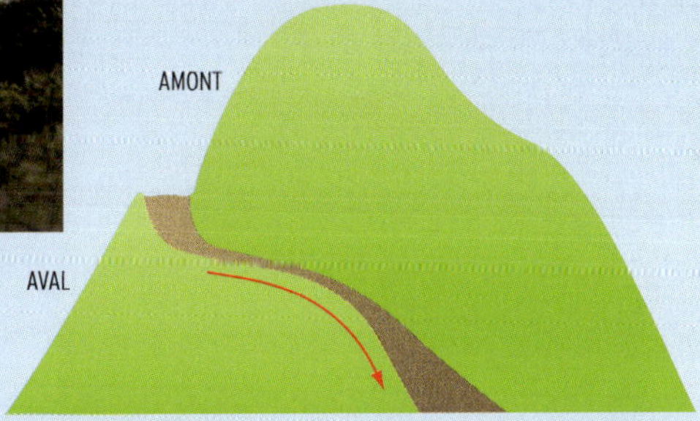

À SAVOIR

- Maintenez une vitesse suffisante pour ne pas glisser et conservez une trajectoire rectiligne, le plus haut possible sur le dévers.
- C'est en dissociant votre corps du vélo que vous passerez en souplesse.

NE PAS FAIRE

- Ne restez pas assis sur la selle, même pour un dévers court, vous seriez limité dans les mouvements latéraux pour rattraper les déséquilibres.

Déraper de la roue arrière est souvent synonyme de perte de temps, pourtant cela peut s'avérer très utile dans les virages en épingle, pour « tourner autour de la roue avant », mais également pour rattraper des situations délicates. Avant de maîtriser les dérapages en virage, exercez-vous en ligne droite. Vous allez vous régaler !

‹‹‹ Debout sur les pédales, pied d'appel placé devant, les doigts sur les freins, abordez **une descente bien large**, sur une surface glissante, à vitesse contrôlée.

‹‹‹ **Bloquez la roue arrière** par un freinage puissant et déhanchez-vous côté gauche, tandis que vos épaules vont suivre la direction inverse, en s'orientant vers la droite. Vous partez en dérapage à gauche.

‹‹‹ Puis **changez le sens du dérapage**, en relâchant le freinage pour arrêter de glisser et vous retrouver dans la ligne de pente.

‹‹‹ Une fois dans l'axe, exécutez le même geste de l'autre coté, en **vous déhanchant** cette fois coté droit, tout en freinant, les épaules partant sur la gauche. Vous slalomez dans la pente.

‹‹‹ En rajoutant le **contre-braquage**, vous maîtriserez parfaitement les techniques de glisse : quand la roue commence à dériver généreusement, orientez le guidon du coté opposé et contrôlez le dérapage.

À SAVOIR

- Déraper en freinant ne permet pas de s'arrêter, mais aide à placer la roue arrière dans certains virages.

NE PAS FAIRE

- Respectez la flore et ne dérapez pas hors des sentiers... que vous n'auriez jamais dû quitter, d'ailleurs.

Bien négocier un virage à vive allure exige de maîtriser la vitesse d'approche et de choisir la bonne trajectoire en conservant la meilleure adhérence. Pas forcément évident, d'autant plus qu'à VTT, les virages se suivent mais ne se ressemblent pas souvent.

‹‹‹ Debout sur les pédales, manivelles à l'horizontal, bien équilibré sur le vélo, **freinez avant** de vous engager dans le virage : le freinage doit être le plus tardif possible, mais suffisant pour ne plus avoir à y revenir par la suite. Adaptez dès maintenant votre braquet pour la relance en sortie de virage.

‹‹‹ Le regard sur la trajectoire, **abaissez-vous sur le vélo** en fléchissant bras et jambes, les épaules orientées vers la direction à suivre, prêt à virer, dans une position parfaitement équilibré.

‹‹‹ À l'entrée du virage, **inclinez le vélo** en maintenant le cintre fermement, mais sans rigidité ; les épaules légèrement avancées sont placées en avant du boîtier de pédalier. Vous devez rester très souple et porter votre regard sur la sortie de la courbe.

‹‹‹ Pour augmenter l'adhérence et **ancrer le vélo** dans la courbe, la pédale extérieure, placée en bas, doit être chargée de tout votre poids. Appuyez fortement dessus tout en plaquant le genou extérieur (ici le gauche) contre le cadre, tandis que le genou intérieur (le droit), décollé du VTT, est orienté à l'intérieur du virage. Déplacez votre bassin à l'extérieur du virage pour transférer plus de poids sur la pédale.

‹‹‹ Dans cette position, les épaules restent **parallèles au guidon** : l'épaule extérieure (la gauche) se retrouve au-dessus et plus avancée que l'épaule intérieure (la droite). L'inclinaison du vélo vous permet de bien virer.

À la sortie du virage, **rétablissez-vous** et reprenez le pédalage le plus tôt possible en avançant sur le vélo, le regard porté sur la prochaine difficulté. ›››

À SAVOIR

- Entraînez-vous à slalomer en descente en inclinant le vélo au maximum pour « prendre de l'angle » et rechercher les limites de l'adhérence.
- Dosez votre freinage sans déraper afin de rentrer dans le virage bien en ligne.
- Ce n'est pas en entrant à fond dans un virage que vous en sortirez le plus vite mais en pensant à l'enchaînement des trois phases : approche, virage, relance.

NE PAS FAIRE

- Une fois engagé dans la courbe, ne freinez plus et ne donnez plus de coups de pédales.

Probablement les virages les plus impressionnants à passer. La trajectoire est courte et l'équilibre reste souvent aléatoire. Les épingles se passent avec le regard, la tête et enfin le corps. Le vélo ? Il suit le mouvement.

‹‹‹ Debout sur les pédales, manivelles à l'horizontale, pied extérieur en avant, **freinez pour adapter** votre vitesse, en arrivant sur l'extérieur de la piste. Vos épaules sont déjà orientées dans le virage. Adaptez votre développement pour anticiper la relance en sortie.

‹‹‹ Commencez à **relâcher le freinage** et rentrez dans le virage en élargissant la trajectoire, le corps positionné très en arrière : le bassin orienté sur l'extérieur du virage passe derrière la selle, les bras se retrouvent quasiment tendus. Le regard est porté sur la sortie du virage.

‹‹‹ La position du haut du corps détermine la qualité de la trajectoire et de votre passage : **basculez vos épaules** du coté de la rotation en baissant l'épaule intérieure (droite) tout en écartant légèrement le genou intérieur (droit), le bassin déporté vers l'extérieur. Les yeux sont toujours fixés sur la sortie du virage.

<<< Au point de corde, **transférez le poids du corps** sur la pédale extérieure, la gauche, afin d'augmenter l'adhérence. Le genou extérieur (le gauche) rentre pour se plaquer contre le cadre. Un petit dérapage arrière peut vous aider à tourner autour de la roue avant. Attention à ne pas virer trop à l'intérieur du virage.

<<< La roue avant passée, **enroulez-vous** autour du virage en conservant l'inclinaison du vélo. Recentré sur le vélo, les fesses au-dessus de la selle, la pédale extérieure en bas, vous préparez votre relance.

Le virage est passé sans vous déporter. Le pied gauche en bas autorise une **relance immédiate** du pied opposé et une reprise du pédalage parfaitement équilibré. >>>

À SAVOIR

- Une épingle se négocie en élargissant la trajectoire au maximum.
- Entraînez-vous d'abord à franchir des épingles sur votre coté favori.
- La vitesse aide au passage, une vitesse trop faible peut être déséquilibrante.

NE PAS FAIRE

- Ne vous bloquez pas sur le frein avant, sous peine de mordre la poussière.

Virer serré en montée, en conservant suffisamment de vitesse pour ne pas mettre pied à terre, mais sans déraper, résulte de l'alchimie complexe entre un braquet adapté, une trajectoire idéale et une bonne position sur le vélo. Un peu de subtilité accompagnée d'un joli coup de pédale vous permettra de ne pas caler.

‹‹‹ Vous approchez assis sur la selle, en choisissant la **trajectoire la plus large possible**, les yeux fixés sur l'entrée du virage. Votre développement ne doit pas être trop court afin de ne pas vous déséquilibrer au pédalage.

‹‹‹ Engagez-vous, les **épaules parallèles au-dessus du cintre**, le regard fixé au milieu du virage, en pédalant sans à-coups. Avec votre guidon, vous allez « dessiner » la trajectoire de votre roue avant.

‹‹‹ Avancez-vous au maximum sur le vélo. **Assis sur le bec de selle**, les épaules tournées dans le virage, vous tirez sur les bras pour vous aider à passer le dénivelé. La vitesse chute, le développement doit être suffisamment long pour conserver de la résistance sous la pédale.

<<< Le passage à la corde oblige à **vous lever sur les pédales** pour ne pas rester bloqué en plein milieu. Arc-bouté sur le vélo, les épaules au-dessus du cintre, enroulez votre pédalage, pour conserver de la motricité.

<<< **Le plus dur est passé**, vous êtes sorti du virage et la roue arrière est passée mais ce n'est pas (encore) le moment de faiblir ni de se dégrouper. Regardez la ligne droite à suivre et poursuivez le pédalage qui devient plus facile.

À SAVOIR

• Utilisez un braquet proche de 1/1 : trop grand il vous bloquerait, à l'inverse, trop petit il vous déstabiliserait.

NE PAS FAIRE

• Ne rentrez pas à l'intérieur du virage mais élargissez la trajectoire au maximum.

PRENDRE UN VIRAGE RELEVÉ

Incontournables sur les pistes de descente et de *four cross* (4X), les virages relevés jalonnent également les parcours de *cross-country* et de randonnée. Pour prendre de la vitesse sur ces rampes de lancement, engagez-vous avec force en vous servant de l'appui. Les meilleurs en ressortent comme des bombes.

‹‹‹ Vous arrivez bien lancé, debout sur les pédales, manivelles à l'horizontal, pied d'appel devant, bras et jambes fléchis, le buste légèrement sur l'avant, en orientant déjà votre vélo pour **épouser le contour du virage**.

‹‹‹ En **rentrant dans la courbe**, baissez la pédale extérieure (ici la gauche) et placez le vélo dans la trace, en appui sur sa partie la plus extérieure. Le haut du corps parfaitement détendu, le regard se porte sur la sortie du virage. Le VTT incliné dans le virage et engagé comme sur un rail, vous ne devez plus avoir à modifier la direction jusqu'à la sortie.

‹‹‹ Une fois dans le virage, restez en **flexion sur vos bras et jambes**, légèrement déhanché sur l'extérieur, le coude extérieur sorti. Placez tout votre poids sur la pédale extérieure, le genou extérieur venant buter contre le cadre. Dans cette position, vous allez favoriser l'accroche et « amortir » la pression due à la force centrifuge.

<<< Conservez cette position en maintenant votre **VTT perpendiculaire à l'appui**, avant de reprendre une inclinaison normale. Regardez le plus loin possible, le buste tourné vers la sortie, prêt à pédaler.

<<< **Reprenez le pédalage** le plus tôt possible, avant la sortie du virage, en maintenant une trajectoire continue, la roue avant ne doit pas se cabrer et votre regard reste plus que jamais fixé au loin.

À SAVOIR

- Pour convertir la force centrifuge en vitesse, il faut épouser la courbe en souplesse sur vos bras et jambes.
- C'est la vitesse qui vous permettra de bien passer un virage relevé.
- Si vous disposez d'un compteur, comparez votre vitesse à l'entrée et à la sortie du virage, vous serez surpris par les possibilités d'accélération.

NE PAS FAIRE

- Ne tournez pas le guidon pendant le virage pour modifier la trajectoire ou changer de cap.

Utilisé par de nombreux pilotes de descente pour passer un virage serré, l'appel contre-appel permet de virer plus fort en pivotant autour de la roue avant. Une technique efficace, spectaculaire et pas si difficile à acquérir. Tout est une question de *timing* !

‹‹‹ En **arrivant à vive allure** sur un virage à gauche, debout sur les pédales, manivelles à l'horizontale, freinez de l'arrière pour partir en dérapage coté gauche, en vous déhanchant : lorsque votre bassin part à gauche, vos épaules doivent s'orienter vers la droite (et inversement). Le pied gauche est placé devant pour parer à une éventuelle glissade. La roue avant doit rester dans l'axe.

‹‹‹ En relâchant le freinage, la roue arrière ne glisse plus et vous êtes **renvoyé dans l'axe**. Sans quitter des yeux votre future trajectoire, placez votre pied extérieur (le droit) en bas afin d'améliorer l'adhérence.

‹‹‹ Le retour du vélo dans l'axe vous permet de **déclencher une glissade** pour aborder le virage de travers. Engagez les épaules dans le virage en vous déhanchant sur l'extérieur (à droite) cette fois et placez le poids du corps sur l'avant afin d'alléger l'arrière. Pour améliorer l'équilibre et déplacer le centre de gravité, ouvrez le genou intérieur (le gauche) vers l'intérieur du virage.

<<< Maintenant il faut **rentrer dans le virage** de tout votre corps, épaules et buste sur l'avant ; la roue arrière délestée glisse sur le sol, aidée, au besoin, par un petit coup de frein arrière. Comme dans un virage « ordinaire », chargez la pédale extérieure (la droite) de tout votre poids.

<<< En **sortie de virage**, ne relâchez pas la pression sur la pédale extérieure et ne relancez pas le pédalage tant que le vélo n'est pas redevenu droit. L'appel contre-appel vous a permis de virer plus fort et de conserver de la vitesse.

À SAVOIR

- Entraînez-vous d'abord sur une piste lisse et peu pentue.
- Comme toujours, ne quittez pas des yeux la trajectoire à prendre, le vélo suivra votre regard.

NE PAS FAIRE

- Ne vous laissez pas embarquer par votre dérapage et contre-braquez suffisamment dans l'axe pour éviter le tête-à-queue.

ACCÉLÉRATIONS, PORTAGES ET TOUT-TERRAIN

Depuis le début de l'ouvrage, on vous engage à rester sur le vélo et maintenant, changement de registre, on va vous expliquer comment descendre, porter, pousser et remonter sur votre vélo. Ne nous prenez pas pour des girouettes, certaines circonstances imposent cette gymnastique.

Si les compétiteurs se doivent de descendre et de remonter rapidement de leurs VTT, pour les randonneurs ces techniques sont un gage de confort et de sécurité. Les vététistes ne posant jamais un orteil à terre, et faisant la moue lorsque vous leur parlez de portage sont ceux qui ne jouent que dans leur jardin. Ne les écoutez pas et prenez le large ! Faire du VTT, c'est rouler sur tous les terrains, chacun réservant son lot de pièges et de surprises. Heureusement, avec votre technique de cador, votre mental d'acier et vos cuissots de poulet, vous allez pouvoir vous adapter à toutes les situations. Bon vent !

LE PAROLE DU DOC

DESCENDRE DE SON VÉLO, C'EST MONTER DANS L'ÉVOLUTION !

À vélo, vous êtes en appui sur vos quatre membres. Votre buste est penché en avant. Le bas de votre colonne vertébrale est arrondi et vos genoux conservent toujours un peu de flexion. Vous êtes dans l'attitude de nos ancêtres les grands singes !

Descendez de votre machine et en quelques secondes vous parcourez 7 millions d'années ! Vous voilà en équilibre instable sur vos deux jambes ! Votre dos se creuse et à chaque pas votre genou se tend au maximum ! Sous couvert de banalité sportive, cette modification posturale et biomécanique n'a rien d'anodin !

De nombreuses études sur ce type de transition ont été menées chez les triathlètes. Il en ressort que la faiblesse et la position trop longtemps allongée des muscles de l'arrière du corps perturbe ce changement d'attitude. C'est l'une des raisons qui justifie les séances de musculation proposées dans cet ouvrage. Alors insistez sur les exercices renforçant les ischiojambiers, les mollets et muscles longeant la colonne vertébrale. Il est également vivement conseillé de se redresser sur son VTT dès que l'on en a l'opportunité. Sur un tronçon régulier et roulant, lâcher un peu le guidon et tenez vous droit. Pour le plaisir et pour muscler vos dos, faites un peu de *wheeling* ! À l'approche d'une zone de portage probable, anticipez ! Passez en danseuse afin d'initialiser les réflexes de redressement. En début de transition, commencez par du poussage avant de passer au portage ! Cette première étape vous permet de conserver l'appui des bras et la légère flexion du buste, voilà qui vous ménage une étape avant de vous tenir complètement droit vers le redressement complet ! Enfin, à l'entraînement, répétez la scène ! Vos muscles et votre cerveau parviendront à s'habituer. Ainsi évolution rimera avec progression !

Indispensable en compétition, la relance en danseuse s'impose, même sans chercher à taquiner le chronomètre, pour vous remettre dans le rythme en haut d'une bosse, reprendre une allure soutenue en sortie de virage ou vous relâcher en faisant travailler d'autres groupes musculaires.

DE PROFIL

‹‹‹ Pour relancer, **dressez-vous énergiquement** sur les pédales, lorsque votre pied d'appel arrive en position haute (ici, le pied gauche). Tirez sur les bras en conservant le visage au-dessus de la potence et le regard loin devant.

‹‹‹ La pédale gauche en bas, ramenez le coude gauche au niveau des hanches pour **engager le mouvement de balancier**. La jambe (gauche) se retrouve en extension complète et le bassin reste au-dessus de la selle, afin de conserver un maximum d'adhérence.

‹‹‹ Dans la phase de remontée de votre pied d'appel, vous devez **enrouler votre pédalage** en libérant la cheville, les pédales automatiques permettant de remonter la pédale en tirant.

DE FACE

<<< Le pied gauche en bas, le vélo est penché à droite, du coté opposé à la pression. **Les bras** aident à ce mouvement de balancier et jouent **un rôle très dynamique**.

>>> **Dans le deuxième temps** de ce mouvement à trois temps, en position intermédiaire, lorsque les pédales se retrouvent à l'horizontale, vous devez être positionné dans l'axe du VTT. Regardez l'alignement jambes, bassin, buste, bras, tête de Julien. Il est parfait !

<<< Dans la position inverse du point de départ, votre corps a basculé de l'autre coté, ce mouvement de balancier permet de **gagner de l'amplitude de pédalage** et facilite la poussée sur les pédales.

À SAVOIR

• Passer en danseuse est également un excellent moyen de se décontracter en faisant travailler d'autres groupes musculaires.

NE PAS FAIRE

• N'allongez pas les relances en danseuse, elles doivent rester courtes et intenses.

En compétition ou pour de simples courses à l'apéritif avec vos copains, le démarrage est primordial. En suivant ces conseils, le premier arrivé, ce sera très certainement vous !

<<< En position assise, **enclenchez la pédale** de votre pied d'appel en la plaçant en position haute. Prêt à vous redresser, un doigt sur les leviers de frein, portez votre regard au loin en vous concentrant sur l'effort violent à fournir.

<<< C'est parti ! Écrasez puissamment la pédale de votre pied d'appel et **dressez-vous** en **danseuse** en enclenchant rapidement l'autre pédale, alors en position haute. Avancez-vous sur le vélo pour éviter le cabrage de la roue avant.

<<< La pédale enclenchée, poursuivez votre pédalage en tirant sur les bras. **Avancez franchement vos épaules** au-dessus du cintre en ramenant le bassin près de la potence et conservez un bon alignement des jambes, du bassin, du buste, des bras, de la tête pour optimiser votre pédalage. Votre regard est porté au loin.

‹‹‹ Les coudes ramenés au niveau des hanches, vos bras accompagnent toujours vos jambes en tirant sur le cintre. Le vélo se tord sous la puissance de votre pédalage mais vous **maintenez le vélo en ligne**.

‹‹‹ Sans relâcher votre effort, **restez en danseuse** avant d'être parfaitement lancé et enroulez votre pédalage, en tentant de conserver le maximum d'adhérence. Surtout respirez, vous ne tiendriez pas longtemps en bloquant la respiration.

À SAVOIR

• Avoir des bonnes cuisses ne suffit pas ! Pour que votre puissance se transforme en vitesse, recherchez adhérence et motricité.

NE PAS FAIRE

• Ne partez pas sur un trop gros développement, il faut pouvoir enchaîner très rapidement les premiers coups de pédale pour bien se lancer.

Le bon sens impose parfois une séparation provisoire avec son VTT. Encore faut-il le faire correctement ! En compétition, cette technique – issue du cyclo-cross – est couramment utilisée mais elle vous sera également bien utile en randonnée, pour mettre pied à terre sans risquer l'entorse de la cheville.

‹‹‹ Préparez votre « mise à pied », en regardant au-delà de la difficulté (marche trop haute, raidillon trop abrupt...), prêt à **descendre côté gauche**. Vous devez repérer l'endroit où vous allez manœuvrer et adapter votre braquet pour la remontée à suivre.

‹‹‹ Prenez appui sur le guidon et faites passer votre **jambe droite au-dessus de la selle**, la pédale gauche en position basse. Vous avez profité du dernier coup de pédale pour conserver un bon élan. La tête redressée, vos yeux restent fixés sur l'obstacle.

‹‹‹ Glissez votre jambe droite **entre le cadre et la jambe gauche**, en inclinant légèrement le vélo pour faciliter son passage. Le cap reste parfaitement maintenu et la vitesse conservée.

‹‹‹ De votre pied droit, en présentant le talon en premier, allez **chercher le sol assez loin**, au niveau de l'axe de la roue avant, afin de ne pas prendre un coup de pédale dans le mollet (essayez, vous comprendrez !). C'est à ce moment que vous devez décliquer la pédale automatique du pied gauche.

‹‹‹ Lorsque le pied droit entre en contact avec le sol, le talon en premier, le pied gauche quitte la pédale pour enchaîner le passage à pied. Une fois à terre, **attrapez le tube** oblique ou le tube supérieur (comme le fait Julien) de la main droite, la main gauche restant sur le cintre. La suite de la manœuvre - portage ou poussage - dépend de la difficulté rencontrée.

À SAVOIR

- Droitier ou gaucher, préférez la descente côté gauche pour éviter de venir vous frotter contre les plateaux et la chaîne.
- Repérez un endroit stable pour poser le pied à la descente du vélo.

NE PAS FAIRE

- Ne descendez pas à la dernière seconde dans une montée infranchissable mais conservez de l'élan.

Pour remonter avec style et efficacité, sans vous martyriser, n'enfourchez pas votre vélo comme un *cow-boy*. Le chronomètre et vos parties fines vous en seront infiniment reconnaissants.

‹‹‹ Vous venez de franchir un obstacle ou une pente très raide, en portant ou en poussant votre VTT, reposez-le sur **une surface plane** afin d'effectuer quelques pas d'élan. Les deux mains sont positionnées sur le guidon et le buste légèrement cassé vers l'avant.

‹‹‹ Le pied gauche sur un appui bien stable, poussez le vélo vers l'avant, en vous préparant à remonter sur la selle et en regardant loin devant. Votre impulsion doit être suffisamment forte pour **prendre de la vitesse**, afin d'effectuer la remontée sans provoquer de déséquilibre.

‹‹‹ Vous montez sur votre vélo en **posant l'intérieur de la cuisse sur la selle** et en vous laissant glisser le long de celle-ci. Tout le geste est là, ne sautez pas en prenant de la hauteur, mais placez votre cuisse (droite) sur la selle et laissez-la glisser. Pour préserver votre équilibre, votre regard reste porté au loin.

‹‹‹ Les fesses sur la selle, vous êtes parfaitement stabilisé, le regard toujours fixé droit devant, vous avez enfourché votre vélo en souplesse et sans brutalité. Il reste **parfaitement en ligne**, sans aucun déséquilibre.

‹‹‹ L'impulsion initiale vous a apporté suffisamment de vitesse pour **enclencher vos pédales** le plus rapidement possible et reprendre votre pédalage.

À SAVOIR

- Pour reprendre un pédalage facilement après être remonté sur le vélo, adaptez votre braquet avant d'en descendre.
- Porter un cuissard facilite le glissement de la cuisse sur la selle.

NE PAS FAIRE

- Ne fixez pas la roue avant pendant la remontée sur le vélo, vous perdriez l'équilibre. Regardez loin devant.

PORTEZ SON VÉLO

Parfois les rôles s'inversent et vous devez descendre de votre auguste place pour aider votre monture. Du portage rapide des crosseurs à la marche prolongée des randonneurs et baroudeurs, les techniques diffèrent. Vous apprécierez les cadres dotés d'une géométrie simple, avec un triangle avant vous permettant de vous saisir facilement de votre VTT.

‹‹‹ Après une descente à la volée, conservez la main gauche, sur le cintre, la main droite attrapant le tube supérieur (comme le fait Julien) ou le tube oblique (en passant par-dessus le tube supérieur). Ce portage très utilisé en compétition de *cross-country*, permet de gagner du temps sur les franchissements courts.

‹‹‹ Il vous suffit de plier le bras (droit) pour porter le vélo, puis de **franchir l'obstacle dans la foulée**. Il ne vous restera plus qu'à remonter à la volée avec autant de brio. Le portage peut être précédé de quelques pas de poussage pour se rapprocher au plus prêt de la difficulté.

<<< Une autre technique, utilisée pour les portages plus longs ou les passages escarpés, consiste à **vous saisir du tube diagonal** en passant le bras à l'intérieur du triangle principal...

<<< ... puis de hisser et **caler le vélo sur l'épaule**, la main droite toujours sur le cintre.

<<< Le vélo sur l'épaule, la main droite vient **libérer la main gauche** en prenant sa place sur le cintre. Le vélo se trouve parfaitement calé. Un vélo se porte toujours sur l'épaule droite pour ne pas se blesser (et se salir) avec le pédalier.

Pour les longs portages, le VTT calé sur le dos est souvent adopté par les raideurs et randonneurs, un sac à dos apportant un peu de confort. Bloquez votre VTT en maintenant le cadre des deux mains : la gauche attrape le haut des haubans (sur un semi-rigide), la droite l'extrémité du tube horizontal, ces repères variant suivant la géométrie du vélo et votre morphologie. >>>

À SAVOIR	• Portez votre VTT, le pédalier côté extérieur.
NE PAS FAIRE	• Ne portez pas votre vélo si le terrain permet d'avancer en le poussant.

ACCÉLÉRATIONS, PORTAGES ET TOUT-TERRAIN

POUSSER SON VÉLO

Au portage succède - ou parfois précède - le poussage. Beaucoup moins glorieux que certains gestes engagés et souvent très éreintant, la marche ou la course à coté du vélo s'imposent dans certaines circonstances.

‹‹‹ La main gauche sur le guidon, la droite sur la selle (ou sur le tube supérieur pour alléger le poussage sur des petits obstacles), le regard porté loin devant, **vous guidez votre vélo** et amortissez les irrégularités du sol.

Certaines situations, comme la différence de niveau entre le vélo et vous, exigent de conserver les **deux mains sur le guidon.** Pas forcement très confortable puisque vous vous retrouvez plié sur le vélo, mais très pratique pour remonter immédiatement à la volée. ›››

‹‹‹ Dans les passages sablonneux, comme sur la plage de St-Aygulf (Fréjus), avant le final du Roc d'Azur, **une main sur la selle suffit** pour diriger le vélo et vous permettre de courir ou de marcher.

À SAVOIR

- **Anticipez votre changement de vitesse avant de pousser votre vélo pour pouvoir repartir facilement.**
- **Conservez le buste bien droit, si vous courez à côté du vélo.**

NE PAS FAIRE

- **Ne poussez pas votre vélo dans les descentes techniques infranchissables, mais portez-le pour passer à pied en toute sécurité.**

SE SORTIR DU SABLE

La direction s'alourdit, le contrôle des trajectoires devient aléatoire, les pédales tournent difficilement... baissez les yeux, vous êtes dans le sable. Pour ne pas vous retrouver planté, soignez votre position et adaptez votre développement.

‹‹‹ Pour pédaler dans le sable, le choix du **bon développement** est primordial : trop long et vous restez cloué sur place ; trop court, vous perdez de la motricité et risquez le déséquilibre.

Votre regard porté au loin, assis le plus en arrière possible de la selle, **pédalez en souplesse**, sur un développement adapté (selon votre forme et la longueur de la difficulté), en poussant le guidon droit devant vous. ›››

‹‹‹ En poursuivant le pédalage, **rétablissez les pertes d'équilibre** en souplesse, par la mobilité latérale de vos épaules et en écartant les genoux. Ne brusquez pas le guidon.

À SAVOIR

- Vous devez redonner de la motricité à la roue arrière, en évitant de charger la roue avant.
- Pour changer de direction, ne tournez pas trop court, mais tracez une trajectoire large en tournant progressivement.

NE PAS FAIRE

- Bannissez le pédalage en danseuse.

Les pilotes les plus techniques se régalent dès que le terrain devient glissant et l'adhérence incertaine. Les conditions boueuses n'étant jamais deux fois identiques, un pilotage à l'instinct s'impose, bien que quelques techniques soient à connaître.

Dans la boue, il s'agit de conserver de la motricité et de contrôler les glissades. Plus que jamais, pédaler en souplesse est primordiale. Les bras bien dégagés du corps, les épaules mobiles, vous devez dissocier le haut du corps, du bas pour rattraper les nombreuses dérobades. La maîtrise de la roue directrice est encore plus importante que sur le sec.

• **Sur le plat**
Positionné en arrière, en appui sur le croissant de selle, vous apportez de la motricité à la roue arrière. N'utilisez pas un développement trop petit pour éviter les décrochages. Pour conserver le cap, vos mains restent posées sur le cintre, sans charger la roue avant.

• **En montée**
Recherchez de l'adhérence : d'une part en transférant le poids du corps vers l'arrière pour retrouver de la motricité ; d'autre part en maintenant un pédalage rond, sans à-coups ni ruptures de rythme. Monter en « danseuse plaquée » est une excellente technique dans la boue.

• **En descente**
Faites-vous léger, restez bien souple sur les appuis et ne vous crispez pas. Pour franchir les bourbiers courts, poussez sur le guidon des deux mains, afin de passer sur l'élan.

• **Dans les virages**
Avancez légèrement sur le vélo afin de donner plus d'adhérence à la roue directrice, tout en allégeant l'arrière, facilitant ainsi les dérapages. N'hésitez pas à sortir le pied intérieur qui apporte un appui supplémentaire.

À SAVOIR
- Plus le sol est glissant, plus le pilotage réclame un solide bagage technique et des réflexes.
- C'est dans la boue que le matériel souffre le plus.

NE PAS FAIRE
- Condamnez le pédalage en force, des coups de pédale trop puissants vous feraient patiner.

ÉVITER LES PIÈGES

S'il est impossible de répertorier tous les obstacles naturels, une fois passées les marches et autres ornières, votre passion vous conduira inévitablement face à des difficultés incontournables du VTT.

• Survoler un pierrier

Les pierriers se franchissent sur la vitesse : plus vite vous passerez, plus vous serez stable ; à faible allure, ce serait un véritable rodéo. Oubliez freinage et pédalage et passez sur l'élan, en souplesse sur vos jambes, en conservant un bon cap car il est difficile de tourner dans un pierrier.

• Passer un gué

Pour franchir un gué ou une grande flaque, utilisez un petit développement afin ne pas rester bloqué en plein milieu : vous ne pouvez pas savoir quelle nature de sol, ni quel obstacle vous allez rencontrer. Les petites étendues d'eau se passent sur l'élan, en allégeant la roue directrice, debout sur les pédales.

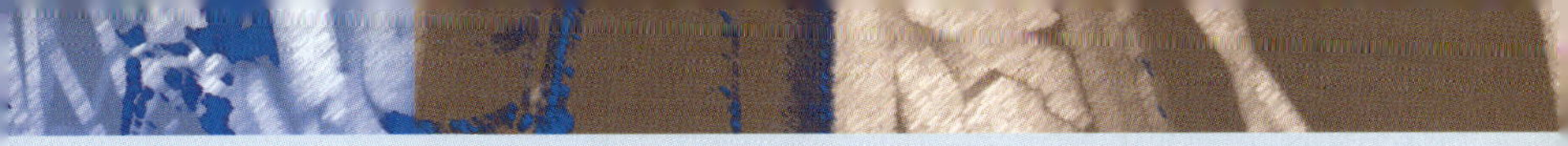

• Faire face aux racines

Sèches, elles ne posent pas de problème particulier, mais mouillées, difficile de trouver plus glissant et plus piégeur. Attaquez-les perpendiculairement, sinon la glissade de la roue avant vous guette. Allégez la roue avant puis aidez le franchissement de la roue arrière en vous avançant sur le vélo et poussez le cintre avec les bras. Ne reprenez le pédalage qu'une fois la racine passée.

• Rouler sur un « single track »

Le chemin monotrace est la cerise sur le gâteau du VTT. Pour les franchir haut la main, il faut se déhancher en anticipant les difficultés. La maîtrise de la trajectoire et un pédalage adapté sont essentiels.

• Traverser un banc de sable

Un banc de sable court s'aborde debout sur les pédales, manivelles à l'horizontal, pied d'appel devant, le regard porté au loin. Vous pouvez le passer sur l'élan, en transférant votre poids sur l'arrière, tout en poussant sur le guidon. Souple et tonique sur les jambes, vous rattrapez les déséquilibres en vous déhanchant.

À SAVOIR

• Rouler sur des terrains et reliefs variés améliore la technique.

NE PAS FAIRE

• Si vous roulez en groupe, ne suivez pas aveuglément le vététiste qui vous précède, mais concentrez-vous sur votre pilotage et vos trajectoires.

SIMPLICITÉ ET RIGUEUR, LE VTT POUR LA SANTÉ ET LA FORME

Vous souhaitez que votre pratique du VTT soit favorable à votre santé, source de plaisir pendant l'effort, de bien-être entre les séances. Si vous faites de la compétition, vous désirez optimiser sans encombre vos performances !

Dans ces conditions, quelques mots clés doivent jalonner votre parcours sportif.

• > Il faut que votre entraînement soit :

- **Précédé d'un bilan médical**
- **Progressif**
- **Régulier**
- **Assidu et continu**
- **Individualisé**
- **Varié, diversifié**

Les compétiteurs ajouteront quelques mots magiques pour progresser !

- **Structuré, thématique et rythmé**
- **Dissocié et spécifique**

Ces règles d'or seront à l'origine de quelques propositions de programmes d'entraînement adaptés à vos objectifs. Vous les trouverez à la fin de ce chapitre.

4

LES RÈGLES D'OR DE L'ENTRAÎNEMENT

1 • VOTRE ENTRAÎNEMENT DOIT ÊTRE PRÉCÉDÉ D'UN BILAN MÉDICAL !

Chaque année, en France, 1500 sportifs en pleine forme sont frappés de mort subite, ils décèdent brutalement, sans aucun traumatisme, en pratiquant leur activité physique préférée. Dans l'immense majorité des cas, les victimes de ce drame sont des cardiaques qui s'ignorent ! Chez l'homme âgé ... de plus de 40 ans, il s'agit le plus souvent d'une crise cardiaque à l'effort. Les parois des artères entourant du cœur sont épaisses et se déchirent à l'occasion de l'accroissement du débit sanguin pendant l'exercice. Comme pour cicatriser, il se forme un petit caillot qui bouche totalement le vaisseau, le muscle cardiaque n'a plus d'oxygène et fait une crampe ! Il se met à vibrer, incapable de propulser le sang vers le corps et le cerveau. Le sportif est victime d'un malaise et s'effondre. S'il n'est pas réanimé dans les trois minutes, il viendra grossir la liste des victimes de mort subite du sportif ! Chez le sportif de moins de 35 ans, l'accident est provoqué par une anomalie cardiaque. Le plus souvent, le cœur est trop gros et ses parois bouchent l'orifice d'évacuation du sang quand il se contracte. Parfois, le tissu cardiaque est de structure anormale et hétérogène. Le courant électrique ordonnant les battements diffuse n'importe comment et le cœur se met à vibrer puis s'arrête.
Avant de faire du VTT, il est conseillé de s'assurer du bon fonctionnement de votre cœur. Même si vous êtes un sportif jeune, assidu et en pleine forme, un bilan cardiovasculaire simple et rigoureux est nécessaire. Si vous êtes un homme de plus de 40 ans, notamment si vous reprenez le sport grâce au VTT, une épreuve d'effort s'impose.

• > Votre bilan médical : simplicité et rigueur !

En interrogeant les familles des victimes de mort subite ou les rares individus rapidement réanimés on constate que la plupart de ces personnes avaient ressenti des symptômes cardiaques qui avaient été négligés !

• Il faut rechercher les signes précurseurs de la "mort subite du sportif" !
En pratique, le bilan médical doit rechercher les manifestations cardiaques survenant à l'effort et trop souvent passées inaperçues : malaises,

pertes de connaissance, douleurs dans la poitrine, palpitations et éventuellement essoufflements de survenue récente et inapproprié à l'intensité de l'effort, maux de tête qui tapent au rythme du cœur ! Heureusement, ces symptômes sont souvent sans gravité mais votre médecin se doit d'exclure une origine cardiaque grave !
Les études montrent qu'un interrogatoire rigoureux et consciencieux se révèle plus efficace qu'une série d'examens complémentaires sophistiqués et coûteux pour tenter de prévenir la mort subite du sportif. Le médecin doit s'enquérir de l'absence de ces symptômes. Dans le jargon médical, on parle de "recueil des signes négatifs" : pas de malaise, pas de perte de connaissance, pas de douleur dans la poitrine, etc. En aucun cas, il ne faut se contenter du sempiternel : "Et au niveau du cœur, tout va bien ?" Les sportifs ne sont pas sensés connaître la signification de leurs perceptions corporelles. Ils ne rattachent pas forcément un malaise à un problème de cœur. Même lorsque vous leur posez expressément la question : "Avez-vous déjà eu des malaises pendant le sport ?" Ils vous rétorquent souvent : "Oui, parfois, mais c'étaient des hypoglycémies." Pour éviter les décès sur les stades, c'est au médecin de confirmer ce diagnostic de "manque de sucre dans le sang". Il doit pour cela obsessionnellement rechercher et éliminer une origine cardiaque à ce symptôme !

• Il faut rechercher les facteurs favorisant l'obstruction partielle des artères du cœur

Vous le savez, la mort subite du sportif tant redoutée chez le sédentaire repenti ou le sportif aguerri de plus de 40 ans est une crise cardiaque. Ce drame est provoqué par l'obstruction complète et brutale de l'une des artères apportant le sang au cœur. Ces dernières portent le nom de coronaires car elles forment autour du cœur une véritable couronne. Ces vaisseaux commencent par se boucher partiellement avec des plaques de graisse appelées athéromes : c'est la maladie coronarienne ! Les facteurs favorisant la présence de ces épaississements graisseux sont bien connus !
Il s'agit de :

- **l'âge supérieur à 40 ans,**
- **le sexe masculin,**
- **les antécédents familiaux de crise cardiaque ou de maladie coronarienne,**

- **le tabac,**
- **l'hypertension artérielle,**
- **l'excès de cholestérol dans le sang.**

Mais aussi,

- **le diabète,**
- **le stress,**
- **le surpoids,**

... et la sédentarité.

Les trois premiers sont "incurables". La médecine n'a aucune influence sur votre âge, votre sexe ni les maladies de vos ascendants ! De ce fait, ils sont trop souvent négligés et leur influence sous-évaluée ! Pourtant ils se révèlent essentiels. Certains cardiologues considèrent, par exemple, que votre génétique interviendrait pour moitié dans votre risque.
Les trois suivants, le tabac, l'excès de cholestérol et l'hypertension artérielle, peuvent être soignés ou pris en charge par votre médecin. Aussi, sont-ils suffisamment pris en considération ! Ils motivent souvent des conseils d'hygiène de vie, un traitement et un bilan préventif. Le dernier groupe, diabète, stress et surpoids aurait moins d'influence mais ils doivent absolument être pris en compte.
La sédentarité mérite quelques commentaires spécifiques. Auparavant négligée, elle se révèle un facteur de risque à part entière. Les pouvoirs publics tentent de la combattre ardemment en vous sommant de "marcher activement trente minutes par jour". C'est bien ! Mais vous pouvez mieux faire, notamment en pratiquant régulièrement le VTT. La sédentarité multiplie par deux à trois le risque de crise cardiaque tout comme l'excès de cholestérol, l'hypertension artérielle ou le tabagisme !
C'est dire toute l'ambivalence de l'exercice ! Quand il débute le VTT, le sédentaire repenti a dix fois plus de chance de faire une mort subite à l'effort qu'un sportif entraîné ! Après six mois de pratique progressive, régulière, modérée et assidue, le vététiste n'est plus un sédentaire, il bénéficie de toute la protection cardiovasculaire procurée par le sport !

Attention, même dans ce contexte, l'excès de contrainte cardiaque reste nuisible ! Ainsi quel que soit votre niveau, il a été démontré que solliciter son cœur à plus de 80% de sa fréquence cardiaque maximum restait un facteur de mort subite ! Pour préserver votre santé, la modération est essentielle ! Pour améliorer vos performances, le travail intensif doit être utilisé avec parcimonie et virtuosité ! Nous vous expliquerons comment faire !

Parce que le sport est efficace pour préserver votre cœur, l'arrêt de l'entraînement vous fait rapidement perdre votre protection ! Après trois mois sans exercice assidu, vous renouez avec le risque cardio-vasculaire du sédentaire !

En pratique, si vous êtes un homme de plus de 40 ans ou une femme de plus de 55 ans, surtout si vous êtes porteur d'un autre facteur de risque, il faut bénéficier d'une épreuve d'effort pour faire du VTT en toute sécurité. Il en est de même si vous présentez des symptômes intriguants comme les "douleurs dans la poitrine pendant le sport". Cet examen consiste à pédaler, juché sur un vélo immobile, progressivement jusqu'au maximum de vos capacités. Pendant ce temps un électrocardiographe enregistre les signes électriques en provenance de votre cœur. Quand l'effort s'intensifie, il peut détecter une souffrance liée à une mauvaise oxygénation, elle-même provoquée par une obstruction partielle des artères du cœur. Si de tels signes apparaissent, les examens doivent être approfondis pour confirmer le diagnostic et évaluer la gravité des lésions. À l'issue, vous le savez, l'activité physique bien adaptée, fera partie du traitement. Si, en revanche, tout est normal, vous pouvez débuter votre programme sportif. Attention, humilité et progressivité puis régularité et continuité restent des règles d'or, même dans ce contexte !

• > Le VTT pour la santé et la forme, c'est quoi ?

L'entraînement qui a démontré son efficacité sur la santé et la forme répond aux caractéristiques suivantes : trois séances par semaine, de trente minutes à une heure, à intensité moyenne, en diversifiant votre pratique.

Ce quota d'activité physique permet d'optimiser les bienfaits du sport. Vous êtes bien plus en forme qu'en marchant trente minutes par jour ! Vous avez bien plus la pêche qu'en suivant ces consignes de prévention basique ! Vous ne vous épuisez pas à la tâche, vous ne somnolez pas au bureau et vous gardez un peu d'énergie pour votre vie sociale et familiale.

En deçà de ces sollicitations, le corps ne parvient pas à s'adapter de façon optimale, il se désentraîne entre chaque séance. La sortie suivante constitue alors un nouveau stress physiologique imposant de reprendre au niveau inférieur votre protocole de progression !

Au-delà, le surmenage risque fort de s'installer insidieusement. Pour éviter cet écueil, il faut mettre en place un entraînement particulièrement bien conçu et modulable. Les fondements scientifiques de la programmation n'excluent pas, bien au contraire, de rester à l'écoute de ses sensations. Nous allons guider les plus motivés d'entre vous !

• **Le VTT pour la santé et la forme, c'est "trois séances par semaine"**

Ces entraînements sont de préférence bien répartis dans la semaine, tous les deux jours. Cependant, pour des raisons sociales, on peut imaginer deux sorties successives, le samedi et le dimanche, associées à une plus courte séance en milieu de semaine. Bien évidemment, si vous êtes vététistes passionné, vous pouvez vous entraîner quotidiennement. Mais, pour ne pas sombrer dans le surmenage, pour profiter au mieux de ce surcroît de sollicitations, il devient impératif de varier les objectifs physiologiques de vos sorties. On parle d'entraînement "thématiques" et "dissociés". Nous y reviendrons.

• **Le VTT pour la santé et la forme, c'est "trente à soixante minutes à chaque séance"**

Bien sûr, si vous vous entraînez régulièrement en semaine, la sortie du week-end peut se prolonger jusqu'à deux ou trois heures. Dans ces conditions, vous prendrez soin de bien dissocier les thèmes de travail. Il faut que cet entraînement dominical vous apprenne à faire durer votre effort. Pour cela, initialement, l'intensité doit être modérée et il vous est conseillé de rester en relative aisance respiratoire, on parle d'endurance fondamentale. Ce n'est qu'après être devenu un vététiste accompli que vous pourrez vous permettre d'effectuer de longues sorties à vitesse élevée.

• **Le VTT pour la santé et la forme, c'est à "intensité moyenne"**

L'intensité moyenne correspond à un rythme respiratoire tel que vous vous puissiez "parler mais pas chanter", on parle d'endurance active.

Vous atteindrez ce niveau d'activité à l'issu d'un échauffement d'une dizaine de minutes et vous le ferez suivre de cinq à dix minutes d'un retour au calme progressif. Bien sûr, pour progresser, il est bon d'effectuer des séances plus difficiles. Cependant, ces dernières n'ont pas démontré ni leur efficacité sur la santé, ni leur influence favorable sur le bien-être. En effet, le travail à intensité plus élevée peut favoriser la survenue d'hypertension artérielle et accroît le risque de mort subite. Ces entraînements fatigants imposent de plus amples plages de récupération qui altère votre dynamisme au quotidien.

• Le VTT pour la santé et la forme, c'est une pratique diversifiée

La diversité des pratiques permet de varier les sollicitations cardiaques et articulaires. Ainsi, vous réduisez le risque de blessures. Vous optimiser votre progression en travaillant de façon dissocier d'autres facteurs limitants de la performance. Vous évitez la saturation et vous prenez plus de plaisir à faire du sport. Vous vous organisez plus facilement en semaine : vous pouvez faire une séance de gym ou bien aller courir ou nager.

La pratique du VTT en compétition n'exclut pas la diversité, au contraire ! Les triathlètes ont démontré l'efficacité d'un entraînement "croisé". Tous les sportifs de haut niveau connaissent les vertus de la préparation physique incluant notamment de la musculation. La variété existe aussi en conservant la gestuelle du VTT. Elle passe par l'alternance des thèmes physiologiques de vos entraînements. Le panachage de sortie longue, de séance au seuil ou de travail intermittent à VO2 max, vous permet de favoriser votre progression dans certaines filières énergétiques alors que d'autres récupèrent ! On parle cette fois d'entraînement "dissocié". Bien évidemment, nous vous expliquerons comment procéder !

2 • VOTRE ENTRAÎNEMENT DOIT ÊTRE PROGRESSIF !

• > Pour débuter, votre entraînement doit être progressif

À l'issu du bilan médical adapté, il faut débuter ou augmenter votre pratique du VTT petit à petit.
Le sédentaire repenti doit avant tout injecter du mouvement dans sa vie quotidienne ! La marche à pied et les escaliers sont désormais incontournables. Ceux qui habitent en ville peuvent éviter les escalators du métro ou descendre une à deux stations de bus avant leur destination. Il a été prouvé que bons nombres d'habitants de la campagne avaient moins d'activité physique que les urbains. Dépourvu de transport en commun, ils prennent la voiture dans leur garage et vont jusqu'au parking de leur entreprise. Dans ce contexte, balade, bricolage et jardinage sont les bienvenus.
Le week-end, c'est l'occasion de prendre son VTT. Au cours des trois premiers dimanches, des promenades de trente minutes à une heure sont conseillées. Terrain plat, piste cyclable, coulées vertes et chemin de halage sont bien adaptés à votre remise en jambes. Il faut commencer en aisance respiratoire et l'intensité doit augmenter peu à peu. Après trois semaines, il est bon de s'entraîner deux fois. Après un mois et demi, l'efficacité passe par trois séances hebdomadaires dont une en milieu de semaine.

• > Pour vous améliorer, votre entraînement doit être progressif

• La progressivité s'impose pour programmer VOS séances

Une semaine incluant trois séances en endurance fondamentale ou endurance active est idéale pour votre santé et pour votre forme. Cependant, si vous souhaitez préparer une longue randonnée ou une compétition, il est possible de prévoir une progression structurée.
La première étape consiste à accroître la durée de votre sortie dominicale. Votre organisme apprend à utiliser les graisses et à stocker du sucre dans ses muscles. Grâce à votre entraînement régulier en semaine, vous pouvez augmenter la durée de votre balade de quinze minutes environ par semaine. En un mois, votre virée du week-end atteint déjà deux heures. Il est inutile de dépasser trois heures d'effort. Au-delà, vos sécrétions hormonales et votre système immuni-

taire sont altérés. Vous produisez moins d'hormones sexuelles, votre corps se répare moins bien et vous avez moins d'énergie au quotidien ... dans tous les domaines ! Vos globules blancs sont moins efficaces pour lutter contre les infections et vous risquez de tomber malade si vous croisez un virus ou une bactérie.
Lorsqu'il vous est possible de pédaler deux heures sans difficultés, des entraînements plus intenses ont leur place au sein de votre programme hebdomadaire. Séances de maintien ou de dynamisation du seuil, travail de la VO2max vous permettront de progresser rapidement, nous en reparlerons !

- **La progressivité s'impose pour programmer VOTRE séance**

La séance de VTT doit être progressive. À son début l'intensité croît doucement jusqu'à atteindre celle du travail à accomplir, c'est l'échauffement. En fin de séance l'intensité décroît doucement jusqu'au repos. C'est la récupération ou retour au calme.

L'ÉCHAUFFEMENT

L'échauffement est un travail cardio-vasculaire, locomoteur et neurologique d'intensité et de spécificité croissante jusqu'à atteindre celle du travail à accomplir ou de la compétition.
Cette définition souligne que l'échauffement s'adresse à tout l'organisme : le cœur, les vaisseaux, les muscles, les tendons, les articulations et parfois même le cerveau. Un échauffement cérébral est particulièrement nécessaire dans les disciplines nécessitant beaucoup de concentration et des gestes élaborés. Vous n'imaginez pas un footballeur s'échauffer sans toucher au ballon ! De la même façon, un vététiste doit relancer ses circuits de coordination spécifique en se faufilant sur des passages délicats ou en franchissant quelques obstacles de complexité croissante. Il sera mieux armé pour avaler les difficultés techniques du parcours.
Au cours de l'échauffement, l'intensité est augmentée et atteint, au maximum, celle de la séance prévue. Il faut éviter des échauffements trop intenses, inutiles et nuisibles. Chaque séance débute à intensité " vie quotidienne". Si vous partez faire une sortie VTT ... commencez par pédaler tranquillement ... comme si vous marchiez ! Dérouillez la machine ! Petit à petit, moulinez légèrement plus vite et emmenez peu à peu un plus gros braquets jusqu'à atteindre l'allure de l'entraînement programmé.

LA RÉCUPÉRATION

La récupération est le travail progressivement décroissant en intensité et en spécificité, menant du travail accompli jusqu'au repos. La " récupération " ou plus exactement le " retour au calme " est indispensable. Elle permet notamment de se débarrasser de l'acide lactique produit au cours de l'effort effectué en manque d'oxygène. Vous y êtes particulièrement confronté après une séance dure, lorsque vous avez passé de longs moments essoufflés. Si vous êtes débutant, un arrêt progressif évite la survenue de malaises. Lorsque vous stoppez brutalement, le système nerveux freine vigoureusement le rythme cardiaque alors que les vaisseaux des muscles ayant travaillé sont restés ouverts. Le débit du cœur diminue et tout le sang termine dans les membres inférieurs. La tension artérielle chute et le cerveau ne reçoit plus suffisamment d'oxygène.

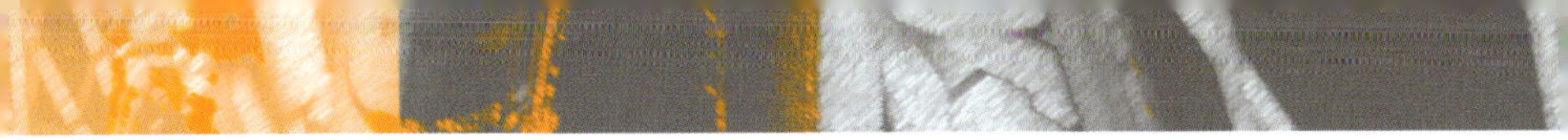

3 • VOTRE ENTRAÎNEMENT DOIT ÊTRE RÉGULIER

Vous l'avez compris, le rythme idéal est de trois séances par semaine. Que se soit pour la santé ou pour la forme, un entrainement tous les deux jours recèle de nombreux avantages.

• > Pour votre santé, un entraînement régulier est indispensable

• Pour votre santé, la fréquence DES séances doit être régulière
Dans le domaine de la santé, cette fréquence de sollicitation physiologique a démontré son efficacité. Elle réduit le risque de crise cardiaque et même de récidive d'infarctus. Il est probable que cette donnée statistique soit justifiée par des processus chimiques.
À l'issue d'un entraînement en endurance, trois adaptations majeures perdurent pendant quarante-huit heures :

PENDANT DEUX JOURS, LA FRÉQUENCE CARDIAQUE EST ABAISSÉE.
Ce phénomène se produit en réponse à l'élévation prolongée de ce paramètre pendant l'effort. Tout se passe comme si le corps souhaitait favoriser la récupération du cœur. Une fréquence cardiaque basse est un élément clés de la prévention des maladies cardiovasculaires. Ce phénomène permet de réduire la pression dans les vaisseaux sanguins et d'éviter voire de soigner l'hypertension artérielle. En réduisant le travail du cœur, il réduit aussi sa consommation d'oxygène et limite le risque de crise cardiaque.

PENDANT DEUX JOURS, LE MAUVAIS CHOLESTÉROL EST DIMINUÉ
En consommant des acides gras, le muscle qui travaille en endurance, allège les transporteurs de graisses présents dans le sang. La place disponible permet de ramasser le cholestérol échoué sur les parois artérielles. Ce processus se prolonge pendant quarante-huit heures.

PENDANT DEUX JOURS, LE SUCRE SANGUIN EST ASPIRÉ VERS LES MUSCLES.
Rappelez-vous, le muscle a brûlé ses réserves de sucre pendant l'effort. Dans les deux jours qui suivent cet entraînement, il va capter un maximum de glucose circulant dans le sang pour reconstituer ses stocks. Ce phénomène évite l'élévation excessive de la glycémie,

prévient ou participe au traitement du diabète. Le sucre entré dans les muscles se transforme en glycogène disponible pour l'exercice, il ne se transformera pas en graisse dans les cellules adipeuses.
En effectuant trois entraînements par semaines, régulièrement répartis dans la semaine, vous profitez en permanence de tous les bienfaits santé de la pratique du VTT.

• **Pour votre santé, le rythme de LA séance doit être régulier**
Entre échauffement et récupération, c'est une séance à intensité modérée et constante qui a démontré son efficacité sur la santé. Lorsque vous débutez le VTT, les grandes balades se font en "endurance fondamentale". Pour conserver votre aisance respiratoire, il est impératif de réduire humblement votre développement quand une côte se présente. Un peu plus tard, les courtes séances sont effectuées en "endurance active" au cours desquelles "vous pouvez parler mais pas chanter" mais où vous n'êtes pas essoufflé.
Pour réduire le risque de crise cardiaque ou limiter les récidives, il faut s'entraîner à une intensité constante ne dépassant 75 % de sa fréquence cardiaque. Comme par hasard, cette vitesse correspond au "seuil d'essoufflement". Le travail fractionné intensif n'est pas bon pour la santé ! Bien conçu, il est bénéfique à l'amélioration des performances ! Encore faut-il avoir réalisé un bilan médical totalement rassurant et une bonne préparation physique préalable !

• > Pour votre performance, un entraînement régulier est indispensable

Les stimulations physiologiques régulières permettent à l'organisme de progresser. Les premières recherches ont été réalisées en étudiant le stock de sucre dans le muscle, le glycogène. Quand vous allez pédaler, vous utilisez en partie ces réserves. C'est la décompensation. À la faveur du repos qui suit et de vos repas équilibrés, ces réserves vont se reconstituer. Vous compensez ! Comme pour se prémunir contre une nouvelle sollicitation, le muscle va accumuler plus de glycogène qu'il n'en avait perdu. Deux jours plus tard, votre réserve énergétique aisément disponible a augmenté et vous pouvez pédaler plus longtemps. C'est la surcompensation. Si vous repartez à l'entraînement, vous relancez le processus et peu à peu vos stocks de glycogène augmentent et vous pouvez faire des sorties de plus en plus longues sans difficulté.

- **Si vous ne faites pas de sport de la semaine**

En quelques jours, vos réserves de sucre musculaire se réadaptent à vos contraintes quotidiennes. Vous avez l'énergie disponible pour marcher jusqu'au métro ou aller chercher le pain en voiture. En enfourchant votre VTT, le week-end suivant vous aurez perdu le bénéfice de la séance de dimanche dernier. Vous ne progressez pas ! Parfois même vous régressez !

- **Si vous vous entraînez tous les jours, si vos sorties sont trop longues ou trop dures**

Dans ces conditions, vos réserves de glycogène se vident totalement et vous n'avez pas le temps de les reconstituer. Au lieu d'améliorer votre endurance, vous altérez votre aptitude à poursuivre un effort prolongé. Vous régressez ! C'est le surentraînement.
Faire du vélo quotidiennement n'est pas interdit ! Mais cette pratique assidue impose une programmation judicieuse. Varier les thèmes physiologiques de chaque séance devient indispensable et diversifier les activités sportives est vivement conseillé ! Bien sûr, nous en reparlerons et les plus motivés d'entre vous pourront progresser à grands pas ... et sur gros développement !

- **Si vous effectuez trois séances par semaine**

Si vous vous entraînez tous les deux jours, votre programme constitue le compromis le plus efficace. Cette cadence n'a pas démontré son efficacité que pour le glycogène. Il en est de même pour les fibres musculaires qui sont victimes de microdéchirures à l'entraînement et qui se réparent puis surcompensent à une cadence comparable. Le processus est voisin pour les hormones stimulantes qui se vident à l'effort et se reconstituent en deux jours. Les anticorps réagissent aussi de façon voisine. Nos missiles anti-infectieux sont libérés dans le sang pendant l'exercice et nous protègent pendant quarante-huit heures environ. Comme vous le constatez trois séances par semaine, c'est la fréquence bénéfique pour le cœur mais c'est aussi le rythme qui permet d'avoir moins d'infection et plus d'énergie au quotidien. C'est la cadence de la santé et de la forme !

- **Vous pouvez progressivement vous rendre disponible quatre fois par semaine,**

Au-delà de la santé et de la forme, les études montrent que la quatrième séance se révèle particulièrement bénéfique pour votre performance. Elle permet d'accéder à plus de diversité et d'intensité dans votre travail. Le thème de cet entraînement est la "dynamisation du seuil" ou la "VO2max". Nous verrons dans les pages suivantes comment construire une séance favorisant l'élévation du seuil et l'accroissement de la consommation maximum d'oxygène.

4 • VOTRE ENTRAÎNEMENT DOIT ÊTRE ASSIDU

• > Le désentraînement est rapide !

Vous l'avez compris, le corps se désentraîne rapidement. En trois à quatre jours, les enzymes aérobies, les petites usines chimiques brûlant l'énergie dans les muscles, se raréfient. En deux semaines, le cœur perd de la puissance et le débit cardiaque maximum diminue. Un sportif hospitalisé pendant trois semaines ou arrêtant de s'entraîner pendant trois mois retrouve les caractéristiques physiologiques d'un sédentaire.

• > Un peu de repos complet en fin de saison permet de récupérer !

Il est d'usage d'autoriser voire de proposer à l'issu d'une longue saison de compétition sept à douze jours sans sport. Dans ces conditions le corps du vététiste assidu récupère, répare l'ensemble de microlésions tissulaires, recharge en hormones et refait le plein d'enthousiasme. C'est une bonne façon de débuter l'intersaison. Cette période de repos complet constitue une phase de surcompensation à l'échelle de l'année. Plus que de régresser, le vététiste va progresser !

• > Au cours de l'intersaison, optez pour la récupération active !

Au-delà d'une à deux semaines de repos, l'organisme débute une longue phase de désadaptation et regresse ! Il est temps de bouger à nouveau ! Mais le VTT n'est pas obligatoire. Profitez de l'intersaison pour varier les plaisirs. Insistez sur l'endurance : courez, nagez, pédalez sur la route ! En vacances, faites de la randonnée pédestre, du ski de fond ou des balades en raquettes ! Insistez sur la préparation physique généralisée. La musculation, les étirements sont vivement conseillés. Enfin, l'intersaison, c'est l'occasion d'entraîner son cerveau à d'autres schémas moteurs. Vous aimez le ski de piste ? Allez-y pour le bonheur des vacances à la neige mais aussi pour progresser à VTT ! La gestion de la glisse, le franchissement des bosses en amortissant avec les cuisses et le choix des trajectoires ressemblent étrangement à la pratique du VTT en descente.

5 • VOTRE ENTRAÎNEMENT DOIT ÊTRE CONTINU

Si vous arrêtez de faire du VTT vos performances s'altèrent rapidement. En trois mois, vous avez la piètre condition physique d'un joueur de bridge ! Mais, c'est le moindre des méfaits ! Vous perdez également toute la protection cardiovasculaire que vous apportait votre sport d'endurance ! Vous avez autant de risque de crise cardiaque qu'un informaticien passionné d'Art Premier ! Les bénéfices du sport ne se capitalisent pas !

Au cours de la visite médicale d'aptitude, vous comprenez pourquoi votre médecin du sport vous demande qu'elle a été votre entraînement au cours de l'année précédente. Si vous lui répondez : "L'an dernier, j'ai changé de boulot, j'ai beaucoup bossé, je n'ai pas pu rouler, je reprends cette saison", Il doit vous considérer comme un sédentaire ! Un bilan complet s'impose et une épreuve d'effort est utile chez le vieux sportif de plus de 40 ans !

Il faut attendre six mois d'activité physique progressive, régulière et assidue pour que votre cœur puisse revendiquer la protection du sport ! Alors n'arrêtez pas de bouger ! Variez les pratiques en fonction de vos contraintes et de vos disponibilités ! En revanche, en période de surmenage, inutile d'aller rouler trois heures pour garder la forme et la santé ! Trois entraînements hebdomadaires de trente minutes à une heure suffisent ! Cette durée correspond à 1,5%, voir 3% de votre temps éveillé ! C'est le meilleur placement santé disponible actuellement sur le marché !

6 • VOTRE ENTRAÎNEMENT DOIT ÊTRE INDIVIDUALISÉ

• > Pédalez selon vos besoins et vos envies !

Pratiquez le VTT qu'il faut ! Faites-vous plaisir, faites-vous du bien ! Choisissez un programme personnalisé. Vous êtes passionné et disponible : roulez tous les jours et par tous les temps, variez les thèmes de travail, n'oubliez pas la préparation physique généralisée et les séances de régénération. Votre temps est compté et le VTT s'intègre à vos activités pour garder la forme : entraînez vous de façon plus modérée, variez les sports ! Bougez-vous trois fois par semaine trente minutes à une heure : jogging, natation, cardiotraining, musculation ou vélo d'appartement en semaine et VTT plaisir le week-end. L'essentiel est de capitaliser les bienfaits santé du sport et d'avoir l'énergie pour assumer le quotidien avec aisance, efficacité et bonne humeur !

• > Le VTT, c'est bon pour les enfants !

Faites bouger vos enfants ! Marcher, courir, sauter, shooter, nager, pédaler ... tout est bon ! Il faut multiplier les activités ! Les études montrent que le surpoids des jeunes est proportionnel au temps passé devant la télévision, l'ordinateur et les jeux électroniques ! L' "école du mouvement" est le rempart à cette menace qui grossit : l'obésité !

• Pour votre enfant, privilégiez le VTT technique !

Afin que le sport entre dans la vie de nos enfants, il est indispensable qu'ils prennent plaisir ! Des disciplines ludiques et diversifiées sont nécessaires, le VTT est le bienvenu ! Le VTT est une pratique d'endurance, il consomme beaucoup d'énergie et lutte contre l'embonpoint. Il apprend à gérer son effort. Si les sports collectifs apprennent à travailler en équipe, les disciplines individuelles favorisent la concentration. De surcroît, le VTT, c'est aussi un sport technique qui permet à l'enfant d'enrichir son patrimoine psychomoteur à l'âge de tous les apprentissages. Son cerveau établit de multiples connexions entre les neurones, les perceptions visuelles, articulaires sont analysées et la réponse motrice la plus pertinente est programmée ! Comme un écolier qui étudie un problème de mathématique et trouve la bonne réponse fait preuve de bonne qualité intellectuelle, le petit vététiste qui franchit sans encombre un obstacle démontre une belle intelligence gestuelle ! Alors n'hésitez à muscler le cerveau de votre enfant en insistant sur les apprentissages techniques du VTT.

- **Pour votre enfant, le VTT ne suffit pas !**

Il faut varier les activités de votre enfant. Le transformer en un trop jeune compétiteur l'empêcherait de faire connaissance avec d'autres disciplines indispensables à son épanouissement, à son avenir sportif et à sa santé. Cette fois encore, pour mieux comprendre tout l'intérêt de la multiplicité des pratiques, il est nécessaire que je vous raconte une histoire. Encore une fois, elle relate les malheurs d'un chat ! Il s'agit d'un petit chaton à qui des scientifiques ont bandé les yeux dès la naissance. Trois semaines plus tard, ils le libèrent de son masque ... mais le mal est fait et le petit animal est définitivement aveugle ! En l'absence d'information visuelle, les zones du cerveau normalement dévolues à la vision ont été réquisitionnées pour d'autres missions. Cette expérience décrit un processus essentiel de la maturation cérébrale : l'épigenèse synaptique ! Les connections entre les neurones s'établissent chez le fœtus et l'enfant à des moments précis qu'il ne faut pas rater ! L'épigenèse synaptique indispensable à l'assimilation d'un geste technique se produit avant la puberté. Audelà, les branchements entre les neurones ont bien du mal à s'établir ! Vous comprenez pourquoi, il est difficile d'apprendre à nager à 62 ans ! À l'inverse, si votre progéniture pratique de nombreux sports pendant l'enfance, il acquiert aisément tous les schémas moteurs ! Il se bouge avec bonheur et enthousiasme! Il prend goût au sport ! De plus, il disposera, à l'âge adulte, d'un patrimoine psychomoteur lui permettant de diversifier ses activités. Les changements d'activités évitent le surmenage, les blessures et l'ennui. Le plaisir du mouvement est au rendez-vous pour la vie entière ! Coup de chance, c'est finalement à la maturité que le sport se révèle bien utile pour entretenir ce corps qui s'use un peu ! C'est chez l'adulte et le sénior que l'exercice physique recèle le maximum de bienfaits !

• > Le VTT, c'est bon pour les séniors !

Le VTT est un sport d'endurance, c'est bien pour les séniors ! Mais le VTT impose parfois des efforts brusques pour grimper une bosse ou passer un bourbier. Plus rarement, il provoque des chutes dont on se relève plus difficilement sous le poids des ans !

• Pour les séniors, privilégiez le VTT en endurance !

Les vieux sportifs de plus de 40 ans prendront soin de réaliser un bilan médical complet ! L'épreuve d'effort confirmera la bonne oxygénation du cœur même au voisinage de la fréquence cardiaque maximum. Ainsi, nos seniors pourront gravir les côtes sans angoisse !
Cependant, même si le VTT en compétition n'est pas contre-indiqué, il n'a pas démontré ses bienfaits sur la santé ! Vous le savez, franchir nettement le seuil de l'essoufflement, aller au-delà de 80% de sa fréquence cardiaque maximale accroît le risque de mort subite du sportif. Alors, si vous avez plus de 40 ans, prenez soin de bien ne pas enchaîner les séances intenses et déstructurées, ne soyez toujours à la lutte avec vos compagnons de virée, échauffez-vous progressivement, octroyez-vous un retour au calme, hydratez-vous pendant vos entraînements. Réduisez l'intensité en cas de chaleur humide ou de froid glacial. Après 60 ans, préférez les longues balades à rythme modéré sur relief pas trop escarpé. Évitez les passages techniques. Vous avez entendu que les fractures du col du fémur concernaient essentiellement les femmes de plus de 80 ans. Sachez que les études montrent que les seniors masculins plus jeunes, aux os plus solides, mais pratiquant des sports à risque en sont aussi des victimes privilégiées !

• Pour les seniors, privilégiez les petits braquets

MOULINER, C'EST BON POUR LA TENSION

Souvenez-vous, envoyer lentement de grands développements favorise l'hypertension artérielle et l'usure des cartilages de la rotule. Le senior est particulièrement concerné par les maladies cardiovasculaires et l'arthrose ; il a tout intérêt à mouliner ! Dans ces conditions, plus que d'être autorisé, le VTT est vivement conseillé ! Il participe à la prévention et au traitement des hypertensions artérielles modérées.

MOULINER, C'EST BON POUR LE CARTILAGE

Il entretient la texture du cartilage notamment au niveau de la hanche. Grâce à la selle, le bassin est stable et les jambes ne portent pas tout le poids du corps. La hanche n'est pas comprimée, son cartilage n'est pas raboté. Au contraire, en tournant vite les jambes, la surface articulaire est polie et devient plus lisse. Les rapides variations de pressions permettent au cartilage d'aspirer sa nourriture en provenance de l'os. En pédalant, la hanche se plie et s'étend amplement ; ainsi elle conserve et même retrouve une bonne mobilité. Le VTT, c'est idéal pour lutter contre l'arthrose de hanche ! Encore faut-il mouliner et ne pas tomber sur le côté !

- **Pour les seniors, le VTT ne suffit pas**

LE VTT EST INSUFFISANT POUR LES MUSCLES DES SENIORS

Le VTT est un sport formidable pour conserver un cœur en bon état ! Mais il existe d'autres muscles à entretenir ! À partir de 20 ans, nous perdons 1 à 2% de notre masse musculaire chaque année. À 80 ans, elle a été réduite de moitié. Les conséquences sont multiples.
Ainsi, dès 30 à 40 ans, nous dépensons moins d'énergie pour assurer le fonctionnement de nos muscles au repos. Insidieusement, alors que notre alimentation ne change pas, nous prenons du poids ! Finie l'indulgence de notre jeunesse, le moindre écart à table se paie cash sur la balance. Au-delà de l'aspect esthétique, ce stockage graisseux progressif fait le lit de nombreuses maladies comme le diabète ou l'hypertension. Après 60 à 70 ans, la réduction de la masse musculaire altère nos aptitudes physiques, le quotidien devient plus laborieux et peu à peu notre autonomie est mise à mal ! Vous comprenez pourquoi il est indispensable de pratiquer une activité de renforcement musculaire généralisée. Si le VTT met à contribution les membres inférieurs, il ne sollicite pas assez les bras et le tronc.
En complément du VTT, la musculation, la gym d'entretien sont vivement conseillées. Pour associer travail musculaire et endurance, utilisez les appareils de cardiotraining sollicitant simultanément bras et jambes. Le rameur ou à l'ellipteur s'y prêtent bien. Les études

montrent qu'on peut freiner le déclin de force voire reprendre de la masse musculaire à tous les âges de la vie !

LE VTT EST INSUFFISANT POUR LES OS DES SENIORS

Notre densité osseuse atteint son maximum vers 25 ans. Par la suite, nous perdons inexorablement de la masse osseuse. Là encore le rythme de décroissance est de l'ordre de 1 à 2 % par an. Chez la femme, après la ménopause, l'érosion de la structure osseuse s'accélère atteignant 3% chaque année. Chez l'homme, l'altération de l'os augmente plus progressivement mais finit aussi par fragiliser le squelette. C'est l'ostéoporose. Cette maladie favorise la survenue de fractures pour des traumatismes mineurs. La plus connue est la fracture du col du fémur. Les conséquences humaines de cette lésion sont dramatiques ! La moitié des victimes perdent leur autonomie et un tiers décède dans les suites de l'intervention.
Pour freiner la décalcification osseuse, il faut entraîner les os ! Pour cela, il est indispensable de les mettre en contraintes en leur imposant des microtraumatismes. À chaque réception de foulée, le coureur de fond provoque de microscopiques fissures dans son squelette. Au cours des phases de repos, l'os se reconstruit. Il se reconstitue plus fort en prévision d'une nouvelle agression : c'est la surcompensation ! Le vélo ne provoque aucun choc osseux. De façon cohérente, il a été démontré que le cyclisme n'avait aucun effet préventif contre l'ostéoporose ! Là encore, une pratique sportive complémentaire s'impose. Alors quels que soient vos objectifs : santé, plaisir ou performance, diversifiez les activités. N'hésitez pas à intégrer à votre programme de vététiste du footing et de la randonnée pédestre !

LE VTT EST INSUFFISANT POUR LE CERVEAU DES SENIORS

Les fractures et la perte d'autonomie du senior sont facilitées par les troubles de l'équilibre. Malheureusement, la recherche a mis en évidence que la coordination se montrait vraiment spécifique du contexte psychomoteur. Vous l'auriez deviné : bien savoir nager ne permet pas de bien jouer au golf ! De la même façon, être à l'aise sur un vélo ne réduit pas le risque de chute en marchant. Le VTT, plus proche des sports de glisse, nécessite des activités complémentaires pour améliorer son équilibre dans la vie quotidienne. Les arts martiaux et notamment le tai-chi ont démontré leur efficacité pour réduire le risque de chute. Les activités de *fitness* chorégraphique type aérobic ou *step* sont bénéfiques. Les artistes opteront pour la danse qu'elle soit moderne, orientale, africaine ou autres ! En complément du VTT, et après une bonne douche, les seniors les plus romantiques pourront choisir la danse de salon !

• > Les femmes peuvent-elle tomber amoureuses du VTT ?

Le VTT et les femmes connaissent souvent des rapports tumultueux ! Plutôt que par amour pour le vélo, les femmes pédalent plutôt par amour pour le vététiste ! Raison de plus pour le prodiguer quelques conseils afin qu'elles trouvent dans cette relation avec la machine autant de plaisir que leur conjoint !

• Mesdames, ne vous épuisez pas !

Attention, un vététiste et une vététiste ont rarement les mêmes aptitudes physiques. Les femmes possèdent une masse musculaire plus faible que les hommes ... parce qu'elles ont plus de graisse ! C'est la nature qui a mis sur les hanches des jolies cyclistes les réserves adipeuses nécessaires pour mener à bien la grossesse et l'allaitement mais aussi pour attirer l'œil du futur père ! Toujours pour des raisons hormonales et à cause des règles, leur sang véhicule moins de globules rouges et transporte moins d'oxygène vers les muscles en action.

MESDAMES, NE VOUS METTEZ PAS TOUJOURS DANS LE "ROUGE" !

En tentant de suivre désespérément votre conjoint, vous vous surmenez à chaque sortie ! En réalisant des épreuves d'effort à des couples qui s'entraînaient ensemble, j'ai souvent constaté que les sportives étaient en surentraînement. Une fréquence cardiaque de repos et une tension artérielle trop élevées caractérisaient un état de fatigue chronique. Voilà qui laissait augurer une altération rapide des performances et un découragement imminent ! Comme dans les autres sports d'endurance, le surentraînement féminin ne tarde pas à provoquer l'altération puis l'épuisement hormonal. Simultanément s'installe une maigreur à l'origine d'une illusoire et éphémère amélioration des performances. Il en résulte une irrégularité puis un arrêt des règles, classiquement associée à une stérilité.

MESDAMES ET MESSIEURS, TROUVEZ DES ASTUCES POUR VOUS ENTRAÎNER ENSEMBLE !

Nous vous avons déjà proposé les balades sur macadam au cours desquelles madame prendrait son vélo de route et monsieur son VTT. Parfois, il est possible d'envisager une sortie de régénération pour monsieur alors que madame réalise à ces côtés une séance plus intense dite au "seuil". Bien évidemment, on peut imaginer une séance de travail fractionné pour monsieur avec des accélérations suivie de récupération, voire de demi-tour pour retrouver madame ! Messieurs, prenez soin à bien définir le parcours à l'avance ! Si madame se perd, elle risque de se faire raccompagner par l'un des nombreux autres vététistes qui peuplent nos forêts le week-end !

• **Mesdames, soignez votre confort !**

MESDAMES, PRENEZ LA PEINE DE VOUS ASSOIR !

L'anatomie féminine tolère encore moins bien la compression du périnée. Comme nous l'avons expliqué au chapitre sur le matériel, le bassin plus large des dames impose une selle dont l'empattement est plus important. Le plus souvent, une selle perforée en son milieu et une encoche arrière pour le coccyx fait disparaître bon nombre de désagréments. Pour limiter l'écrasement vulvaire, il est vivement conseillé d'opter pour une position plus redressée du buste. Une potence inclinable et un cintre courbe sont souvent les bienvenus.

MESDAMES, PRENEZ LA PEINE DE VOUS RAFRAÎCHIR !

Les hommes régulent leur température corporelle en sécrétant beaucoup de sueur. Ils perdent beaucoup d'eau et doivent se réhydrater abondamment. Les femmes ont plus tendance à ouvrir les vaisseaux cutanés et moins transpirer. En été, elles doivent boire mais aussi s'asperger. L'eau claire versée sur les vêtements rafraîchit l'organisme par contact direct mais aussi en utilisant la chaleur corporelle pour s'évaporer. Si la poche à boisson de l'effort est bien utile, le bidon rempli d'eau est aussi conseillé ! Cependant, pour des raisons d'inégalités physiologiques, ce dernier doit être porté par le conjoint qui bénéficie en contre-partie de l'effet "tee-shirt mouillé" sur le buste de sa voisine ! En hiver, les vététistes de sexe féminin entrent plus vite en surchauffe. Après quelques kilomètres, elles peuvent mettre leur polaire dans le sac à dos du vététiste masculin qui l'accompagne !

AZUR
assurances
MAVIC
adidas
commencal
Banca Intesa
7
FOX
40

7 • VOTRE ENTRAÎNEMENT DOIT ÊTRE VARIÉ ET DIVERSIFIÉ

Vous avez bien compris, la complémentarité de vos pratiques sportives se révèle essentielle pour votre santé et votre condition physique. Au-delà de votre âge, de votre sexe ou de vos problèmes articulaires, vous pouvez adapter votre programme à vos envies et à vos disponibilités. Si vous ne faites pas de VTT en compétition, si vous pédalez pour vous faire plaisir, je vous propose quelques semaines sportives pour garder la forme !

SEMAINE TYPE DU VÉTÉTISTE DE LOISIR

MARDI
Musculation légère ou cardiotraining sur rameur ou ellipteur 30 minutes dont 15 minutes à une intensité telle que vous puissiez "parler mais pas chanter".

JEUDI
Jogging ou vélo d'appartement ou natation :
30 minutes dont 15 minutes, légèrement essoufflé.

DIMANCHE
VTT 1 heure et demie à 2 heures en aisance respiratoire avec quelques passages techniques.

SEMAINE TYPE DU VTTISTE ASSIDU

LUNDI
Musculation légère ou gym du vététiste sur le tapis du salon.

MERCREDI
Cardiotraining sur rameur, ellipteur ou vélo
30 minutes à 1 heure dont 15 à 45 minutes à une intensité telle que vous puissiez "parler mais pas chanter".

VENDREDI
Jogging ou vélo d'appartement ou natation :
30 minutes à 1 heure dont 15 à 30 minutes, légèrement essoufflé.

SAMEDI
VTT 1 heure en aisance respiratoire, en insistant sur le travail technique.

DIMANCHE
VTT une heure et demie à 3 heures dont 20 à 30 minutes à une intensité telle que vous puissiez "parler mais pas chanter" et quelques accélérations dans les bosses.
Limitez les passages techniques notamment en fin de parcours.

Si le VTT est votre discipline de prédilection, si vous pratiquez ce sport avec passion, si vous souhaitez progresser en compétition, votre entraînement doit gagner en spécificité ! De ce fait, le VTT est omniprésent dans votre programme hebdomadaire ! Mais attention, la diversité reste indispensable à votre santé et à vos performances ! Dans ce contexte, cette diversité s'appelle "préparation physique généralisée" mais aussi "entraînement thématique et rythmé à spécificité dissociée" !

8 • VOTRE ENTRAÎNEMENT DOIT ÊTRE THÉMATIQUE, DISSOCIÉ, RYTHMÉ ET SPÉCIFIQUE !

• > Votre entraînement est-il thématique ?

"Ce Dimanche, vous partez pédaler ! Quel est le thème de votre entraînement ?"
"Eh bien, comme souvent, j'ai prévu d'aller dans les bois en passant par la colline."

Visiblement, vous sortez votre VTT sans bien savoir le paramètre physiologique que vous allez travailler ! C'est dommage car vous allez dépenser pas mal d'énergie et vous n'allez pas beaucoup progresser ! En sollicitant votre organisme de façon toujours identique, il s'en arrange rapidement, il épuise ses capacités d'adaptation et vous stagnez ! De plus, comme monsieur Jourdain faisait de la prose sans le savoir, vous allez mélanger en toute innocence bon nombre de thèmes d'entraînement au cours de votre virée dominicale ! L'endurance, la technique, le travail du seuil ou de la VO2 max sont probablement au rendez-vous ! Malheureusement, vous ne pouvez guère les améliorer car vous ne parvenez pas à les solliciter suffisamment !

• > Votre entraînement est-il dissocié ?

Pour progresser, il faut travailler chaque thème physiologique de façon dissociée. Prenons l'exemple caricatural de l'endurance et de la vitesse. Si je veux améliorer mon endurance, je ne dois pas partir pas à fond. Je ne peux pas travailler simultanément ces paramètres physiologiques. Plus subtilement, à chaque entraînement, il est indispensable de cibler un et un seul facteur physiologique limitant la performance souhaitée pour le travailler au maximum !

• On ne fait pas la compétition à l'entraînement !
Certains me rétorqueront avec pertinence : " Et si je souhaite terminer une compétition de 80 kilomètres en réalisant le meilleur temps possible... il faut bien que j'accélère !" Bien évidemment, il faut envisager un travail spécifique de vos objectifs. Pour répondre à la logique apparente de spécificité, vous pouvez sortir votre VTT quotidiennement et tenter chaque jour de faire 80 kilomètres le plus vite possible !

Dans ces conditions, en trois jours, vous êtes épuisé et blessé ! Souvenez-vous de cette règle d'or : "On ne fait pas la compétition à l'entraînement !"

• L'entraînement prépare la compétition grâce à la spécificité dissociée

La solution passe par la spécificité dissociée ! Chaque thème physiologique intervenant dans la performance globale est sollicité séparément. C'est le meilleur moyen de progresser en accumulant une grosse charge de travail sans basculer dans le surmenage. Quand, vous sollicitez un paramètre physiologique et un seul, vous pouvez le travailler au maximum ! Lorsqu'au cours de l'entraînement suivant, vous mettez à contribution un autre facteur limitant de la performance, les éléments chimiques et mécaniques concernés par la sortie précédente peuvent récupérer, surcompenser et progresser. Ici encore, un exemple simple illustre aisément le concept : la succession sortie longue / musculation. La sortie longue à VTT à intensité modérée apprend au muscle à mieux utiliser les graisses et à stocker plus de sucre. Elle n'abîme pas les fibres musculaires. Le lendemain, le vététiste peut sans encombre réaliser une séance de renforcement musculaire qui réclame peut d'énergie mais sollicite puissamment la structure musculaire. Grâce à la succession de ces deux entraînements, le muscle met en réserve plus d'énergie et augmente sa force sans souffrir d'épuisement.

• > Votre entraînement est-il rythmé ?

Vous l'avez compris, votre préparation doit être rythmée par les différents thèmes de travail. Mais quel est le thème d'entraînement le plus important ? Quel est le paramètre physiologique qui doit inévitablement rythmer votre programme ? Quel est celui qui se révèle indispensable à votre progression ?

• On régresse à l'entraînement

Le thème d'entraînement indispensable à votre progression est le repos ! Lorsque vous achevez un entraînement intensif, avez-vous progressé ? Pour répondre à cette question, je vous invite à repartir immédiatement pour le même parcours et comparer votre chrono ! ... Les plus courageux finissent lamentablement épuisés en réalisant

un temps catastrophique. Les plus raisonnables refusent de tenter l'expérience et admettent qu'on régresse à l'entraînement !

• On progresse au repos !

Bien évidemment, c'est en récupérant d'un entraînement que le corps se répare et progresse. Au cours de cette séance difficile vos fibres musculaires ont été victime de microlésions et vous avez épuisé vos réserves en sucre. Vous avez été victime de "décompensation". Comme pour anticiper une nouvelle agression, votre organisme se reconstitue plus fort qu'auparavant. Vos muscles stockent plus d'énergie et reconstruisent plus de fibres. C'est la surcompensation ! C'est ainsi qu'on progresse au repos !

Les physiologistes nomment souvent la récupération, "l'entraînement invisible" ! C'est pourquoi son organisation est aussi importante que la programmation de vos sorties VTT. Après les grosses séances, veillez à vous octroyer quelques heures de sérénité et l'opportunité d'une alimentation équilibrée. Allongé dans votre canapé, prenez le temps de découvrir les ouvrages Amphora consacrés à la nutrition du sportif. Pour une analyse complète, lisez "Alimentation du sportif. De la santé à la performance".

Pour goûter à la nouvelle gastronomie sportive, savourez "Menus et recettes pour le sportif". Si votre semaine professionnelle a été surchargée ou si le petit dernier n'a pas dormi de la nuit, sachez renoncer à la longue randonnée prévue ce week-end. Contentez-vous d'aller rouler une petite heure.

• On régresse à ne rien faire !

Attention, s'il est vrai qu'on progresse au repos, on régresse à ne rien faire ! Il faut se reposer de quelque chose. Il est nécessaire d'avoir subit une "décompensation" pour bénéficier d'une "surcompensation". Loin de nous l'idée de faire l'apologie de la sédentarité ! Nous avons suffisamment insisté sur l'intérêt d'une pratique sportive régulière et assidue pour préserver sa santé et améliorer sa condition physique !

• On régresse en en faisant trop !

Si votre entraînement est systématiquement trop long ou trop intense, la "décompensation" est profonde. Si le contenu de votre séance est toujours le même, vous décompensez en permanence sur un paramètre identique et vous l'épuisez. Si vos sorties sont trop fréquentes, si les périodes de repos sont trop courtes ou de mauvaise qualité, vous ne parvenez pas à réparer votre organisme, encore moins à "surcompenser" ! Lorsque la "décompensation" prédomine sur la "surcompensation", votre corps s'abîme peu à peu au lieu de se renforcer et vous régresser ! C'est le surentraînement !

L'ENTRAÎNEMENT DU VÉTÉTISTE DE LOISIR DOIT ÊTRE MODÉRÉ

Souvenez-vous, la recherche a démontré que trois entraînements hebdomadaires de trente minutes à une heure dégageaient tous les bienfaits santé du sport ! L'intensité requise correspond à un rythme respiratoire Les bénéfices d'une séance de VTT sur la fréquence cardiaque de repos, le taux de graisse et de sucre durent environ quarante-huit heures. Le corps adore alterner un jour de travail et un jour de repos ! À ce rythme, la récupération est suffisante même si votre vie familiale ou professionnelle est accaparante. Dans ces conditions, vous gardez la forme en douceur, sans complexifier votre préparation, sans sombrer dans le surentraînement.

L'ENTRAÎNEMENT DU VÉTÉTISTE DE COMPÉTITION DOIT ÊTRE STRUCTURÉ ET INVISIBLE !

Si vous souhaitez être performant, il est nécessaire d'augmenter votre charge de travail sans vous épuiser ! Votre entraînement doit être structuré. Ainsi, votre programme doit débuter par une préparation physique généralisée source de diversité et de complémentarité. Il évolue peu à peu vers un affûtage spécifique. Il faut que chaque séance sollicite un paramètre physiologique différent intervenant dans la performance envisagée.

C'est "l'entraînement thématique à spécificité dissociée". La qualité de la récupération, l'hygiène de vie, l'équilibre alimentaire et les séances de régénération constituent "l'entraînement invisible" tout aussi indispensable à la prévention du surentraînement chez le vététiste compétiteur.

• > Votre entraînement est-il spécifique ?

Vous faites des compétitions de VTT alors vous vous entraînez à VTT ! C'est bien ! Mais c'est réducteur ! Le concept de spécificité nécessite pas mal de bon sens et quelques connaissances physiologiques !

Il est indispensable de bien analyser tous les facteurs limitant la performance que vous envisagez.
Vous envisagez une longue virée à travers la Sologne ! Il faut acquérir de l'endurance ! Il est inutile de bosser la puissance ou les sprints. Mais attention, il est vivement conseillé de progresser dans tous les métabolismes utilisant l'oxygène. Le travail intensif n'est pas exclu. Il est ciblé sur le maintien et l'amélioration du seuil de production de l'acide lactique ainsi que sur la consommation maximum d'oxygène ... et nous allons vous expliquer comment procéder ! Ainsi, votre moteur n'entre plus en surchauffe prématurément et gagne en cylindrée ! C'est bien utile pour tolérer une grande randonnée parcourue à vitesse moyenne. Les voitures des 24 heures du Mans ne sont pas citadines !
Vous êtes pratiquant de haut niveau, vous préparez un *cross-country*. Il faut que vous soyez endurant pour tenir la distance, mais ça ne suffit pas ! Le travail de la puissance est indispensable pour franchir à vive allure les buttes qui jalonnent le parcours. L'entraînement aux sprints est nécessaire pour bien se placer au départ, accrocher les échappées et faire la différence dans la dernière ligne droite !

• > Quels sont les différents thèmes de votre entraînement ?

• Votre thème d'entraînement principal est le "repos"

Le repos est le thème d'entraînement autour duquel doit s'articuler toute votre préparation ! Il s'agit de la seule séance qui permette vraiment de progresser ! Nous aimons appeler la journée de repos la "séance de cinéma" ! Car, certains soirs, pour améliorer ses performances, au lieu d'aller rouler dans la boue, il est préférable d'aller rêver sur la toile !

• N'oubliez pas la "récupération active".

La "récupération active" consiste à mouliner en aisance respiratoire pendant trente minutes à une heure. Il s'agit d'une séance "ni longue ni intense". Le vététiste confirmé n'est pas fatigué. Il n'a pas sécrété les hormones du bien-être, les fameuses endorphines produites par le corps en cas de difficulté ou de souffrance. Conséquence : il ressent un "goût de trop peu". Il a l'impression d'avoir rien fait ! Il se trompe ! Au contraire, il vient de réaliser une séance essentielle à sa régénération et à sa progression !

LES VÉTÉTISTES RÉCUPÈRENT BIEN EN PÉDALANT !

Une journée de repos complet vous permet de vous ressourcer. Vos muscles rechargent les réserves de sucres. Vos glandes refont le plein d'hormones. La récupération active possède d'autres vertus essentielles et complémentaires. Quand vous pédalez trente à soixante minutes en moulinant, vous ouvrez les vaisseaux qui mènent aux muscles en action. En alternant contraction et décontraction, vous aspirez le sang et vous drainez vos masses musculaires. Vous mettez à la disposition de vos muscles plus d'oxygène que nécessaire pour le travail à effectuer. Ils utilisent l'excédent pour finir de consommer l'acide lactique et pour refaire du muscle. L'"effet de pompe" permet d'évacuer les détritus issus des microlésions tissulaires provoquées par l'effort précédent. Les légères tensions musculaires engendrées par les contractions modérées guident et orientent la reconstruction des fibres musculaires. Pour bien doser votre effort, indépendamment du terrain, du relief, du vent et des égarements topographiques, vous pouvez idéalement réaliser votre séance de récupération active sur vélo de salle ou *home-trainer*.

LES VÉTÉTISTES RÉCUPÈRENT AUSSI DANS L'EAU !

Les études ont mis en évidence la supériorité de la "récupération active" sur toutes les autres techniques plus ou moins sophistiquées. Elle se révèle même plus efficace que le repos complet pour venir à bout des douleurs musculaires. Les appareils électriques déclenchant tout un panel de contractions musculaires se montrent moins bénéfiques qu'un travail naturel à intensité modérée, de durée limitée et sans bondissement. Dans ce contexte, la natation et l'aquagym tiennent la vedette, même pour un vététiste ! Ces disciplines font travailler les muscles des jambes tout en douceur grâce l'apesanteur ; la pression et la fraîcheur de l'eau contribuent au drainage musculaire.

Enfin, la balnéothérapie et tout particulièrement le "bain / douche écossais" méritent une mention particulière. Pour optimiser les bienfaits de votre récupération active, plongez-vous dans un grand bain chaud ! Allongé dans l'eau, levez une jambe. Passez le jet de la douche froide de la cheville vers la hanche. Replongez la jambe dans le bain. Alternez côté droit et gauche pendant cinq à dix minutes. ... Remettez de l'eau chaude quand le bain commence à tiédir et restez-y au moins vingt minutes. Les changements de température cutanée ouvrent et ferment les vaisseaux successivement. Le massage réalisé par le jet de la douche augmente les pressions de l'extrémité du membre vers sa racine. Voilà qui favorise le drainage et la récupération musculaire.

• Les thèmes de travail cardiovasculaires pour l'endurance

Les thèmes d'entraînements cardiovasculaires constituent l'essentiel de votre travail physique. Ils regroupent un éventail de séances allant de longue balade en aisance respiratoire jusqu'au travail fractionné très intensif au cours duquel vous atteignez votre fréquence cardiaque maximale. Vous l'avez compris chacun de ces entraînements sollicite des processus chimiques limitant la performance en endurance. Une association pertinente de ces thèmes cardiovasculaires vous permet de progresser dans l'épreuve que vous aurez choisie.

Dans cet ouvrage, des programmes hebdomadaires types vous sont proposés en fonction de vos objectifs et de la période de l'année. Chacun d'eux réunit un cocktail adapté de séances à intensité choisie. Bien évidemment, des activités sportives complémentaires et préparatoires ne sont pas oubliées. Musculation et footing tiennent une place de choix notamment pour le vététiste de loisir ou chez le compétiteur lors de l'intersaison.

Les thèmes de travail cardiovasculaires indispensables pour optimiser vos performances sont :

- **L'endurance fondamentale**
- **l'endurance active**
- **La résistance douce**
- **La résistance dure**
- **La V02 max**

Pour mieux comprendre ces mots barbares voici les explications nécessaires. De multiples critères vous sont proposés pour vous aider à cibler votre effort. Les sensations respiratoires se révèlent essentielles. Les plages de fréquences cardiaques indiquées sont probablement moins pertinentes et varient amplement en fonction de nombreux paramètres. Les informations d'origine articulaire et musculaire ainsi que la perception de difficulté se montrent tout aussi importantes.

L'ENDURANCE FONDAMENTALE

Grâce à ce thème, votre organisme apprend à utiliser les graisses de réserve. À cette intensité, l'apport en oxygène dépasse les besoins mécaniques. Il est suffisant pour brûler les acides gras dont la combustion est plus laborieuse. Voilà qui permet d'économiser le sucre indispensable à la poursuite de l'effort notamment s'il devenait plus intense. En effet, les réserves de glucose musculaire sont limitées alors que celles de graisses sont inépuisables même pour les plus minces d'entre vous. Un vététiste de haut niveau a environ 8% de graisse soit environ 5 kilogrammes. C'est suffisant pour enchaîner cinquante heures de pédalage !

L'ENDURANCE FONDAMENTALE

> Sensations respiratoires :

Très légère augmentation de la fréquence respiratoire et de l'amplitude des mouvements thoraciques mais aucune gène en parlant.

> Sensations musculaires :

Aucune gène musculaire, notamment dans les cuisses.

> Sensations articulaires :

Allure à peine supérieure au "dérouillage".

> Sensations psychologiques :

Effort facile.

> Fréquences cardiaques :

En fonction de votre âge, votre fréquence cardiaque se situe approximativement dans les fourchettes suivantes :

- vers 20 ans : 150 160
- vers 30 ans : 140 150
- vers 40 ans : 130 140
- vers 50 ans : 120 130
- vers 60 ans : 110 120

> Mode de travail :

Activité continue de vingt minutes à une heure et demie et plus.

> Intérêt :

Utile pour la prévention des maladies cardiovasculaires.
Étape indispensable à la reprise du sport (adaptation articulaire progressive, stimulation des processus chimiques au sein des muscles).
Entraîne le muscle à la consommation des graisses.

L'ENDURANCE ACTIVE

En vous entraînant à "endurance active" vous brûlez un maximum de sucre. À cette intensité, il manque déjà un peu d'oxygène au sein des muscles en action pour s'offrir le luxe de consommer des graisses. En effet, l'utilisation du sucre est 30% plus rentable que celle des graisses.

Grâce à ce thème, vous rentabilisez le fonctionnement chimique de la combustion des sucres. Surtout, vous videz les réserves de sucre musculaire et votre organisme apprend à augmenter les stocks. Ce paramètre se révèle essentiel pour venir à bout d'une épreuve longue distance.

Effectivement, un dérivé du sucre est indispensable à la combustion des graisses. Pour briller dans entre amis, n'oubliez pas le nom de cette molécule cruciale : l'oxaloacétate ! Les conséquences sur le terrain sont majeures, quand les réserves de sucre sont vides, vous pouvez frapper le "mur du *cross-country*" !

Les coureurs de fond connaissent bien le "mur du marathon". Les pratiquants de *cross-country* en sont aussi victimes car ils réalisent un effort de durée comparable, un peu plus de deux heures à haut niveau.

Là encore, le fonctionnement du corps est comparable à celui d'une voiture. Tout se passe bien jusqu'à ce que le réservoir ne contienne plus une goutte de carburant. Soudain, en quelques tours de pédales vos jambes deviennent incroyablement lourdes et douloureuses !

Il vous est impossible de garder le rythme et l'abandon vous guette ! Parfois, une incroyable volonté vous permet de finir lamentablement ! Dans ces circonstances, vous parvenez à produire un tout petit peu de sucre en détruisant vos propres muscles !

Ne comptez pas sur votre boisson de l'effort pour palier à votre manque de préparation.

Le débit digestif se montre nettement insuffisant pour apporter le sucre nécessaire à tous les muscles mis à contribution. En revanche, de longues séances en endurance active associée à une alimentation riche en sucre lent dans les trois jours précédents l'épreuve se révèlent particulièrement efficaces pour éviter le "mur du *cross-country*" !

L'ENDURANCE ACTIVE

> Sensations respiratoires :

Légère augmentation de la fréquence respiratoire et de l'amplitude des mouvements thoraciques.

"Vous pouvez parler mais pas chanter" ou seuls six à huit mots peuvent être énoncés d'affilée.

> Sensations musculaires :

Pas de gène musculaire évidente dans la cuisse en pédalant.

> Sensations articulaires :

Aisance articulaire et psychomotrice.

Allure correspondant souvent à la vitesse spontanée.

> Sensations psychologiques :

Effort assez facile.

> Fréquences cardiaques :

En fonction de votre âge, votre fréquence cardiaque se situe approximativement dans les fourchettes suivantes :

- vers 20 ans : 160 170
- vers 30 ans : 150 160
- vers 40 ans : 140 150
- vers 50 ans : 130 140
- vers 60 ans : 120 130

> Mode de travail :

Activité continue de vingt minutes à une heure et demie et plus.

> Intérêts :

Utile pour la prévention des maladies cardiovasculaires.

Étape indispensable avant l'intensification de l'entraînement (stimulation des processus chimiques utilisant l'oxygène au sein des muscles).

Entraîne le muscle à la consommation des sucres pendant l'effort puis à leur stockage au repos.

Amélioration du rendement énergétique du pédalage à une intensité correspondant souvent à la vitesse adoptée lors des épreuves d'endurance.

LA RÉSISTANCE DOUCE

À cette intensité vous vous entraînez à une intensité située tout au début du "seuil d'accumulation lactique".
Vos muscles en action commencent à produire de l'acide lactique qui gagne la circulation sanguine. Les autres masses musculaires moins vigoureusement mises à contribution parviennent à le recycler et à l'utiliser. Le passage dans le sang d'une quantité modéré d'acide provoque un léger essoufflement qui caractérise l'intensité de ces séances.
Lors de ces entraînements vous travaillez votre aptitude à soutenir votre "seuil", votre organisme à apprend à produire un minimum d'acide lactique. Ainsi, les usines chimiques des muscles, les enzymes, ne sont pas bloquées par les acides et l'énergie reste disponible.
De plus, le sucre transformé en acide lactique produit dix-huit fois moins d'énergie qu'après combustion totale.
En travaillant au "seuil" vous apprenez à vos muscles à économiser les stocks !
En comparant votre corps d'athlète à une voiture de course, cette séance vous mène juste à la limite de la zone rouge de votre compte tour.
La mécanique optimise son fonctionnement à la vitesse la plus élevée possible avant que le moteur de s'abîme.

LA RÉSISTANCE DOUCE

> Sensations respiratoires :
Essoufflement léger et stable. La bouche s'ouvre légèrement.
Uniquement trois à cinq mots peuvent être énoncés d'affilée.
Seul, le minimum relationnel est assuré. Exemple : "À gauche, après la ferme."

> Sensations musculaires :
Sensation de tension et de chaleur musculaire dans les cuisses.

> Sensations articulaires :
Allure légèrement supérieure à l'aisance mécanique et psychomotrice.

> Sensations psychologiques :
Effort dur.

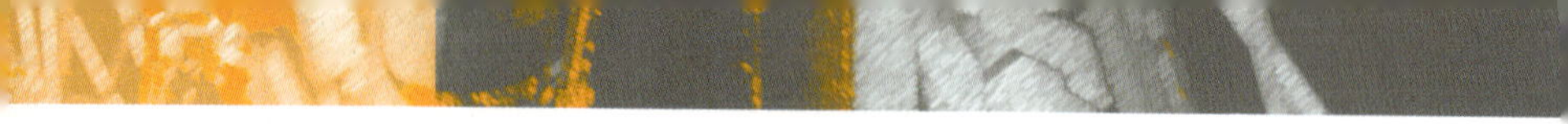

Fréquences cardiaques :
En fonction de votre âge, votre fréquence cardiaque se situe approximativement dans les fourchettes suivantes :

- vers 20 ans : 170 180
- vers 30 ans : 160 170
- vers 40 ans : 150 160
- vers 50 ans : 140 150
- vers 60 ans : 130 140

Mode de travail :
Activité continue de vingt à trente minutes, voire quarante minutes à une heure à haut niveau.

Intérêts :
Encore utile pour la prévention des maladies cardiovasculaires selon certains scientifiques.
Favorise la tolérance du "seuil". " Votre moteur gagne en fiabilité au voisinage de la zone rouge du compte-tours".
Optimise le fonctionnement énergétique du muscle à vitesse inférieure. Diminution de la production d'acide lactique et économie des stocks de sucre.

LA RÉSISTANCE DURE

En vous entraînant à cette intensité, vous élevez votre "seuil" d'accumulation lactique. Vous produisez plus d'acide lactique que vous ne pouvez en recycler. Il s'accumule dans le sang. Les acides provoquent des brûlures musculaires et s'éliminent par voie respiratoire. Voilà pourquoi chaque fraction de travail se caractérise par un "essoufflement net et croissant". En renouvelant ce type de séances, vous produisez de l'acide lactique à des intensités de travail plus importantes, vous élevez votre "seuil d'accumulation lactique".

Tout se passe comme si vous décaliez la zone rouge de votre compte-tours. Votre moteur conserve la même cylindrée mais rentre en surchauffe plus tardivement. Il est désormais possible d'exploiter une part plus importante de votre puissance sans surmener la mécanique !

LA RÉSISTANCE DURE

> Sensations respiratoires :
Essoufflement net et croissant. La bouche s'ouvre amplement. Aucune discussion possible.

> Sensations musculaires :
Brûlure, voire douleur musculaire dans les cuisses à vélo.

> Sensations articulaires :
Perte de l'aisance psychomotrice. Le geste se dégrade rapidement.

> Sensations psychologiques :
Effort très dur. Le vététiste force en permanence pour maintenir l'allure.

> Fréquences cardiaques :
En fonction de votre âge, votre fréquence cardiaque se situe approximativement dans les fourchettes suivantes :

- vers 20 ans : 180 190
- vers 30 ans : 170 180
- vers 40 ans : 160 170
- vers 50 ans : 150 160
- vers 60 ans : 140 150

> Mode de travail :
Fartlek ... bien adapté si vous vous initiez à ce type de séance.
Enchaînement "effort / récupération" au *feeling*.
Chaque fraction peut s'arrêter quand vous avez la sensation que vous auriez pu tenir le double lors d'une compétition importante.
Pendant vingt à quarante minutes.

ou

Fractionné de six à huit minutes ... bien adapté si vous dosez déjà finement votre effort.
Récupération de trois à quatre minutes soit la moitié du temps de travail, à répéter deux à quatre fois

> Intérêts :
Élévation du "seuil". "La zone rouge de votre compte-tours se situe à une allure supérieure."
Amélioration de la tolérance et du temps de maintien, à vitesse inférieure au seuil.
Optimisation du fonctionnement du muscle qui profite mieux de l'oxygène disponible.

LA VO2MAX OU "CONSOMMATION MAXIMUM D'OXYGÈNE"

Par définition, à VO2max, vous entraînez vos muscles à consommer le plus possible d'oxygène et votre fréquence cardiaque atteint peu à peu son maximum. En multipliant les séances à cette intensité, votre cœur parvient à propulser plus d'oxygène vers vos muscles et ces derniers arrivent à l'utiliser plus complètement. Avec ce thème de travail, c'est l'ensemble de vos aptitudes à l'endurance qui progresse.
Pour accroître votre VO2max, il vous est proposé des fractions de travail de trente secondes à quatre minutes. Ainsi vous améliorez vos aptitudes physiques au cours des efforts de durée comparable, typiquement les compétitions de descente.
Cette fois, vous augmentez la cylindrée de votre moteur. Vous gagnez en puissance, vous roulez plus vite ! Et surtout, votre mécanique tolère plus aisément des vitesses moyennes sans s'abîmer !

LA VO2MAX OU "CONSOMMATION MAXIMUM D'OXYGÈNE"

> Sensations respiratoires :
Essoufflement particulièrement net, la bouche s'ouvre amplement au cours des "fractionnés deux à quatre minutes". L'hyperventilation est moins évidente lors des intermitents de trente secondes à deux minutes.
Pas de dialogue possible.

> Sensations musculaires :
Brûlure, voire douleur dans les cuisses à vélo.

> Sensations articulaires :
Perte de l'aisance psychomotrice. Le geste se dégrade rapidement.

> Sensations psychologiques :
Effort extrêmement dur. Au cours des "fractionnés deux à quatre minutes", le sportif force en permanence pour maintenir l'allure.

> Fréquences cardiaques :
En fonction de votre âge, votre fréquence cardiaque se situe approximativement dans les fourchettes suivantes :

- vers 20 ans : 190 200
- vers 30 ans : 180 190
- vers 40 ans : 170 180
- vers 50 ans : 160 170
- vers 60 ans : 150 160

N.B. : Ces fréquences cardiaques sont atteintes après deux à quatre minutes de fractionnés et plus précocement en fin de séance. Théoriquement, lors d'une séance de" vite / lent" répétant des accélérations de trente à soixante secondes, la fréquence cardiaque n'a pas le temps d'atteindre la zone cible. Cependant certaines études suggèrent qu'il suffit de cinq répétitions pour que le cœur accroche les fréquences souhaitées.

> Mode de travail :

- Fractionné de deux à quatre minutes.

Récupération = temps de travail soit deux à quatre minutes, à répéter deux à cinq fois.

- "Vite / lent"

Trente à soixante secondes à V02max.

Trente à soixante secondes de récupération en moulinant, enchaînées pendant quinze à quarante-cinq minutes.

Ce type d'entraînement est plus facile sur *home-trainer* ou vélo d'appartement. Vous n'êtes pas victime de l'inertie de la machine et vous dosez plus aisément la résistance.

> Intérêt

Élévation de la V02max ... dans les limites de vos prédispositions génétiques ! "Augmentation de la cylindrée de votre moteur."

Amélioration de la tolérance et du temps de maintien à vitesse inférieure à V02max.

Optimisation du fonctionnement du muscle qui profite mieux de l'oxygène disponible.

- **Le travail technique**

Pour peaufiner votre travail technique, nous vous invitons bien sûr à suivre les conseils de Julien Absalon qui jalonnent cet ouvrage. Nous vous suggérons vivement de tenir compte des remarques concernant le fonctionnement du cerveau que vous avez trouvé sous forme d'encadrés dans le chapitre : "Le VTT, ça s'apprend."

Pour l'essentiel, souvenez-vous qu'il est impossible de progresser techniquement lorsque des compensations musculaires s'installent. En pratique, deux règles d'or s'imposent :

- **Il faut dissocier le travail physique de l'apprentissage technique.**
- **Le travail technique s'arrête lorsque la fatigue s'installe !**

• Le renforcement musculaire du vététiste

Quel que soit votre niveau, un travail musculaire général et spécifique est recommandé. Que vous pratiquiez le VTT par loisir ou en compétition, la "gym du vététiste" que nous vous proposons est l'occasion d'une séance de musculation endurance aisément praticable à la maison pendant la semaine. Si vous êtes compétiteur, la séance de "musculation en salle pour le vététiste" se montre bien utile pour optimiser vos performances et réduire le risque de blessures. Elle prend une place de choix au cours de l'intersaison.

• > La gym du vététiste

• La gym du vététiste est faite pour vous !

VOUS FAITES DU VTT POUR VOTRE PLAISIR SURTOUT LE WEEK-END

C'est bien ! Mais, vous savez qu'un entraînement par semaine reste insuffisant pour assurer votre santé au quotidien et votre forme à vélo. La "gym du vététiste" est faite pour vous ! Cette courte séance d'entretien musculaire en endurance est un complément bénéfique à votre programme hebdomadaire. Je suis persuadé que vous pouvez vous libérer, une fois par semaine, vingt minutes, le matin en pyjama ou le soir devant la télé pour enchaîner ces quelques mouvements. Mais, n'oubliez pas qu'il faut idéalement ajouter une autre séance d'endurance hebdomadaire : trente minutes de vélo d'appartement voir de footing !

VOUS PRATIQUEZ LE VTT PASSIONNÉMENT ET VOUS FAITES PARFOIS DES COMPÉTITIONS

Vous vous entraînez au moins trois fois par semaine et vous savez qu'une "préparation physique généralisée" viendrait compléter efficacement votre programme. Malheureusement, vous n'êtes pas inscrit dans une salle de sport et vous vous ne pouvez pas suivre les séances de "musculation pour le VTT" proposées dans cet ouvrage : la "gym du vététiste" est faite pour vous ! Elle est aussi parfaitement adaptée à votre situation, si vous voyagez pour exercer votre métier car vous pouvez réaliser la "gym du vététiste" dans une chambre d'hôtel ! Une fois par semaine, notamment quand il fait froid ou lorsque vous n'avez pas le temps de sortir votre machine, passez vingt à trente minutes à effectuer sans vous arrêter ces quelques exercices. Votre corps vous remerciera de cette préparation musculaire régulière !

PRINCIPES ET OBJECTIFS DE LA "GYM DU VÉTÉTISTE"

En travaillant les muscles de votre **buste**, vos épaules encaissent plus aisément les chaos des chemins caillouteux, vous contrôlez plus aisément la direction de votre machine et vous ne souffrez moins du haut du dos.

À l'aide d'accroupissements mobilisant vos genoux entre 20 et 110 degrés de flexion, vous entretenez la puissance musculaire de vos **membres inférieurs**. En gardant la position sur une jambe à 65 degrés de flexion de genou, vous travaillez votre force dans une posture correspondant à sa zone d'efficacité maximum, c'est-à-dire quand

votre manivelle est horizontale. En effectuant quelques amortissements et sautillements en fente avant, en position "roue libre / manivelles à l'horizontale" vous améliorez vos capacités à encaisser les descentes sur terrains chaotiques.
En renforçant les **muscles longeant votre colonne vertébrale** et votre cou, vous assurez une meilleure stabilité à votre tronc et à votre tête. Votre fixité permet un meilleur encrage pour vos puissants muscles des jambes : vous améliorez votre rendement et vous n'avez plus mal au dos. En travaillant les abdominaux, vous complétez votre gainage et vous tirez plus puissamment sur vos pédales.
En enchaînant sans récupération ces différents exercices, en changeant de groupes musculaires entre les séries, vous pouvez réaliser en continu une séance de vingt à quarente minutes associant renforcement et travail en endurance légère.

VOTRE SÉANCE DE "GYM DU VÉTÉTISTE"

Commencez par les exercices de renforcement et poursuivez si vous le pouvez par la séance "étirements et assouplissements pour le VTT" telle qu'elle est décrite dans ce livre :

EXERCICE 1 TRAVAIL DES ÉPAULES

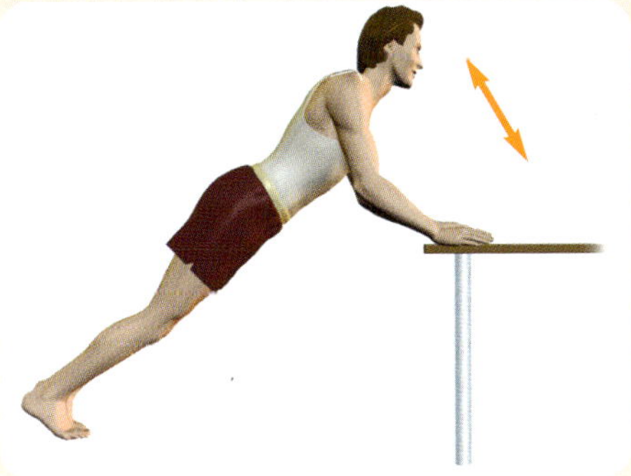

En appui sur une table, faites 20 à 40 pompes inclinées.
Tous les 5 à 10 mouvements, maintenez une position voisine de votre posture à VTT.
Conservez pendant 3 à 6 secondes, cette position intermédiaire, coudes fléchis à 45 degrés, dos droit, tête redressée.

EXERCICE 2 TRAVAIL DES JAMBES

Faites 30 à 40 accroupissements, sur la pointe des pieds, buste bien penché en avant comme en VTT. Pliez les genoux jusqu'à 110 degrés, étendez-les à 20 degrés.

EXERCICE 3 TRAVAIL DU DOS

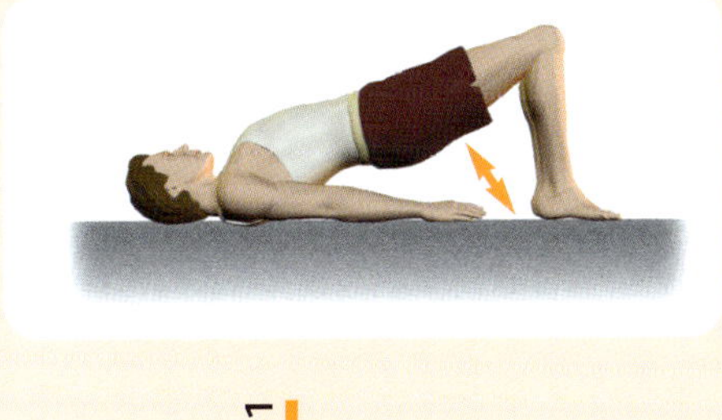

Allongé sur le dos, genoux fléchis, montez le bassin 20 à 40 fois.
Tous les 5 à 10 mouvements, restez en position haute 3 à 6 secondes.

EXERCICE 4 TRAVAIL DES ÉPAULES, DES ABDOMINAUX ET DU DOS

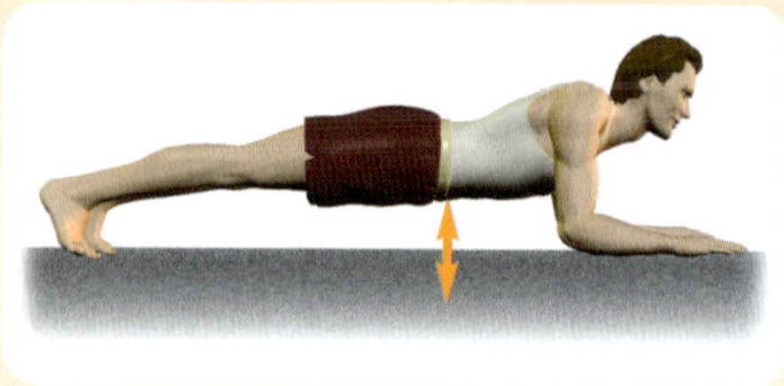

Allongé sur le ventre. Coudes fléchis, dos cambré, en appui sur les avant-bras. Remontez le bassin 10 à 20 fois pour aligner le corps. Restez en position haute pendant 6 secondes, 3 fois.

EXERCICE 5 TRAVAIL DES JAMBES

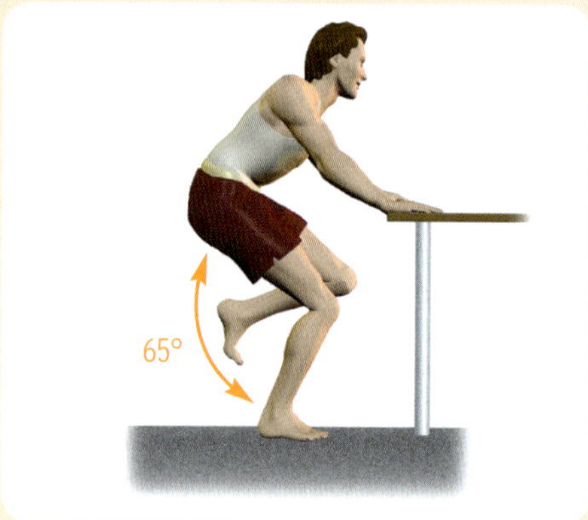

Mains posées sur une table. Restez en appui sur une jambe genou fléchi à 65 degrés environ, pendant 3 secondes. Alternez coté droit et coté gauche 5 à 10 fois.

N.B. : Évitez cet exercice s'il occasionne des douleurs de rotule à l'avant de votre genou.

EXERCICE 6 TRAVAIL DES ABDOMINAUX

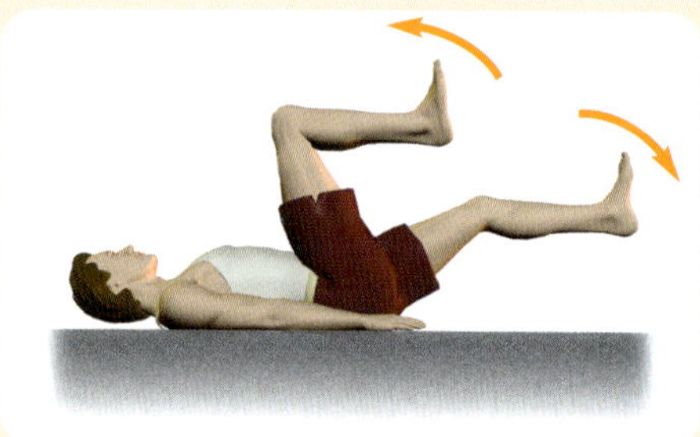

Allongé sur le dos. Remontez alternativement le genou droit et le genou gauche comme si vous pédaliez.

EXERCICE 7 TRAVAIL DU DOS

Debout genou fléchis à 70 degrés environ, penchez-vous en avant puis remontez jusqu'à placer votre buste à 45 degrés avec le dos bien droit, 30 à 40 fois. Tous les 5 à 10 mouvements, restez en position haute 3 à 6 secondes.

EXERCICE 8 TRAVAIL DES ÉPAULES

Mains en appui sur une table, faites 20 à 40 pompes inclinées.
Tous les 5 à 10 mouvements, faites des soubresauts en position intermédiaire de pilotage : lâchez la table et reposez vos mains rapidement comme si vous amortissiez les vibrations d'une descente sur sol irrégulier.

EXERCICE 9 TRAVAIL DES JAMBES

En fente, sur la pointe des pieds, une en avant, l'autre en arrière, séparées de 40 centimètres environ. Genoux fléchis aux alentours de 70 degrés comme si vous étiez en roue libre, manivelles à l'horizontale. Effectuez 20 à 40 petits mouvements d'amortissement autour de cette position suivis d'une dizaine de sautillements

Selon le temps dont vous disposez et vos aptitudes physiques, faites 1 à 2 fois la succession d'exercices proposés.

• > Musculation en salle pour le vététiste

Ce type d'entraînement est préférentiellement destiné aux compétiteurs faisant du VTT au moins trois fois par semaine. Cependant, il peut venir compléter avantageusement une pratique de loisir. Dans ces conditions, le programme hebdomadaire type pourrait comporter trois séances : une longue sortie le week-end, une session de trente minutes sur vélo de salle et une séance de musculation.

• Principes et objectifs de la musculation pour le vététiste

LES OBJECTIFS

Ce programme permet l'amélioration de la **puissance** de votre pédalage. Il sollicite les facteurs limitants mécaniques et chimiques au sein de vos muscles : il augmente la **force** de votre coup de pédale et votre **résistance à l'acidification musculaire**.
Ce type de séances assure également un **renforcement complémentaire** ayant pour mission de **fixer votre buste** et proposer ainsi de solides points d'appui pour vos muscles des membres inférieurs. Votre **rendement** est amélioré et vos réduisez le risque de **blessures** ou de souffrances vertébrales. Cette musculation du haut du corps s'avère bien utile pour **stabiliser votre machine** lors des descentes chaotiques. Elle vous aide aussi à tirer sèchement sur le guidon pour **franchir un obstacle**.
Certains exercices visent à l'amélioration de votre aptitude au **freinage musculaire**. Ainsi, vos cuisses encaissent bien mieux les irrégularités du sol lorsque vous descendez vite en roue libre, elles amortissent plus facilement vos réceptions de saut. Vous pouvez sans difficulté accélérer au sortir de ces passages délicats.

LES PRINCIPES

Pour optimiser les résultats, il faut travailler votre "**force endurance**" grâce à une gestuelle la plus spécifique possible du VTT. C'est ainsi qu'il faut privilégier le renforcement sur **presse, dos incliné, avec une seule jambe, en restant en appui sur la pointe des pieds**, sur séries longues.
Afin de reproduire les contraintes de "**force puissance**", retrouvées lors des passages difficiles ou des courtes bosses à fort dénivelé, des séries **plus courtes et plus lourdes** seront les bienvenues.

LES RÈGLES D'OR DE L'ENTRAÎNEMENT
VOTRE ENTRAÎNEMENT DOIT ÊTRE THÉMATIQUE, DISSOCIÉ, RYTHMÉ ET SPÉCIFIQUE

Dans le but d'améliorer vos aptitudes à encaisser les réceptions de saut et les irrégularités du sol quand vous êtes en roue libre, il faut travailler votre "**force de freinage**" sur presse ou machine à squat. La position du buste est inchangée mais, cette fois, **les deux pointes de pieds sont en appui, l'une en avant, l'autre en arrière** comme lorsque vos deux manivelles sont à l'horizontale. Au cours du mouvement, il faut insister tout particulièrement sur le ralentissement de la flexion.
Le quadriceps situé en avant de la cuisse reste le facteur limitant de la puissance et de la force de pédalage. Il convient donc d'augmenter sa charge de travail. Malheureusement, en atteignant un niveau de fatigue élevé, on risque d'altérer la coordination du mouvement et de "désapprendre" le geste efficace. Aussi, peut-on, sans hésitation, côtoyer l'épuisement de ce muscle sur **chaise à quadriceps** puisque cet exercice ne ressemble pas au pédalage.
Les fléchisseurs de genou sont les mollets et les ischiojambiers. Ces derniers sont placés en arrière de la cuisse. Ces deux groupes musculaires sont utiles pour remonter activement la pédale notamment si vous avez des pédales automatiques. Ce mouvement ne bénéficie pas du travail sur presse. Il doit plutôt se faire sur **banc à ischiojambiers couché** car le geste est plus proche de la traction sur la pédale. Sur chaise à quadriceps comme sur banc à ischiojambiers, des séries longues de "force endurance" et quelques séries plus courtes apporteront l'éventail de sollicitations adaptées au VTT.
Grâce à la pratique du "vélo de salle" après certains mouvements, ce programme assure le "**transfert de coordination**" vers la gestuelle spécifique. Vous apprenez à utiliser, dans votre discipline, les qualités psychomotrices inhérentes au travail de renforcement. Bien sûr, le "vélo de salle" constitue également un excellent mode d'échauffement et de retour au calme pour ce type de séance.
Le travail du tronc et des bras comprend les **développé-couchés** et les **tirés perpendiculaires au buste**. Au cours de ces exercices, adoptez une position proche de celle retrouvée à votre poste de pilotage : coudes sous les épaules et paumes de mains orientées vers les pieds. Serrez bien les poignées ou les haltères afin de travailler l'ensemble des chaînes musculaires mises à contribution notamment les fléchisseurs des doigts. Effectuez des séries longues de trente à quarante répétitions avec des charges légères. Tous les cinq mouvements, quand vos coudes atteignent une flexion d'environ 45 degrés, incluez des

blocages de trois secondes pour reproduire les contraintes liées à la stabilisation du buste par les membres supérieurs. Dans cette posture, enchaînez avec cinq à dix petits mouvements "spasmodiques" comparables à ceux qui se produisent lorsque vous descendez une pente caillouteuse. Lors du tiré, de temps à autre, accélérez entre cette posture intermédiaire et le retour vers le buste pour reproduire la traction vive sur le guidon nécessaire au franchissement d'un obstacle. Le renforcement spécifique des paravertébraux longeant la colonne vertébrale est idéalement réalisé en position assise sur **chaise lombaire**. Là encore, il faut maintenir la position deux à trois secondes à des degrés variables comme c'est le cas pour soutenir le tronc en pédalant. Au cours de cet exercice de redressement, il est conseillé de tenir une **petite charge en appui sur la face postérieure du crâne** et de maintenir le cou en extension. Ainsi, vous entraînez les muscles cervicaux et dorsaux à tenir votre tête relevée tout au long des kilomètres. Les abdominaux sont sollicités à l'aide du classique mouvement de **pédalage en position allongée sur dos**. Ainsi, ils s'entraînent à gainer le buste et à remonter activement et puissamment les pédales.

LES INDICATIONS

Ce programme de musculation est particulièrement utile pour :

- **Améliorer la puissance et la force de pédalage**
  ... pour franchir avec aisance des passages difficiles.
  ... pour mieux grimper.
  ... pour envoyer de plus gros braquets.
- **Mieux encaisser les grosses descentes chaotiques et les sauts.**
- **Améliorer de la fixité du haut du corps**
  ... pour réduire la déperdition d'énergie et améliorer votre rendement.
  ... pour réduire les douleurs lombaires et cervicales.
- **Donner un peu de diversité à votre préparation, source de progression rapide et de motivation.**
- **Compléter une séance facile sur route ou chemin.**
- **Remplacer une session d'entraînement chez le pratiquant de loisir.**
- **Remplacer une séance courte et difficile... notamment en hiver chez le compétiteur.**

• Exercices et séance de musculation type :
La séance complète dure environ une heure et demie. En limitant le nombre de séries, elle ne dépasse pas quarante minutes. Bien évidemment, il ne faut pas d'emblée faire tous les exercices et la totalité des séries. Une progression vous est proposée au paragraphe suivant.

ÉCHAUFFEMENT

Dix minutes de vélo de salle.

TRAVAIL DE LA "FORCE PUISSANCE"

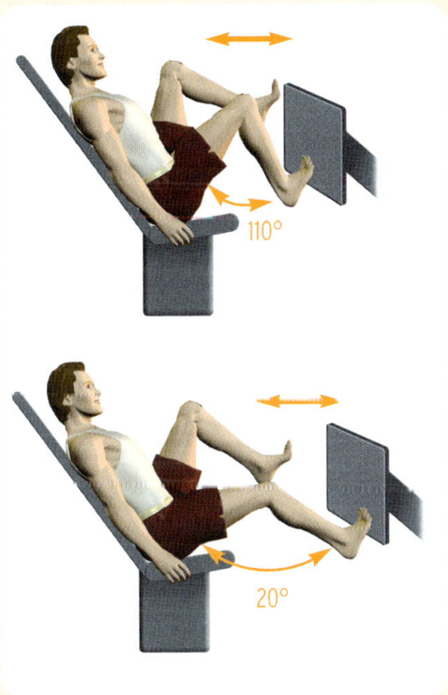

EXERCICE 1 - X 1 à 3

Presse à charge guidée. Dos incliné. Sur une une jambe. En restant sur la pointe du pied. En limitant l'extension de genou à 20 degrés et sa flexion à environ 110 degrés.
- 8 à 12 répétitions à droite.
- Récupération pendant le travail de la jambe opposée + 1 mn 30.
- 8 à 12 répétitions à gauche.
- Récupération pendant le travail de la jambe opposée + 1 mn 30.

Trouvez la charge telle que vous auriez des difficultés à faire 1 à 2 répétitions supplémentaires

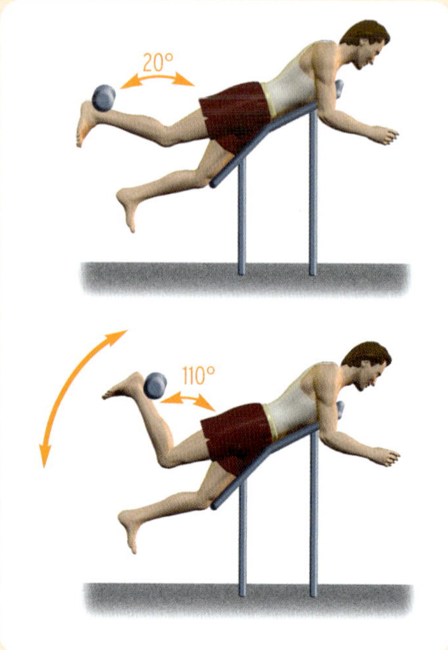

EXERCICE 2 - X 1 à 3

Banc à ischiojambiers. En limitant l'extension de genou à 20 degrés et sa flexion à environ 110 degrés.
- 8 à 12 répétitions à droite.
- Récupération pendant le travail de la jambe opposée + 1 mn 30.
- 8 à 12 répétitions à gauche.
- Récupération pendant le travail de la jambe opposée + 1 mn 30.

Trouvez la charge telle que vous auriez des difficultés à faire 1 à 2 répétitions supplémentaires.

Vélo de salle 1 : 2 à 3 minutes, contre-résistance élevée menant à une réelle sensation d'échauffement dans les cuisses et à un essoufflement net et croissant.

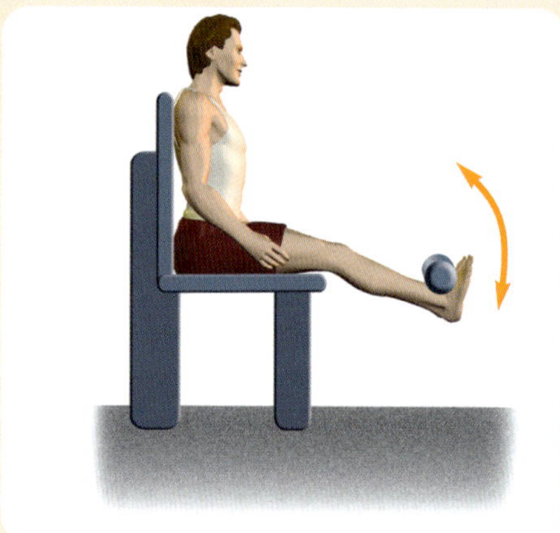

EXERCICE 3

Chaise à quadriceps. Deux cuisses simultanément.
- 1 série de 8 à 12 répétitions voire plus ...

Choisissez une charge suffisamment lourde pour que la dernière répétition soit très difficile ou incomplète.

Vélo de salle récupération : 3 minutes en moulinant tranquillement.

TRAVAIL DE LA "FORCE ENDURANCE"

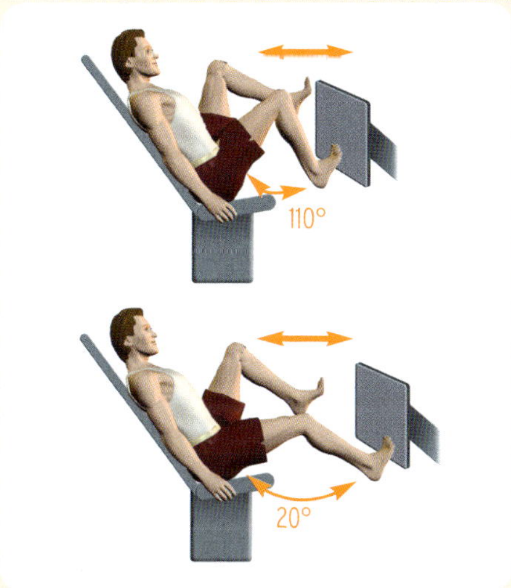

EXERCICE 4 - X 2 à 5

Presse à charge guidée. Dos incliné. Sur une une jambe. En restant sur la pointe du pied. En limitant l'extension de genou à 20 degrés et sa flexion à environ 110 degrés.

- 30 répétitions à droite. Récupération pendant le travail de la jambe opposée.
- 30 répétitions à gauche. Récupération pendant le travail de la jambe opposée.

Trouvez la charge telle que vous pourriez aisément faire 5 à 10 répétitions supplémentaires.

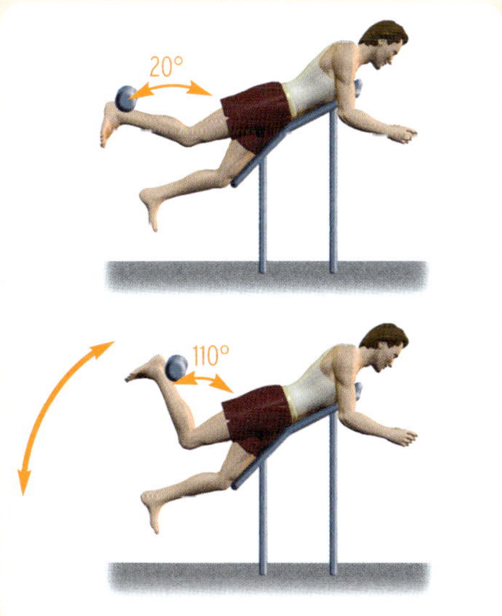

EXERCICE 5 - X 2 à 5

Banc à ischiojambiers. En limitant l'extension de genou à 20 degrés et sa flexion à environ 110 degrés.

- 30 répétitions à droite. Récupération pendant le travail de la jambe opposée.
- 30 répétitions à gauche. Récupération pendant le travail de la jambe opposée.

Trouvez la charge telle que vous pourriez aisément faire 5 à 10 répétitions supplémentaires.

Vélo de salle 2 : 3 minutes, contre-résistance menant à une sensation d'échauffement dans les cuisses et à un essoufflement léger.

Exercice 6

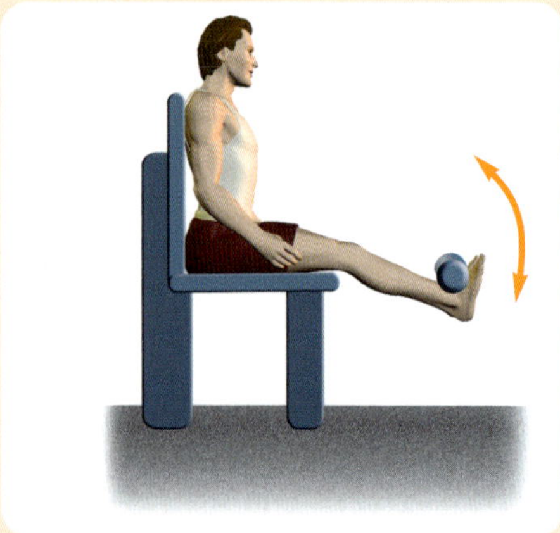

Chaise à quadriceps. Deux cuisses simultanément.

• 1 série. Utilisez une charge légère que vous pouvez soulever au moins 30 à 40 fois et augmentez le nombre de répétitions pour que les dernières répétions soient très difficiles voire incomplètes.

Vélo de salle récupération : 3 minutes en moulinant tranquillement.

TRAVAIL DE LA FIXITÉ DU TRONC

Pour ces trois exercices de "fixité du tronc", Trouvez la charge pour finir la série en ayant l'impression de pouvoir réaliser encore cinq à dix mouvements correctement.

Exercice 7

Développé-couché, mains écartées de la largeur du guidon, coudes au niveau des côtes les plus basses, paumes de mains tournées vers les pieds.

• 1 à 2 séries de 30 répétitions par série incluant 5 arrêts de 3 secondes en position intermédiaire, coudes à 45 degrés, suivis de 5 à 10 petits mouvements "spasmodiques"

Récupération en pédalant 1 minute.

Exercice 8

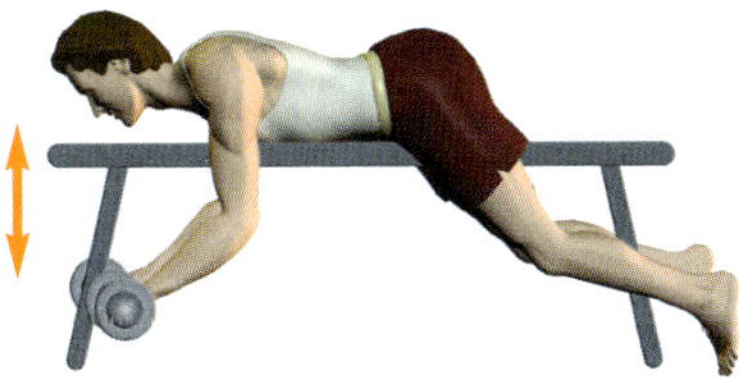

Tiré perpendiculaire au buste, mains écartées de la largeur du guidon, coudes au niveau des côtes les plus basses, paumes de mains tournées vers les pieds.

• 1 à 2 séries de 30 répétitions par série incluant 5 arrêts de 3 secondes en position intermédiaire, coudes à 45 degrés, suivis de 5 à 10 petits mouvements "spasmodiques". Toutes les 10 répétitions, partez de cette position intermédiaire et tirez un cou sec vers le buste.

Récupération en pédalant 1 minute.

Exercice 9

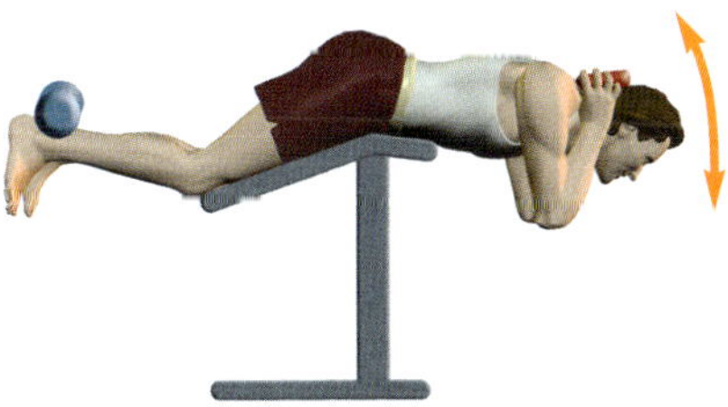

Chaise à lombaire. Un haltère ou disque de fonte tenu sur la face postérieure du crâne et le cou en extension.

• 1 à 2 séries de 30 répétitions, incluant 5 arrêts de 3 secondes en position intermédiaire.

Récupération en faisant les abdominaux.

Exercice 10

Abdominaux en pédalant allongé sur le dos.
• 2 séries 30 à 60 répétitions, chevilles éventuellement lestées par un bracelet.
Récupération en travaillant les paravertébraux.
Vélo de salle 3 : 5 minutes en moulinant en pensant à bien soutenir son tronc.

"TRAVAIL DE FREINAGE"

Exercice 11

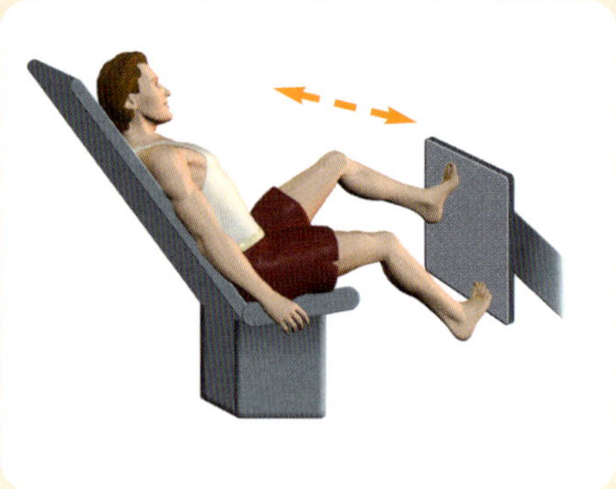

Presse à charge guidée ou squat. Dos incliné. En appui sur la pointe des deux pieds, l'une posée vers l'avant, l'autre vers l'arrière.
En limitant l'extension de genou 70 degrés et sa flexion à environ 110 degrés.
• 1 à 2 séries de 30 répétitions avec charge légère, un peu inférieure à votre poids de corps.
Effectuez le mouvement sur une petite amplitude, entre 70 et 110degrés de flexion de genou. Insistez sur le freinage de la descente en sollicitant, en alternance, un peu plus la jambe droite ou la jambe gauche, comme lorsque vous effectuez des transferts de poids du corps sur votre machine. Toutes les 5 à 10 répétitions, fixer votre posture en position intermédiaire pendant 2 à 3 secondes puis enchaînez avec 5 à 10 petits mouvements "spasmodiques" mimant l'amortissement des vibrations de votre machine.

Récupération 1 minute en moulinant sur vélo de salle.

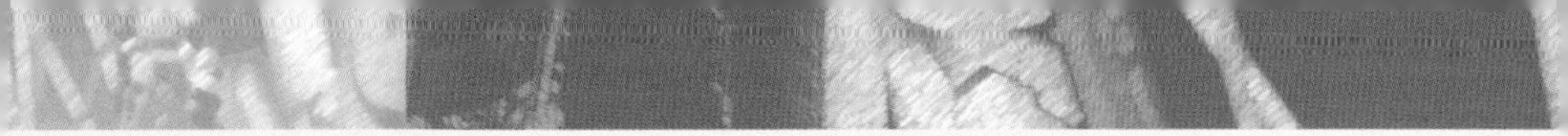

"RETOUR AU CALME"

Vélo de salle : 5 minutes en moulinant.

- **Organisez votre programme**

Pour progresser, je vous propose d'ajouter les séances de "musculation pour le VTT" à votre entraînement habituel selon l'évolution suivante :

PHASE DE PROGRESSION

Commencez avec humilité. Limitez les charges, quitte à dépasser initialement le nombre de répétitions prescrites. Vous ajusterez peu à peu votre travail. Débutez avec une à deux séries par exercice, vous les augmenterez progressivement sans aller au-delà des propositions de cet ouvrage. Si la séance devient trop facile, le moment est venu d'accroître les charges. Vous pouvez aussi vous contenter de stabiliser vos acquis notamment lorsque la saison a déjà bien débuté.

SEMAINE 1

1 séance " endurance" incluant :

- Travail de la "force endurance" : vélo échauffement + exercices 4 à 6 + vélo de salle 2

SEMAINE 2

1 séance "endurance fixité" incluant :

- Travail de la "force endurance" : vélo échauffement + exercices 4 à 6 + vélo de salle 2
- Travail de la "fixité du tronc" : exercices 7 à 10 + vélo de salle 3 +vélo retour au calme

SEMAINE 3

1 séance "puissance fixité" incluant :

- Travail de la "force puissance" : vélo échauffement + exercices 1 à 3 + vélo de salle 1
- Travail de la "fixité du tronc" : exercices 7 à 10 + vélo de salle 3 + vélo retour au calme

SEMAINE 4

1 séance "puissance endurance fixité" incluant :

- Travail de la "force puissance" : vélo échauffement + exercices 1 à 3 + vélo de salle 1
- Travail de la "force endurance" : exercices 4 à 6 + vélo de salle 2

• Travail de la "fixité du tronc" : exercices 7 à 10 + vélo de salle 3 +vélo retour au calme

SEMAINE 5

1 séance complète "puissance endurance fixité freinage" incluant :

• Travail de la "force puissance" : vélo échauffement + exercices 1 à 3 + vélo de salle 1

• Travail de la "force endurance" : exercices 4 à 6 + vélo de salle 2

• Travail de la "fixité du tronc" : exercices 7 à 10 + vélo de salle 3

• Travail de "freinage" : exercice 11 + vélo retour au calme

N'hésitez pas à réduire à nouveau le nombre de séries par exercice si la séance vous paraît trop longue ou trop fatiguante mais conservez cette diversité de sollicitation, source d'adaptation musculaire et de progression.

SEMAINE 6 À 8

2 séances :

• 1 séance "endurance fixité"

• 1 séance complète "puissance endurance fixité freinage"

PHASE D'ENTRETIEN PENDANT LA SAISON

• 1 séance par semaine en alternant sur 3 semaines :

• 1 semaine avec 1 séance "endurance fixité".

• 1 semaine avec 1 séance complète "puissance endurance fixité freinage".

• 1 semaine avec 1 séance "puissance fixité".

PHASE PRÉCOMPÉTITIVE

SEMAINE - 1

Pas de musculation pendant la semaine précédant une compétition importante

SEMAINE - 2

1 séance "endurance fixité"

• > Les étirements et les assouplissements du vététiste

• Assouplissements et étirements : deux concepts différents au service de la santé et de la forme du vététiste.

À VTT, vous restez longuement penché en avant. Aussi faut-il pratiquer des assouplissements de la chaîne musculaire située à l'arrière du corps. Ainsi, vous favorisez une meilleure adaptation de vos muscles et de vos articulations à votre position sur votre VTT. Ces exercices ont pour objectif d'augmenter l'amplitude du mouvement.
À VTT, vous restez longuement penché en avant. Aussi faut-il pratiquer des étirements des chaînes musculaires situées à l'avant du corps. Ainsi, vous évitez les rétractions musculaires qui pourraient altérer le fonctionnement de votre appareil locomoteur. Ces exercices ont pour objectif d'entretenir l'amplitude naturelle du mouvement et de favoriser la récupération locale.
Les muscles du cou et des mollets ne répondent pas à cette classification. Bien que placés à l'arrière du corps, ils sont en permanence en position raccourcie lorsque vous faites du VTT. Les premiers maintiennent la tête redressée. Les seconds conservent le talon en position haute et tirent sur les pédales. Ils bénéficieront avantageusement d'étirements.

• Les assouplissements du vététiste

Les positions sont dérivées de la position cycliste. Ils permettent à vos muscles et à votre colonne de s'adapter plus spécifiquement aux contraintes du VTT. Vous réduisez le risque de douleur dans le bas du dos et vous pouvez rouler en vous penchant bien en avant.

ASSOUPLISSEMENT DE L'ARRIÈRE DES CUISSES.

Afin de gagner en souplesse à l'arrière des cuisses grâce aux deux prochains exercices, suivez la méthode suivante :
- position : conservez posture trente secondes puis,
- tension : augmentez la mise en tension pendant dix secondes puis,
- surtension : augmentez encore la mise en tension dix secondes,
- **"à-coups"** : faites une dizaine de petits "à-coups" pour gagner encore en amplitude.

Les **"à-coups"** reproduisent la mise en tension rapide des masses musculaires situées à l'arrière des cuisses telles qu'elles sont rencontrées lors du pédalage.

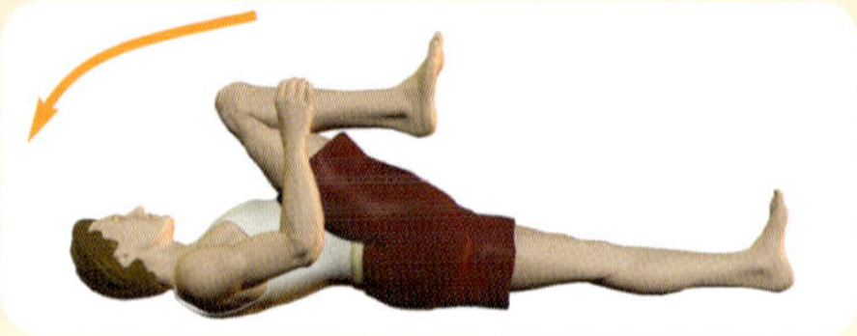

Couché sur le dos, amenez avec vos mains votre genou fléchi sur la poitrine. Alternez coté droit et coté gauche.

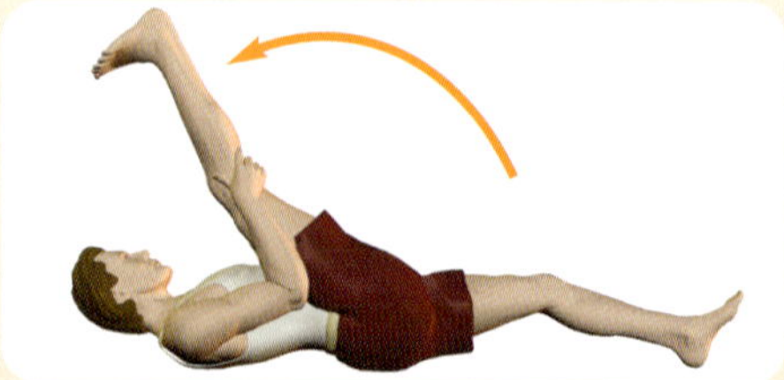

Même exercice, en attrapant le mollet et genou presque tendu.

ASSOUPLISSEMENT DU BAS DU DOS

Afin de gagner en souplesse dans le bas du dos grâce aux deux prochains exercices, suivez la méthode suivante :

• position : conservez posture trente secondes puis,

• tension : augmentez la mise en tension pendant dix secondes.

Même en réduisant le protocole, l'extrémité inférieure de la colonne vertébrale est puissamment assouplie lors de ces exercices. Les "à-coups" sont inutiles voire dangereux car le bassin est fixe à VTT et parce que les disques intervertébraux sont fragiles.

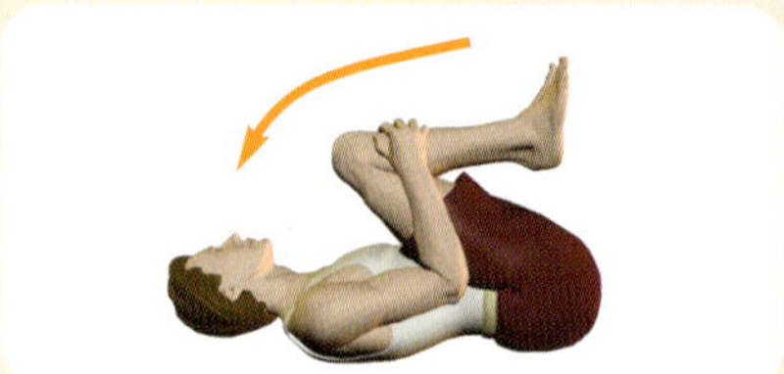

Couché sur le dos, amenez avec vos mains vos deux genoux fléchis vers votre poitrine.

Même exercice, en attrapant les deux mollets et genoux presque tendus.

Vous constatez que ce protocole se révèle très sollicitant pour les muscles et le dos. Si ces exercices permettent l'accroissement de la souplesse, ils ne favorisent pas la récupération et sont trop durs pour être réalisés après une grosse séance. Il est préférable de les programmer après une sortie facile ou un peu de vélo d'appartement, à l'issue de la "gym du vététiste" ou encore le soir à la maison.

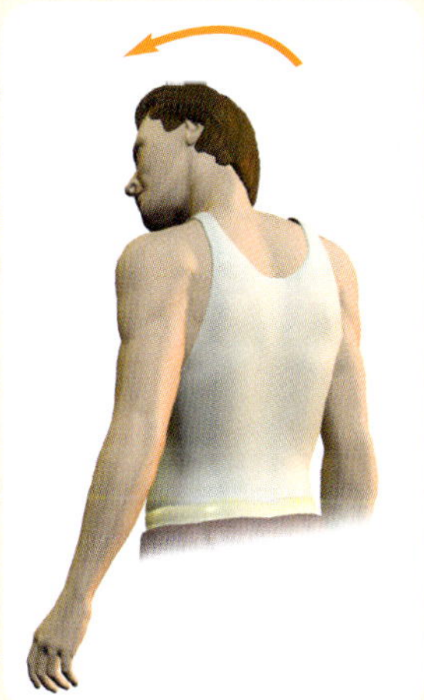

- **Les étirements du vététiste**

Les muscles travaillant lors du VTT en position raccourcie doivent retrouver leur relâchement naturel et récupérer. Pour cela, il est nécessaire de les étirer en douceur.
Alors, je vous invite à suivre un protocole simple : conservez la position indiquée trente secondes ... c'est tout !
Dans ce contexte, il est possible et même conseillé d'effectuer ces mouvements après les entraînements surtout quand ils ont été intenses !

LES ÉTIREMENTS DU COU

Penchez délicatement le cou et le haut du dos vers l'avant. Inclinez la tête à gauche et tournez-la doucement à droite. Gardez la position trente secondes puis redressez-vous doucement et changez de coté.

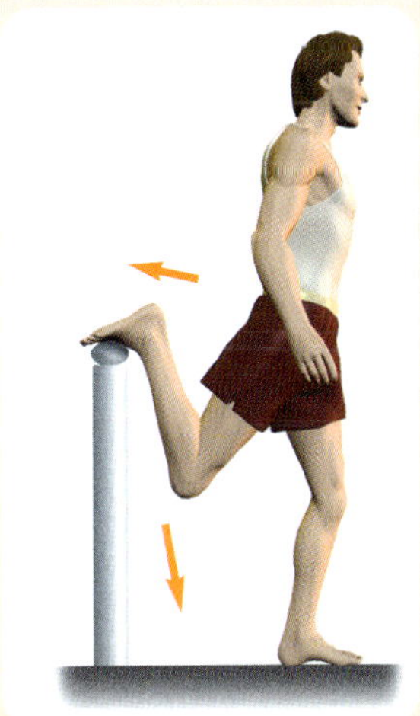

Ce mouvement peut être effectué après la sortie, sous la douche. Dans ces conditions s'associent les bienfaits de l'étirement, de la chaleur de l'eau et du massage grâce à la pression du jet. Cet exercice peut aussi être réalisé pendant votre sortie, à l'occasion d'une pause. Il aide le muscle à se relâcher notamment quand il commence à se contracturer.

LES ÉTIREMENTS DE LA HANCHE ET DE L'AVANT DE LA CUISSE.

**Posez le dos de votre pied droit sur un dossier ou une barre. Fléchissez le genou gauche en basculant votre bassin vers l'avant et en rapprochant votre talon droit de votre fesse droite. Contractez les abdominaux pour ne pas tricher en creusant le dos.
Gardez la position trente secondes puis changez de coté.**

LES ÉTIREMENTS DES PECTORAUX

Attrapez un poteau ou un montant de porte avec votre main droite. Basculez votre buste vers l'avant.

Gardez la position trente secondes puis changez de coté

LES ÉTIREMENTS DES MOLLETS

Placez-vous en fente avant, les mains appuyées sur un mur, un arbre ou un poteau. Conservez le talon du pied arrière au sol.

Gardez la position trente secondes puis changez de coté.

• > Les thèmes d'entraînement de haute intensité

Ces séances ne sont conseillées qu'aux compétiteurs de bon niveau en pleine santé ! Elles vous emmènent à des intensités supérieures à celle correspondant à votre fréquence cardiaque maximum. En clair, l'oxygène propulsé jusqu'à vos muscles se montre nettement insuffisant pour assurer la dépense énergétique indispensable aux puissantes contractions. Dans ces conditions, vous brûlez vos réserves sans utiliser l'air respiré, on dit que vous travaillez en "anaérobie".

• Le travail anaérobie lactique du vététiste

Vous le savez, quand le corps commence à manquer d'oxygène, il produit de l'énergie en dégradant le sucre pour le transformer en acide lactique. Lors du travail "anaérobie lactique", vous ne chercher pas à éviter la production de cette substance ! Au contraire !

LE TRAVAIL DE CAPACITÉ ANAÉROBIE LACTIQUE DU VÉTÉTISTE

La capacité anaérobie lactique, à quoi ça sert ?

Lors du travail de "capacité anaérobie lactique", vous apprenez à votre corps à "encaisser" l'accumulation d'acide lactique. Il réagit en produisant des substances qui neutralisent les acides. On parle de "système tampon". Ces séances vous entraînent tout particulièrement à assumer physiquement les compétitions de descente. Elles vous aident également à franchir une côte difficile ou à creuser l'écart au départ d'une échappée.

La capacité anaérobie lactique, comment la faire progresser ?

Les fractions sont d'environ une à deux minutes. Vous êtes à intensité maximum, certains entraîneurs aiment à dire : "Vous partez à fond, vous accélérez au milieu, vous terminez en sprintant !"
Votre récupération dure trois à cinq minutes. En théorie, vous ne devez pas rouler, vous êtes en récupération passive afin d'empêcher le recyclage de l'acide lactique par vos muscles travaillant à intensité modérée. C'est ainsi que votre organisme baigne au mieux dans l'acide et qu'il apprend à le tamponner ! Cependant, notamment pour éviter les malaises, il est conseillé de garder une activité musculaire. En pratique, vous pouvez descendre la côte que vous venez de grimper en roue libre et mouliner un peu sur le plat !
Deux à quatre répétitions sont envisageables à chaque séance. N'abusez pas ! Vous basculeriez vite dans le surentraînement !

LE TRAVAIL DE PUISSANCE ANAÉROBIE LACTIQUE

La puissance anaérobie lactique, à quoi ça sert ?

Cette fois, vous souhaitez apprendre à produire le plus possible d'acide lactique. Brûler du sucre sans oxygène est la seule façon de réaliser un effort maximum de vingt à quarante secondes utiles, pour bien se placer au départ, traversez un bourbier ou escaladez un raidillon à vive allure.

La puissance anaérobie lactique, comment la faire progresser ?

Les fractions de travail durent de vingt à quarante secondes. Là encore l'intensité est maximale ! Profitez de la récupération complète indispensable à ce type de séance pour franchir un passage technique imposant beaucoup de puissance mais dont la gestuelle est bien assimilée. La récupération est d'environ trois à six minutes. Il faut mouliner tranquillement pour consommer l'acide lactique. Pour optimiser ce thème d'entraînement, il est nécessaire d'avoir retrouvé toutes ses aptitudes musculaires et de plus être essoufflé afin de repartir à intensité maximum. En l'absence de recyclage de l'acide lactique, il s'accumule et bloque la production d'énergie. Vous ne parvenez plus à en produire le plus possible ! Vous ne travaillez plus votre "puissance" mais votre "capacité" ! Le nombre de répétitions est de trois à cinq. Là encore, restez raisonnable ! Préférez les fractions à intensité bien ciblée incluant un geste difficile mais connu plutôt que l'augmentation du nombre de répétitions.

• Le travail anaérobie alactique du vététiste

Le travail anaérobie alactique signifie que le muscle se contracte sans utiliser l'oxygène et sans produire d'acide lactique. Cette production d'énergie est possible grâce à une substance : la créatine phosphate. Sa destruction explosive permet un geste puissant mais très court. Cette réaction chimique assure un effort de une à sept secondes. C'est le système énergétique des sauts, des sprints et des figures de trial.

LE TRAVAIL DE CAPACITÉ ANAÉROBIE ALACTIQUE

Le travail de capacité anaérobie alactique, à quoi ça sert ?

Ce thème d'entraînement permet d'accroître les réserves de créatine phosphate dans les muscles. Ainsi, les efforts explosifs peuvent se prolonger plus longtemps ou se renouveler plus rapidement. C'est utile pour les sprints longs déclenchés au départ des échappées ou à l'approche de la ligne d'arrivée. C'est surtout indispensable pour enchaîner un parcours de trial.

Le travail de capacité anaérobie alactique, comment faire ?

Les fractions durent de trois à huit secondes à puissance maximum. Attention, il s'agit d'un simple sprint ou d'un geste technique basique parfaitement maîtrisé. Remarquez que les exercices de "musculation puissance" proposés dans notre programme de renforcement correspondent environ à cette durée de travail.

La récupération n'est que partielle et va de cinquante-deux à cinquante-sept secondes afin de produire un effort toutes les minutes. Elle est modérément active et vous pouvez mouliner un peu comme si vous vous rendiez à l'obstacle suivant.

Il est d'usage de proposer des deux à trois blocs de quatre à six fractions / récupérations séparés de quatre à sept minutes de récupération. C'est ainsi qu'on réalise le meilleur compromis entre reproduction des contraintes de terrain (parcours de trial ou sprints longs) et stimulation du stockage de créatine phosphate.

LE TRAVAIL DE PUISSANCE ANAÉROBIE ALACTIQUE

Le travail de puissance anaérobie alactique, à quoi ça sert ?

Ce thème d'entraînement vous permet d'accroître votre puissance sur des efforts de très courte durée, de une à quatre secondes. Cette qualité musculaire est permise par une amélioration de la force explosive et de la coordination musculaire. Un gros stock de créatine phosphate et un grand nombre d'usines chimiques permettant la libération instantanée de l'énergie sont également nécessaires.

Au fil de ces séances, vous devenez plus rapides sur sprints courts. Surtout, vous gagnez en explosivité sur vos exercices de trial.

Le travail de puissance anaérobie alactique, comment faire ?

Les fractions sont de une à quatre secondes mais réalisées à puissance maximale. La récupération complète indispensable à ce thème de travail permet la réalisation de geste difficile en cours d'acquisition.

La récupération dure de quatre à sept minutes. Elle est totale pour éviter la fatigue nerveuse et assurer la resynthèse de toute la créatine phosphate. Il est possible de pédaler tranquillement contre faible résistance pour rester chaud. En revanche, pour que les réserves soient maximales, il est préférable de se reposer complètement dans la minute qui précède l'exercice.

Il est possible d'effectuer cinq à dix répétitions et de finir la séance par de l'endurance.

9 • DEMANDEZ VOTRE PROGRAMME PERSONNALISÉ !

• > Votre programme VTT santé bien-être

Vous faites du sport pour préserver votre santé et garder la forme. Le VTT est l'une des disciplines qui vous tient à cœur. Choisissez, ou mieux encore, alternez les programmes hebdomadaires types correspondant à vos objectifs.

VTT santé bien-être
"En semaine, je fais du sport à domicile"

MARDI
Vélo d'appartement : 30 minutes à 1 heure dont 15 à 30 minutes en "endurance active"

JEUDI
Gym du vététiste ou vélo d'appartement : 15 à 30 minutes dont 5 à 15 minutes en "endurance active"

DIMANCHE
VTT : 1 heure à 1 heure 30 en "endurance fondamentale", avec quelques passages ludiques et techniques

VTT santé bien-être
"Je sors pour faire du sport"

MARDI
Jogging : 30 minutes à 1 heure dont 15 à 30 minutes en "endurance active"

JEUDI
Natation : 30 minutes à 1 heure dont 15 à 30 minutes en "endurance active"

DIMANCHE
VTT : 1 heure à 1 heure 30 en "endurance fondamentale", avec quelques passages ludiques et techniques

• > Votre programme VTT plaisir loisir

Le VTT est votre sport préféré et vous attendez avec impatience le week-end pour faire de belles balades. Vous ne souhaitez pas "vous mettre la pression" pour participer à des compétitions mais vous désirez suivre un entraînement raisonnable vous permettant de profiter pleinement de vos virées dominicales. Ces programmes sont faits pour vous.

VTT plaisir loisir
"En semaine, je fais du sport à domicile"

MARDI
Gym du vététiste + vélo d'appartement : 20 à 30 minutes dont 5 à 15 minutes en "endurance active"

MERCREDI
Vélo d'appartement ou VTT : 30 minutes à 1 heure dont 15 à 30 minutes en "résistance douce"

DIMANCHE
VTT : 1 heure à 1 heure 30 en "endurance fondamentale" avec quelques passages ludiques et techniques en terminant par 20 minutes en "endurance active"

VTT plaisir loisir
"Je sors pour faire du sport"

MARDI

Jogging ou natation : 30 minutes à 1 heure dont 15 à 30 minutes en "endurance active"

MERCREDI

Vélo d'appartement ou VTT : 30 minutes à 1 heure dont 15 à 30 minutes en "résistance douce"

DIMANCHE

VTT : 1 heure à 1 heure 30 en "endurance fondamentale" avec quelques passages ludiques et techniques en terminant par 20 minutes en "endurance active"

VTT plaisir loisir
option "VTT max"

MARDI

Gym du vététiste + VTT : 30 minutes à 1 heure dont 5 à 15 minutes en "endurance active"

MERCREDI

VTT : 30 minutes à 1 heure dont 15 à 30 minutes en "résistance douce"

DIMANCHE

VTT : 1 heure à 1 heure 30 en "endurance fondamentale" avec quelques passages ludiques et techniques en terminant par 20 minutes en "endurance active"

• > Votre programme VTT passion randonnée

Pour vous, le VTT est une passion ! Vous vous entraînez assidûment car vous vous êtes fixé quelques challenges. Cette année encore plusieurs randonnées sont prévues. Les programmes que nous vous proposons ici peuvent vous aider à mener à bien vos projets.

VTT passion randonnée / au cœur de l'hiver

MARDI

Gym et étirements du vététiste

MERCREDI

Vélo d'appartement ou jogging : 30 minutes à 1 heure
1 semaine sur 2 : 15 à 30 minutes en "résistance douce" en alternance avec
1 semaine sur 2 : 2 à 3 fois 6 à 7 minutes en "résistance dure"

SAMEDI

VTT : 1 heure à 1 heure 30 en "endurance fondamentale" + apprentissages techniques

DIMANCHE

VTT ou vélo de route : 2 heures à 3 heures en "endurance fondamentale" en terminant par 30 minutes en "endurance active"
Quelques passages ludiques et techniques faciles à VTT
Pensez au travail du geste de pédalage en vélo de route

VTT passion randonnée
En saison, à distance d'une "randonnée"

MARDI

VTT ou vélo appartement : 30 à 45 minutes dont 15 à 30 minutes de "V02 max".
Fraction de 2 à 4 minutes sur VTT notamment en côte et en danseuse
Fraction de 30 secondes sur vélo d'appartement

JEUDI

VTT ... parfois jogging : 30 minutes à 1 heure
1 semaine sur 2 : 15 à 30 minutes en "résistance douce"
en alternance avec
1 semaine sur 2 : 2 à 3 fois 6 à 7 minutes en "résistance dure"

SAMEDI

VTT : 1 heure à 1 heure 30 en "endurance fondamentale" + apprentissages techniques

DIMANCHE

VTT : 2 heures à 3 heures
Principalement en "endurance fondamentale"
Nombreux passages en "endurance active", notamment dans les côtes
Quelques franchissements ludiques et techniques faciles... afin de retrouver les contraintes énergétiques et psychomotrices d'une randonnée mais sur une durée plus limitée

VTT passion randonnée
Semaine précédant la "randonnée"

MARDI

VTT ou vélo appartement : 30 à 45 minutesdont 10 à 15 minutes en "endurance fondamentale" + 5 à 15 minutes "endurance active"

JEUDI

Natation ou vélo d'appartement : 30 minutes en "endurance fondamentale"

SAMEDI

Repos, préparatifs logistiques

DIMANCHE

"Randonnée VTT"

VTT passion randonnée
Semaine suivant la "randonnée"

MARDI

Repos

JEUDI

Natation, vélo d'appartement ou VTT : 30 à 45 minutes en "endurance fondamentale", en moulinant sur petit braquet

SAMEDI

VTT : 1 heure à 1 heure 30 en "endurance fondamentale" avec quelques passages ludiques et techniques faciles

DIMANCHE

VTT : 1 heure 30 à 2 heures en "endurance fondamentale" en terminant par 20 à 30 minutes en "endurance active"

• > Votre programme VTT compétition *cross-country*

Ces propositions de programme s'adressent aux compétiteurs orientés *cross-country*. Quatre à cinq séances hebdomadaires sont nécessaires pour optimiser vos performances. Votre spécialisation n'exclut pas la pratique de disciplines complémentaires notamment au cours de l'intersaison.

VTT compétition *cross-country*
Travail hivernal

MARDI

Natation ou vélo d'appartement ou VTT : 30 à 45 minutes en "endurance fondamentale"
+ Gym ou musculation du vététiste et étirements du vététiste

MERCREDI

Vélo d'appartement ou VTT ou jogging ou rameur ou ellipteur : 30 minutes à 1 heure
1 semaine sur 2 : 15 à 30 minutes en "résistance douce"
en alternance avec 1 semaine sur 2 : 2 à 3 fois 6 à 7 minutes en "résistance dure"

JEUDI

Gym ou musculation du vététiste et étirements du vététiste

SAMEDI

VTT : 1 heure à 1 heure 30 en "endurance fondamentale" + apprentissages techniques

DIMANCHE

VTT ou vélo de route : 2 heures à 3 heures en "endurance fondamentale" en terminant par 30 minutes en "endurance active"
Avec quelques passages ludiques et techniques à VTT en travaillant le geste du pédalage à vélo de route

VTT compétition *cross-country*
Reprise hivernale

MARDI

Natation ou vélo d'appartement ou VTT : 30 minutes en "endurance fondamentale"

MERCREDI

Vélo d'appartement ou VTT : 30 minutes à 1 heure dont 15 à 30 minutes en "résistance douce"

JEUDI

Musculation du vététiste et étirements du vététiste

VENDREDI

Vélo ou VTT : 30 minutes à 1 heure
1 semaine sur 2, travail de la VO2max sur vélo d'appartement : 30 secondes vite / 30 secondes lent pendant 10 à 30 minutes
ou
sur VTT : 2 à 4 minutes vite / 2 à 4 minutes lent, 2 à 4 fois en alternance avec 1 semaine sur 2 : travail en "résistance dure", 2 à 4 fois 6 à 8 minutes en résistance dure

SAMEDI

VTT : 1 heure à 1 heure 30 en "endurance fondamentale" + 2 à 3 côtes montées sur gros braquets en danseuse

DIMANCHE

VTT : 2 heures à 3heures en "endurance fondamentale"
Terminer par 20 minutes en "endurance active" et "résistance douce" dans les côtes
Avec quelques passages ludiques et techniques à VTT en travaillant le geste du pédalage à vélo de route

VTT compétition cross-country en saison, à distance d'un *cross-country*

MARDI

VTT ou vélo appartement : 30 à 45 minutes dont 15 à 30 minutes de "VO2max"
Fraction de 2 à 4 minutes sur VTT notamment en côte et en danseuse
Fraction de 30 secondes sur vélo d'appartement

MERCREDI

Musculation du vététiste et étirements du vététiste

JEUDI

VTT ... parfois jogging : 30 minutes à 1 heure
1 semaine sur 2 : 15 à 30 minutes en "résistance douce" en alternance avec 1 semaine sur 2 : 2 à 3 fois 6 à 7 minutes en "résistance dure"

SAMEDI

VTT : 1 heure à 1 heure 30 en "endurance fondamentale" + apprentissages techniques

DIMANCHE

VTT : 2 heures à 3 heures
1 semaine sur 2 : 2 heures à 4 heures en "endurance fondamentale" et en "endurance active" dans les côtes.
= durée voisine du *cross-country* mais intensité plus modérée.
Avec quelques passages ludiques et techniques faciles en alternance avec 1 semaine sur 2 : 1 heure à 1 heure 45 en "endurance active" et "résistance douce" dans les côtes
= à intensité proche du *cross-country* mais de durée plus limitée.
Avec quelques passages ludiques et techniques faciles

VTT compétition *cross-country*
semaine précédant le *cross-country*

MARDI

VTT ou vélo appartement : 30 à 45 minutes dont 10 à 15 minutes en "endurance active" + 5 à 15 minutes "résistance douce"

JEUDI

Natation ou vélo d'appartement ou VTT : 30 minutes en "endurance fondamentale"

SAMEDI

Repos, préparatifs logistiques

DIMANCHE

Cross-country

VTT compétition *cross-country*
Semaine suivant le *cross-country*

MERCREDI

Natation, vélo d'appartement ou VTT : 30 à 45 minutes en "endurance fondamentale", en moulinant sur petit braquet

SAMEDI

VTT : 1 heure à 1 heure 30 en "endurance fondamentale" avec quelques passages ludiques et techniques faciles

DIMANCHE

VTT : 1 heure 30 à 2 heures en "endurance fondamentale" en terminant par 20 à 30 minutes en "endurance active"

Bianchi
Agos

DISCIPLINES ET ORIENTATION

Du *cross-country* à la descente en passant par le *free ride* ou la randonnée, le VTT se conjugue au pluriel. Toutefois, les tribus de vététistes ne se ressemblent pas toujours, s'ignorant même parfois superbement. Dommage de s'arrêter sur les différences, alors que tous les vététistes cherchent à se faire plaisir sur un vélo joueur, en répondant à l'appel de la nature. Et elle est généreuse cette nature, ouvrant largement ses portes pour offrir son magnifique terrain de jeux. Pour s'y retrouver, il est utile de savoir suivre un balisage, lire une carte, dénicher les beaux parcours et connaître les belles épreuves... sans oublier de respecter faune et flore et de laisser les lieux dans l'état où ils étaient !

5 LES PRATIQUES DU VTT

Pour courir sur des épreuves de deux heures, à très forte intensité, Julien Absalon se fixe, chaque saison, des objectifs précis selon les grandes échéances du calendrier.

1 • COMPÉTITION ET SPORT

EN BREF

Rivaliser sur des circuits en boucle à parcourir plusieurs fois, pendant environ deux heures, exige une condition physique à toute épreuve et une technique éprouvée. Discipline orientée vers la performance, le *cross-country* se décline également en longue distance, en relais par équipe et se dispute aussi en course d'orientation.

• > Le *cross-country* et les disciplines affiliées

Entré dans le giron olympique en 1996, aux jeux d'Atlanta, le cross est la discipline de compétition reine du VTT, tout du moins la plus pratiquée. Traduit littéralement de l'anglais, *cross-country* veut dire « à travers la campagne », une locution empruntée à la course à pied. Le *cross-country* se retrouve également sous les appellations *X-country* et l'abréviation XC.

UNE DISCIPLINE EXIGEANTE

Les compétiteurs des courses « à travers champs », s'affrontent sur des boucles d'environ 5 à 9 kilomètres, à réaliser plusieurs fois pendant une moyenne de une à deux heures/deux heures quinze et un kilométrage d'environ 15 à 45 kilomètres, selon la catégorie (fonction du sexe, de l'âge et du niveau) et la difficulté du parcours.
La discipline est exigeante et demande un pilotage exercé ainsi qu'une condition physique capable de maintenir des cadences élevées, tout en encaissant d'incessants changements de rythme. La fréquence cardiaque monte haut et reste élevée pendant deux heures. On ne s'improvise pas crosseur, on s'y prépare ! Entre un randonneur et un crosseur, la différence se situe au niveau du rythme : une course se dispute à bloc du début à la fin et les espaces de récupération sont peu nombreux, voire inexistants. Et il ne faut surtout pas compter sur les descentes pour se refaire une santé. Côté pilotage, l'anticipation et les automatismes prennent rapidement les commandes face à l'enchaînement rapide des difficultés. Tout se passe vite, très vite même. Les meilleurs pilotes parvenant à faire la différence sur les descentes et les passages techniques. Malheureusement, les parcours très roulants, faisant la part belle aux grosses cuisses et autres chaudières, pourrissent encore la compétition, réduisant parfois le *cross-country* à des chevauchées rapides sur pistes larges. Regrettable ! Parmi les évolutions chez les élites, l'union cycliste internationale (UCI), autorise, depuis 2005, l'assistance en course, sur les épreuves nationales et internationales, permettant aux pilotes de changer toutes les pièces de leur vélo, à l'exception du cadre, dans des zones techniques délimitées. Une réforme contestable (et contestée), contrariant le principe d'autonomie à VTT et pouvant modifier les enjeux des courses.

UN MAÎTRE MOT, L'EFFICACITÉ

En *cross-country*, tout est tendu vers l'efficacité : les vélos sont longs, légers et nerveux, les tenues fonctionnelles, le pilotage utile. Les pilotes élites alternent, selon les circuits, entre un VTT tout suspendu, pour les parcours très cassants, et un semi-rigide pour les circuits plus roulants. Côté freinage, la plupart privilégient des freins sur jantes *(V-brake)* sur les courses sèches, n'utilisant des freins à disques que pour les parcours boueux. Notons qu'après la nette montée en puissance des tout suspendus, on assiste à un retour en grâce des VTT semi-rigides, au départ des courses nationales et internationales.

• Le *cross-country* marathon

En allongeant les distances, pour les porter entre 80 et 120 kilomètres, le XC marathon double la durée des épreuves, le temps de course passant de trois heures et demie à cinq heures, suivant les catégories et le terrain. Les dévoreurs de grands espaces trouvent dans ces parcours - en une seule boucle ou tracés en ligne -, une discipline plus proche de l'esprit aventurier originel du VTT. Les circuits sont généralement moins techniques que ceux des courses courtes... mais très usants. Une spécialité très prisée qui délivre des titres nationaux et internationaux et dispose d'un réservoir d'inconditionnels.

• Le relais par équipe

Depuis 2003, le *cross-country* se dispute également en relais par équipes, en général de quatre compétiteurs, avec passage de témoin toutes les vingt à trente minutes, pour les épreuves de haut niveau. Les relais permettent de glaner des titres nationaux et de mettre en équipe un sport individuel.

• Le VTT d'orientation

Venues des pays du nord de l'Europe, les courses d'orientation se pratiquent en France depuis les années 1945, en ski et à pied, le VTT étant le dernier né de la discipline. Munis d'une boussole, d'une carte et d'une puce électronique, les coureurs doivent découvrir des balises de contrôle, dans un ordre imposé, par les cheminements de leurs choix. Les courses, d'une durée de quarante-cinq minutes à deux heures environ, selon les catégories, se disputent en individuel ou par équipe, sur des terrains en général assez boisés. Les départs sont échelonnés et les compétiteurs doivent s'arrêter à chaque balise (des toiles pyramidales blanche et orange) pour poinçonner leur carte. Le VTT d'orientation dispose d'adeptes toujours plus nombreux, utilisant des vélos de *cross-country* simplement équipés d'un porte-carte placé sur le cintre.

À SAVOIR

Sur un parcours rapide mais technique, tout en *single track* (chemin monotrace), Julien Absalon a décroché sa médaille d'or aux jeux Olympiques d'Athènes (2004), en parcourant les sept tours d'un peu plus de 6 kilomètres du circuit, à une vitesse moyenne de 19,237 Km/h pour 2 h 15' 03'' de course.

NE PAS FAIRE

Ne vous alignez pas sur une course de *cross-country* sans une bonne préparation physique, pour ne pas vous retrouver à l'agonie au bout de dix minutes. Surtout échauffez-vous assez longuement avant le départ, au moins 15 à 20 minutes, car au starter, ça démarre très vite.

C'est parti pour plus de deux heures de course pour les élites internationales, sur l'épreuve reine du Roc d'Azur 2005, un parcours de 55 kilomètres que vont également emprunter les amateurs.

Le VTT se court partout et dans toutes les conditions, comme l'a fait Julien Absalon lors des championnats du monde 2004 aux Gets (Haute-Savoie).

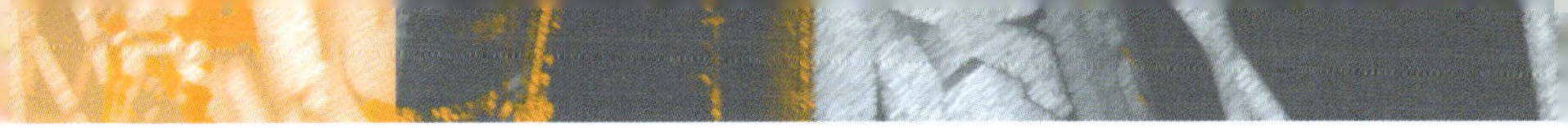

EN BREF

Loin des disciplines traditionnelles du vélo ou l'effort longue durée prime, la descente valorise les qualités de pilotage et d'engagement des vététistes, sur des tracés courts aux très forts dénivelés descendants. Matériels et équipements sont adaptés à ces épreuves explosives.

• La descente et les pratiques assimilées

Discipline originelle du VTT, la descente ou DH - abréviation de l'anglais *downhill* - est une épreuve individuelle contre la montre, sur un parcours descendant jalonné de virages, doubles bosses, tremplins et autres obstacles. Un cœur énorme, un physique de gladiateur et une technique de pilotage éprouvée sont indispensables pour se lancer sur des tracés courts, disputés sur des temps moyens de deux minutes à trois minutes et demie dont le dénivelé descendant, de 300 mètres à 600 mètres prime sur la longueur de la piste (de 2 à 3,5 kilomètres environ). Les pointes de vitesse flirtent avec les 70 kilomètres à l'heure au niveau international et 50 kilomètres à l'heure au niveau national. Le pédalage se limite à la mise en route et à des relances, des phases essentielles où le coup de jarret doit être nerveux et véloce. Ces efforts courts et intenses se rapprochent du BMX, une école dont sont issus beaucoup de descendeurs. La descente fait basculer le VTT dans l'univers de la glisse, en étant au *cross-country*, ce que le ski alpin est au ski de fond.
Malheureusement, ce beau sport mécanique (non polluant s'il vous plait !) est freiné par un accès difficile : les vélos sont chers, la casse fréquente et les sites de pratique limités. Les catégories promotionnelles répondent en partie à ces difficultés, en ouvrant la discipline à des vélos limités à 160 millimètres de débattement, en catégorie "stock", et aux vélos semi-rigides, pour la catégorie "sport". De bons tremplins pour débuter sans se ruiner.

• Des cascadeurs à vélo

Très exigeante pour le matériel, la descente est le laboratoire technologique du VTT. Le vététiste du dimanche lui doit, entres autres, le développement des suspensions intégrales et des freins à disques. Au guidon de ces « motos » proches des 20 kilos, aux suspensions affichant des débattements de plus de 200 millimètres, le terme de pilotage prend toute sa dimension : trajectoires millimétrées, sauts énormes et glissades couronnent des sportifs à la recherche de sensations fortes. Les descendeurs sont des pilotes hors pair et il n'est pas étonnant de voir le champion le plus titré de la discipline, Nicolas Vouilloz - dix fois champion du monde de descente -, briller en rallye automobile ou que Jean-Michel Bayle, considéré comme un des plus grands champion de motocross de tous les temps, se soit aligné au

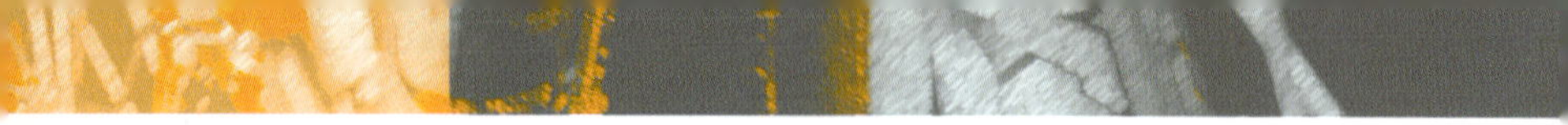

départ d'épreuves de descente VTT. Le costume de cascadeur est indispensable (et obligatoire sur les épreuves) pour se présenter en haut de ces rampes de lancement. La panoplie comprend un casque intégral, un masque, une protection dorsale, des genouillères, des coudières, de bonnes chaussures et des gants longs. Les maillots sont larges pour passer par-dessus les plastrons de protection et les shorts se portent longs et renforcés. Sur le plan physique, les descendeurs disposent d'une force explosive certaine pour s'arracher au départ et d'une bonne vélocité de pédalage pour accélérer rapidement. Ils doivent également soigner leur musculature du haut du corps, très sollicitée.

• La descente marathon

Les deux mots semblent antinomiques, mais en fait de marathon, il s'agit de descentes longues. Les départs se donnent en masse. Le premier arrivé en bas gagne. D'une simplicité évidente, cette discipline se déroule sur des tracés supérieurs à 10 kilomètres, exigeant un peu de pédalage, ce qui exclut les vélos exclusifs de descente, trop lourds pour ce genre d'exercice. Une discipline prisée, à laquelle certains crosseurs n'hésitent pas à se frotter aux descendeurs et autres *free rider*.

• Le *four cross*

La dernière née des disciplines compétitives répond au doux diminutif de 4X. Les pilotes ferraillent à quatre, sur une piste descendante très courte, comportant des sauts, des virages relevés, des bosses et autres obstacles spectaculaires. Les joutes de moins d'une minute sont aussi rapides qu'animées. Force explosive et détermination sont nécessaires pour sortir en tête du premier virage où la course se décide souvent. Franchir la ligne en vainqueur demande également de savoir jouer des coudes et... de compter sur un brin de réussite. Les courses se gagnent par élimination directe, les deux premiers de chaque manche étant qualifiés pour la course suivante et ainsi de suite jusqu'à la finale. Tracé au pied des épreuves de descente, le *four cross* est spectaculaire et facilement visible par les spectateurs. C'était un de ses objectifs : animer les compétitions de descente et passer à la télé. Les pilotes de BMX y excellent ; les descendeurs, de leur coté, font souvent l'impasse sur ces empoignades, se préservant pour leur spécialité. Les vélos, simplement équipés d'une fourche costaud à l'avant, sont courts, nerveux et solides. Un sport spectacle qui tarde néanmoins à décoller.

À SAVOIR Malgré la parenté très éloignée avec le cyclisme, les descendeurs n'hésitent pas à monter sur des *home-trainers* pour leurs échauffements et à travailler leur condition physique sur des vélos de route.

NE PAS FAIRE Ne vous lancez pas sur une descente sans un long échauffement cardiaque et musculaire. L'intensité de l'effort exige une mise en condition cardiovasculaire et les gestes athlétiques, la réalisation d'étirements et d'assouplissements.

Fabien Barel a pris la succession de Nicolas Vouilloz sur la plus haute marche du podium international de descente. Champion du monde 2004, il a récidivé en 2005.

Le free ride semble ne jamais devoir redescendre sur terre. Avant de vous envoler comme ce pilote du team Planète X, préparez vos décollages sur des tremplins plus modestes.

EN BREF

La vague *free ride* a mis au placard le culte de l'effort physique et trempé le VTT dans un bain de jouvence. Prouesses techniques et insouciance caractérisent ce mouvement alternatif, chef de fil d'autres disciplines, privilégiant la beauté du geste à la performance.

• > Le *free ride* et le VTT extrême

Rouler librement ? Qui ne le fait pas lorsqu'il part en forêt, seul ou avec des amis. Tout le monde pourrait donc revendiquer « rouler *free ride* » ? Pas exactement. Le *free ride* s'est affranchi des règles en se développant dans les années 1995 par opposition aux pratiques « traditionnelles » et à la compétition. Tout comme le ski, le motocross, le skate... le VTT n'a pas échappé à cette vague de culture alternative, jouant avec la gravité. Les *free riders* n'empruntent au VTT que son côté *fun*, en s'amusant en descente, sans chronomètre, ni classement, tout en se détournant des montées et du culte de l'effort du vélo. Les pentes extrêmes, les sauts improbables et les passages où peu de vététistes risqueraient le bout de leurs crampons alimentent le quotidien de ces vététistes. Les meilleurs savent mesurer les risques, les autres ne durent pas longtemps.

Les VTT sont solides, dotés de suspensions généreuses (150 à 200 millimètres), nécessaires pour amortir les grosses réceptions de saut, mais également d'un triple plateau afin de ne pas grimper toutes les bosses à pied.

Les pilotes aussi sont costauds. Ils rivalisent de prouesses techniques et de performances athlétiques en y rajoutant style et sens de l'esthétique. Cette culture du geste se traduit également dans les tenues vestimentaires où les larges vêtements remplacent les tenues étriquées des crosseurs. Le *free ride* a ramené le VTT sur les pentes de son enfance en se détachant de la culture cycliste routière. De ce pilotage engagé et sans norme, le VTT a gagné un courant d'air frais, et retrouvé quelques vertus de sa jeunesse insouciante.

• Le *north shore*

La dernière née des disciplines *free ride* nous vient du Canada où quelques vététistes se sont mis à rouler, en hauteur entre des arbres, sur des passerelles en bois et des poutres. Loin du plancher des vaches, ils enchaînent sauts et passages acrobatiques sur ces agrès, dignes des concours de gymnastique. Une discipline engagée, pour *free riders* confirmés, ne souffrant pas du vertige.

• L'enduro

Est-ce simplement un type d'épreuve, un simple concept marketing poussé par les fabricants de cycles, un *remake* des rallyes ou une

Les trialistes sont des équilibristes et la discipline, assez confidentielle, reste toujours une référence pour l'apprentissage du VTT.

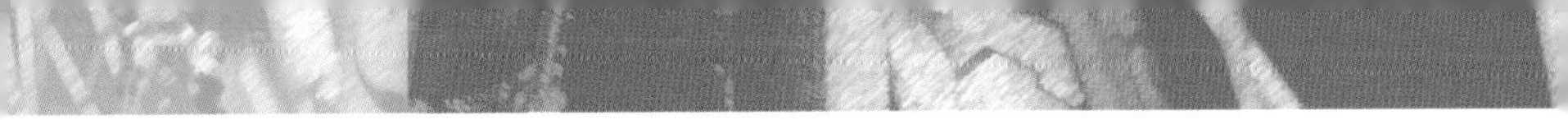

réelle discipline d'avenir ? Peut-être un peu de tout ceci à la fois. L'enduro combine le pédalage du *cross-country* avec l'engagement de la descente. Il a pris à la moto enduro ses principales règles : des parcours de liaison à effectuer seul, dans un temps limité, en autonomie complète et des circuits chronométrés, en départ individuel, pour faire la différence.

Le pilotage est exigeant et si les étapes de liaison pourraient parfois être assimilées à du *cross-country*, les parcours chronométrés, plutôt engagés, tiennent plus des parcours de descente marathon. Une bonne formule pour goûter à la polyvalence des VTT et aux grands espaces. Une pratique couronnant et valorisant les VTT tout suspendus polyvalents de 100 à 150 millimètres de débattement, pas trop lourds et offrant suffisamment de rendement pour avancer sur plat et en montée. L'avenir dira si l'enduro est amené à devenir une discipline à part entière.

• Le trial

Encore un anglicisme rentré dans le langage courant par la moto, dont le VTT trial a hérité. Le trial, traduit littéralement par « essai, épreuve », consiste à franchir des zones parsemées d'obstacles - naturels ou artificiels - sans poser pied à terre, la vitesse n'entrant pas en ligne de compte.

Les zones sont de plus en plus techniques et les déplacements font de moins en moins appel au pédalage et au roulage, les trialistes évoluant par petits sauts (le pogo). Les meilleurs pilotes font preuve d'une dextérité et d'un sens de l'acrobatie défiant les lois de l'équilibre : ils grimpent et descendent des marches de plusieurs mètres, maintiennent l'équilibre sur la roue avant, exécutent des demi-tours sur place...

Les vélos, très particuliers, restent assez éloignés des standards habituels : sans suspension avant ni arrière, ils se passent de selle, disposent d'un pédalier minuscule et de dérailleurs souvent optionnels. Bien que très spectaculaire et disposant de championnats et compétitions nationales et internationales, la discipline demeure confidentielle. Les trialistes se changent en *show man* pour assurer des démonstrations à l'occasion, notamment, d'épreuves de masse.

En revanche, les techniques d'équilibre et de franchissement constituent les fondements du VTT, faisant du trial une des meilleures écoles du vélo tout-terrain.

• Le *dirt*

Avec le *dirt*, tout se passe dans les airs. Le but est de sauter haut et loin en enchaînant les figures de style sur des terrains de BMX ou des tremplins, construits à coups de pelles et de pioches. Le *dirt* désigne le sol, la terre dont il faut s'élever et éviter les contacts. La tribu des *dirters* a mis un nom anglais sur leurs figures aériennes, très spectaculaires, dont certaines proviennent du BMX, d'autres de la moto *frees tyle* : *no foot, no hand, bus driver, back flip...*

Les VTT, de petites tailles et très solides, se dispensent de suspension arrière (parfois même de fourche) et s'équipent d'un cintre large et de pédales plates. Les pilotes portent souvent sur eux les stigmates de leurs prouesses.

• Le *street*

Comme le *skate*, ici le VTT joue avec le mobilier urbain et les structures en béton qui sculptent le paysage citadin. Rampes, escaliers, bancs... l'environnement citadin est détourné de ses fonctions pour servir à des jeux, figures et acrobaties. Le *street* est un mode de vie plutôt « *teenager* », pour les *dirters* en mal de bosse ou les trialistes à la recherche de nouvelles zones.

Les VTT semi-rigides, de petites tailles sont équipés de gros pneus lisses et dépouillés d'un maximum d'équipement.

LE MONOCYCLE TOUT TERRAIN

À l'apparition du *mountain bike*, certains dépositaires de l'ordre cycliste qualifièrent de clownesque ce nouveau vélo à gros pneus dévalant pentes et sentiers. Il ne faudrait peut-être pas reproduire la même histoire avec le monocycle tout-terrain, dénommé *mountain unicycle* ou muni.

Déjà fédérés au sein de la FFM (Fédération française monocycliste), ces équilibristes s'adonnent au trial, à la descente et à la randonnée sur des engins aux tailles de roue différentes : le 20 pouces est idéal pour débuter et pour les parcours de maniabilité ; le 24 pouces, plus polyvalent est recommandé en descente ; le 26 pouces se destine plus particulièrement à la balade.

En muni, le plus difficile est de parvenir à rouler... une première fois. Casque, gants, mais également protège-tibias et genouillères sont indispensables pour éviter que les premiers essais ne tournent au carnage.

La maniabilité hors du commun procure des sensations exceptionnelles. Pour le pilotage VTT, les apports en équilibre sont indéniables et le muni réapprend à enrouler le pédalage. Un moyen idéal pour parfaire sa technique.

À SAVOIR

Depuis quelques années, sont apparues des compétitions de *free ride* classant les pilotes suivant la qualité des enchaînements de sauts, des trajectoires... Un comble tout de même !

NE PAS FAIRE

Se lancer d'une barre rocheuse haute de plusieurs mètres n'est surtout pas à essayer sans une technique parfaite et une solide expérience. Les prouesses réalisées par certains pilotes peuvent sembler faciles. Elles sont pourtant le fruit de nombreuses années de pratique et d'expérience. Préservez-vous et sachez évaluer les risques !

LE MOT DU DOC

RESTEZ PRUDENT : NE CHANGEZ PAS DE DEUX ROUES !

Malgré les années de pratique, malgré les techniques de visualisation, la prudence s'impose ! La pente est vraiment trop raide et vous êtes fatigué. Ne répondez pas au défit provocateur ! Ayez conscience de votre niveau ! Même avec un casque une chute sur la tête peut se révéler très dangereuse ! Si la boite crânienne résiste, le cou peut se tordre violemment. Les disques et les ligaments qui relient les vertèbres cervicales se déchirent. Ces dernières ne sont plus maintenues et glissent parfois les unes sur les autres. Il arrive que l'une d'elles vienne comprimer ou même sectionner la moelle épinière qui passe dans le canal creusé au milieu des vertèbres. Les conséquences sont dramatiques. Le sportif en pleine forme risque la paralysie définitive des jambes ! Si cet accident n'est pas fréquent, il reste un grand classique de la traumatologie du VTT !

En groupe, sa cadence se règle
sur le rythme du plus faible
et les distances s'ajustent
en pensant aux chutes,
qui surviennent lorsque
les organismes sont fatigués.

2 • RANDONNÉE ET LOISIR

EN BREF

Discipline la plus pratiquée du VTT, la randonnée - seul, en famille ou en groupe - exige un minimum de préparation. Connaître la vitesse de déplacement du groupe, repérer les parcours, vérifier son équipement et emporter le matériel et les provisions nécessaires afin qu'une gentille balade à vélo ne se termine pas à pied.

• > La randonnée

Sans chronomètre, ni esprit de compétition, la randonnée mène le train, loin devant toutes les autres disciplines du VTT. Évoluer en pleine nature, sans contrainte de temps, a propulsé le VTT sur le podium des sports de loisirs préférés des Français (il serait le sport de loisir le plus pratiqué par les Français après la randonnée pédestre). De la courte balade aux raids longues distances, la randonnée peut être bucolique, touristique mais également très sportive. Elle peut devenir exigeante et certains randonneurs du dimanche pourraient largement s'accrocher aux roues de compétiteurs aguerris.
Côté matériel, le vélo se doit d'être confortable en offrant un poste de pilotage relevé. Sans impératif de performance, le poids et le rendement ne sont pas de première importance pour les courtes balades, mais sur des randonnées de plusieurs jours et sur les parcours exigeants, traîner une enclume peut rapidement s'avérer pénible.
Seul, en famille ou en groupe, partir sur des sentiers balisés ou une carte en main, nécessite un minimum de préparation, pour éviter qu'une partie de plaisir ne se transforme en cauchemar.

• Que faut-il préparer avant une randonnée ?
Avant de partir, évaluez la durée et la pénibilité du parcours envisagé. Plus le groupe est important, plus sa progression sera ralentie. Entre les pannes, les crevaisons, les pauses et autres arrêts photo, le rythme sera paresseux. Tenez-en compte dans le projet d'itinéraire et repérez d'éventuels raccourcissements ou des parcours de repli. En groupe, pour une allure tranquille, la moyenne kilométrique de référence se situe aux alentours de 10/12 kilomètres à l'heure sur le plat, 8/10 kilomètres à l'heure sur terrain vallonné, 4/8 kilomètres à l'heure en montagne.
Avant de partir, un coup de fil à la météo (0 892 68 02 + les deux chiffres du département - 0,34 €/minute) est indispensable, surtout en montagne où de gros orages peuvent survenir très vite, l'été, en fin d'après-midi notamment. Les conditions évoluent très rapidement sur quelques kilomètres et les intempéries peuvent être très violentes. Soyez particulièrement vigilant si vous partez avec des enfants.
Prenez également l'habitude de prévenir un proche de votre itiné-

La randonnée VTT est idéale pour les sorties en famille, elle demande un peu de préparation et de ménager des pauses fréquentes.

raire et de l'heure de retour probable. Enfin, avant de partir, une dernière vérification du matériel s'impose. Tout doit parfaitement fonctionner. Ne négligez pas de contrôler les roues qui ont pu se desserrer pendant le transport du vélo, votre sécurité en dépend.

• Que faut-il emporter avec soi ?

L'équipement de base comprend un casque, bien-sûr, des gants, un vêtement de pluie et des lunettes. En montagne, n'oubliez pas de vous enduire de protection solaire afin d'éviter des retours douloureux.
Prenez votre trousse à outils pour les interventions courantes.
Emportez suffisamment d'eau pour bien vous hydrater et de quoi vous alimenter régulièrement ou parer à un coup de fatigue : barres de céréales, fruits secs...
Une minitrousse à pharmacie n'est pas superflue ; pour les groupes avec enfants, elle est même indispensable. N'oubliez pas la carte détaillée, même sur les parcours fléchés, vous pouvez passer à côté d'une balise, celle-ci peut avoir disparue (coupe d'arbres, vent...) et votre sortie bucolique peut se transformer en grosse galère. Profitez-en pour parfaire votre sens de l'orientation en identifiant les points cardinaux et en prenant des points de repère. Une boussole, pour les longues randonnées ou les itinérances sur plusieurs jours rend de très bons services en prenant peu de place.
Connaissez-vous les numéros d'urgence en cas de chute lourde ou de pépin de santé exigeant une évacuation immédiate ? C'est le moment de les noter et de les enregistrer en mémoire dans votre portable que vous glisserez au fond du sac. Ils trouveront là une véritable utilité en cas de besoin : 15 (S.A.M.U.) ; 18 (pompiers) ; 112 (numéro d'urgence dans les pays de l'Union européenne).
Un sac à dos s'impose pour emporter tout ce matériel, mais une sacoche de selle peut également servir pour le petit outillage.

• Comment rouler en groupe ?

En terrain découvert, partez de préférence contre le vent pour rentrer avec son aide dans le dos. Si le soleil cogne dur ou si vous roulez en début d'après-midi, choisissez des parcours boisés, vous apprécierez la fraîcheur.
Comme en randonnée pédestre, la vitesse se régule toujours au niveau du plus faible (débutant ou personne peu entraînée). Les plus expérimentés font office d'ouvreur, en donnant le rythme aux avant-postes

et de serre-fil, en queue de groupe. Ils se muent en saint-bernard, transportant la trousse de secours et l'essentiel du nécessaire de réparation. Les randonneurs doivent laisser un espace suffisant, d'environ 3 à 5 mètres, entre eux. Au-delà de dix personnes, il est préférable de séparer les groupes selon les niveaux.

En ménageant des haltes courtes, mais fréquentes sur des parcours variés et ludiques, les débutants se surprendront par leur capacité à rouler longtemps.

Les chutes surviennent essentiellement sur le trajet du retour, près de l'arrivée, lorsque les organismes sont fatigués et que la vigilance baisse. Adaptez le parcours et réduisez l'allure.

N'oubliez pas que le groupe dilue la responsabilité individuelle, notamment à l'occasion des retours sur la route ou la tendance à oublier le code de la route et les principes élémentaires de sécurité sont fréquents. Si vous vous retrouvez pris dans un orage, recherchez un abri, si possible près des zones d'habitation, en évitant pylônes et arbres isolés. Surtout ne roulez plus et descendez de vélo, les objets métalliques et les déplacements attirent la foudre.

À SAVOIR

Suivre l'attestation de formation aux premiers secours (AFPS) ne demande que deux jours (en général sur le week-end) et rend bien des services... aux autres, pour pouvoir secourir vite et bien. Utile si vous partez par monts et par vaux à VTT, indispensable si vous accompagnez des enfants. Renseignez-vous auprès de la Croix-Rouge ou de la protection civile de votre département.

NE PAS FAIRE

Ne pratiquez pas de hors-piste et restez sur les chemins et sentiers pour épargner les jeunes pousses et laisser la nature prendre ses droits. Si vous n'avez pas la fibre environnementale, merci de restez chez vous sur un vélo d'appartement, ce sera mieux pour tout le monde. En randonnée, vous rencontrerez des randonneurs pédestres, plus vulnérables, et des cavaliers, dont les chevaux peuvent s'effrayer. Ils sont prioritaires sur vous. Écartez-vous, passez au pas ou arrêtez-vous... enfin, soyez courtois.

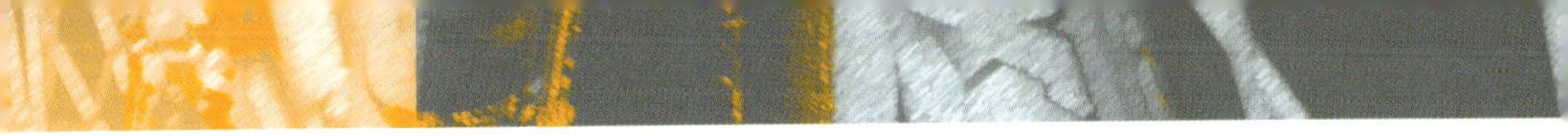

LE MOT DU DOC

LA TROUSSE À PHARMACIE DU VÉTÉTISTE

Si vous partez pour une longue randonnée, il est conseillé de prendre une petite trousse à pharmacie.

Les deux premiers éléments sont essentiels pour votre santé :

• Un copain :
Il préviendra les secours et vous apportera les premiers soins en cas de pépin. Évitez de partir seul pour de longues virées !

• Un téléphone portable :
En composant le 15 ou 112, vous obtenez les services d'urgences. Le régulateur médical vous dira quoi faire en attendant les secours qu'il ne tardera pas à vous envoyer.

Ajoutez quelques médicaments et matériel de soins :

• Antidouleur de type paracétamol : Doliprane ou Dafalgan.
Évitez l'aspirine qui favorise les saignements et peut faire mal à l'estomac.
• Antidiarrhéique : type Immodium.
• Spray antiseptique type Biseptine ou Hexomédine.
• Compresses stériles et pansement adhésif.
• Bande auto-agrippante type Tensoplus ou Cohéband, utile pour fixer une poche de froid instantanée, maintenir une articulation ou serrer une plaie.
• Une poche de froid, instantanée : elle produit du froid en l'écrasant et se fixe avec la bande auto-agrippante.
• Une paire de ciseaux à bouts ronds.
• Écharpe triangulaire de papier pour maintenir épaule, coude ou poignet.
• Spray antimoustique et pommade antidémangeaison type Parfenac.
• Couverture de survie.

EN BREF

Pour joindre l'utile à l'agréable, vos déplacements quotidiens à VTT vous feront gagner du temps, éviter du stress et pourront constituer un bon entraînement. Le VTT peut être le meilleur transport individuel.

• > Le VTT utilitaire

Enfourcher son VTT quotidiennement pour aller bosser est un excellent moyen de débuter la journée en entretenant sa condition physique. Idéal pour se faufiler dans le trafic, éviter les obstacles, passer les nids de poule, le VTT survole les parcours urbains et les trajets mixtes - routes, chemins, ville.

Votre VTT des champs peut devenir VTT des villes sans changer de tenue, s'il n'a pas à stationner dehors où il risquerait de faire des envieux. Sinon, un vieux VTT peu tape-à-l'œil (celui de vos débuts !), dont le vol ou le dépouillage ne vous affecterait pas trop est une bonne solution. Les aménagements souhaitables sont les garde-boue si vous ne pouvez pas vous changer entièrement à l'arrivée, un système d'éclairage avant/arrière fiable et le montage de pneus assez roulants. Des pneus à la carcasse solide, voire complétés de produits anticrevaison préventifs, éviteront les pénibles changements de chambre à air en ville, sous la pluie, pressé par le temps. Les branchés matos et les riches héritiers investiront volontiers dans un vélo spécifique comme un *single speed*, par exemple mais sachez que vous pouvez transformer votre VTT en un tournemain en ne changeant que les roues.

L'essentiel est de disposer d'un poste de pilotage suffisamment relevé, pour voir arriver le gros camion en face, d'un triple plateau pour passer partout et de la géométrie d'un VTT pour disposer d'une bonne maniabilité.

Après, soyez patient avec les piétons et vigilant avec les voitures.

À SAVOIR

Les coursiers sont de plus en plus nombreux à sillonner les grands centres urbains, pour porter plis et paquets... à VTT, dont la facilité de pilotage fait des merveilles.

NE PAS FAIRE

Ne participez pas à la pollution ambiante. En ville, la voiture est utilisée une fois sur deux sur des trajets de moins de trois kilomètres et une fois sur quatre sur des trajets de moins d' un kilomètre. Pour de telles distances, prenez votre vélo !

Les championnats de France sont l'occasion de découvrir quatre disciplines de compétition du VTT sur un même site : *cross-country*, descente, *four cross* et trial.

3 • OÙ ROULER ?

EN BREF

Difficile de ne pas se mêler à la foule des vététistes dans les quelques 2000 manifestations organisées chaque année en France. En randonnée ou en compétition, touristiques ou sportives, la plupart des épreuves permettent d'emprunter les mêmes sentiers que les élites et de les côtoyer. Un bon état d'esprit à préserver.

• > Les épreuves

Le VTT a fait du chemin depuis la première compétition (à l'époque de *mountain bike*) organisée à La Plagne (Savoie), en 1984. Aujourd'hui, plus de deux mille manifestations se déroulent chaque année sur l'hexagone, du raid extrême à la randonnée pépère, en passant par les épreuves de masse ou les compétitions plus élitistes. De quoi satisfaire toutes les pratiques !

• Les épreuves de masse

Certaines de ces épreuves se pratiquent en compétition (de *cross-country*) ou en randonnée, souvent sur des parcours identiques, avec simplement des départs différés et des distances adaptées.

• La plus mythique est sans conteste le Roc d'Azur, devenu le plus important rassemblement VTT au monde. Depuis la première course à Ramatuelle (Var) en 1984, avec sept pionniers au départ, l'épreuve est aujourd'hui courue au départ de Fréjus (Var), par plus de treize mille participants, sur plus de quinze épreuves, en course ou en randonnée. Fréquentée par l'élite internationale autant que par les novices, le Roc fait partie de l'histoire du VTT. Quel vététiste ne rêve pas de connaître les points incontournables de la course reine de 55 kilomètres : le col du Bougnon, le retour en bord de mer par le chemin des douaniers puis par la plage de St-Aygulf (Fréjus). Derrière le Roc d'Azur, quelques épreuves rassemblant plus de trois mille participants font référence :

• Certaines sont typées *cross-country*, comme le raid Cassis Off-Road (Bouches-du-Rhones), marquant traditionnellement l'ouverture de la saison ou la Forestière (Ain), devenue une épreuve longue distance classique, sur un parcours en ligne de 100 kilomètres, traversant le parc naturel du Haut-Jura.

• D'autres sont uniquement orientées randonnée, tel le Roc'h des monts d'Arrée (Finistère) aux nombreux parcours sillonnant le parc naturel régional d'Armorique, ou l'étonnante Lyon Free VTT, une randonnée urbaine de huit mille participants, au cœur de la cité lyonnaise.

• Des épreuves à tendance *free ride*, sans chronomètre et comportant plus de kilomètres descendants que montants - avec l'aide de remontées mécaniques -, empruntent la voie tracée par la Free raid classic VTT mag maintenant installée aux Deux-Alpes (Isère) et se développent dans les stations de montagne.

Les épreuves de masse permettent souvent
aux amateurs côtoyer le haut niveau
en roulant sur les mêmes parcours que les champions.
De quoi s'étalonner facilement.

• Les randonnées

On en dénombre plus de mille cinq cents chaque année. Si la fédération française de cyclotourisme (FFCT) est, de loin, la plus grande organisatrice, les autres fédérations, des organisateurs privés ou des associations indépendantes, participent largement à enrichir le calendrier. Les genres sont multiples, la fréquentation inégale mais souvent importante et l'ambiance la plupart du temps excellente. Certains parcours, uniquement tracées sur des pistes larges et plates sont destinés à des sorties débutantes ou familiales, d'autres intègrent des découvertes touristiques ou des visites (châteaux, caves...). Enfin, certaines manifestations proposent des tracés très sportifs et très exigeants, proches des raids et rallyes, mais sans compétition.

• Les compétitions de *cross-country*

Sur le plan national, la plupart des épreuves sont placées sous l'égide de la fédération française de cyclisme (FFC) et de l'UFOLEP (union française des œuvres laïques d'éducation physique). Dans certains départements la fédération sportive et gymnique du travail (FSGT) porte également quelques manifestations. On dénombre plus de trois cents épreuves chaque année, avec une répartition inégale sur le territoire. Elles peuvent vous conduire jusqu'aux coupes de France FFC, accessibles à tous, mais disputées à des rythmes très élevés, voire aux championnats nationaux si vous êtes de la graine de champion. Des challenges régionaux, des tours sur plusieurs jours à l'image de l'Hexagonale VTT, ayant repris le flambeau du défunt Tour VTT, et les épreuves de masse pimentent le calendrier national.

• Les épreuves de descente

Une centaine d'épreuves sont organisées annuellement. Un nombre insuffisant pour populariser la discipline mais les contraintes liées à l'organisation d'une compétition de descente sont importantes (terrain, sécurité...). Étonnant, c'est en Bretagne et sur l'île de la Réunion que se déroulent le plus d'événements. Parallèlement aux circuits fédéraux, essentiellement placés sous la bannière de la fédération française de cyclisme (FFC), un circuit indépendant offre aux descendeurs des épreuves de courte distance (Avalanche Cup), de moyenne (Maxi Avalanche) et de descentes marathon (Mégavalanche). Parmi les épreuves classiques citons : la descente de Peille (Alpes-Maritimes), une piste extrême, initialement tracée par Nicolas Vouilloz ; l'Avalanche Cup de Lyon, une descente courte et musclée ouvrant traditionnellement la saison au cœur de la cité lyonnaise, sur la colline de Fourvière ; la Mégavalanche de l'Alpe-d'Huez (Isère), 30 kilomètres de descente au départ du glacier du Pic Blanc, à 3330 mètres d'altitude.

• Les raids

Ces épreuves sur plusieurs jours, aussi exigeantes physiquement que techniquement, imposent une préparation irréprochable et un certain niveau. Interdit aux dilettantes. La mythique Transvésubienne est la figure de proue de ces courses. Comportant plus de descentes que de montées, son parcours de titan, au cœur du Mercantour (Alpes-Maritimes) couronne des vététistes complets. La Transmaurienne, raid de plusieurs jours à plus de 2000 mètres d'altitude, dans le domaine des Sybelles (Savoie), fait également partie du patrimoine vététiste français. Sur leurs traces, le Raid VTT des chemins du soleil rejoignant Saillans (Drôme) à Gap (Hautes-Alpes) commence à faire parler de lui.

• Les enduros

Les épreuves d'enduro, nouveaux rallyes des années 2000, se rapprochent de l'esprit tout-terrain des raids, les exigences physiques du pédalage en moins. Les pilotes affrontent le chronomètre sur des spéciales et peuvent se retrouver sur des parcours de liaison, à effectuer dans un temps imparti. Les parcours sont en général très descendants.

• Les 24 heures

Le summum des courses en relais vit le jour très rapidement en France, dans les années 1980 et les épreuves, assez peu nombreuses, restent toujours aussi festives. Les pilotes se relaient par équipes, 24 heures durant, sur des parcours en général assez peu techniques, mais rendus épuisants par la durée et les passages nocturnes. Les boucles de nuit et l'ambiance de ces épreuves valent le déplacement.

• Les montées impossibles

Certains organisateurs rajoutent des challenges de montée impossible à leur programme sportif. Le principe est simple : face à une pente très raide, en partant seul ou par vagues, le but est de parvenir le plus haut possible, sans poser pied à terre. Le temps n'est pas pris en compte. Les trialistes jouent de leur technique de surplace pour se reposer et repartir dans la pente, les pieds sur les pédales. Une bonne animation.

• ***Snow bike***

L'hiver n'arrête pas les amateurs de descente, aussi certaines stations mettent en place des joutes VTT, sur des pistes de descente où les pilotes rivalisent d'adresse pour terminer leur descente sur le vélo. Ces courses sont souvent liées à des épreuves de *snow-scoot*, plus adaptées à ce genre d'évolution.

À SAVOIR

Comment parler du VTT en France sans évoquer Métabief, le Colorado provençal ou les Gets.

• **La station de Métabief**, dans le Jura, marque le coup de départ de la large popularisation du VTT en France, après l'organisation des championnats du monde en 1993. La station accueille régulièrement des épreuves VTT et dispose de parcours balisés et d'une piste de descente permanente.

• **Le Colorado provençal**, au cœur du Luberon, a donné parmi les plus belles images de VTT, tendance *free ride*. Les sauts de barres rocheuses et autres exploits sur fond de couleur ocre des terres des carrières ont fait le tour du monde. Pour des générations de vététistes, il restera LE spot du VTT.

• **Les Gets** (Haute-Savoie) a très certainement été la station la plus impliquée dans le VTT ces dix dernières années, jusqu'à relever l'organisation de championnats du monde en 2004, onze ans après ceux de Métabief. Le palmarès couronnant une génération de vététistes français de talent fut éloquent : Fabien Barel en descente pour son premier titre mondial, Julien Absalon en *cross-country* également pour son premier titre mondial, accompagné sur la deuxième marche du podium par Cédric Ravanel. Mickaël Deldycke prit la seconde place du 4X, Céline Gros la troisième de la descente chez les féminines. Chez les juniors, Romain Saladini décrocha le titre mondial en descente suivi par Florent Payet pour la seconde place, Stéphane Tempier chez les hommes et Laura Metzler chez les femmes prirent la seconde place en *cross-country*. L'avenir du VTT français brille déjà.

NE PAS FAIRE

Ne vous privez pas d'une participation à une épreuve parce qu'elle se déroule à l'autre bout de la France. Sur les gros événements, des services de covoiturage se mettent de plus en plus souvent spontanément en place, parfois favorisés par les organisateurs. Renseignez-vous !

Une des nombreuses vagues de départ du Roc d'Azur. L'épreuve offre une image saisissante de l'essor du VTT, passant de sept participants à sa création en 1984 à plus de treize mille, aujourd'hui.

Seul contre le chronomètre,
les épreuves de descente
sont des sprints,
se différenciant
des efforts d'endurance
du *cross-country*.

EN BREF

Difficile de passer à côté du balisage permanent. Entre les parcours des sites VTT, ceux initiés par les opérateurs touristiques, les pistes de descente permanente et autres *bike parks* des stations de montagne, la France est devenue un immense terrain de jeux pour le VTT.

• > Les parcours balisés et stades VTT

Nul besoin de se coller un dossard pour goûter aux plaisirs du VTT. Des milliers de kilomètres de chemins et sentiers sont balisés pour le VTT et des *bike park*, poussent un peu partout en montagne. Un balisage permanent s'accompagnant nécessairement de demandes d'autorisations préalables puis de l'entretien régulier des chemins, l'environnement reste ainsi parfaitement préservé.

• Centres VTT

Les deux principales fédérations développent des centres VTT d'où partent des chemins et sentiers balisés de difficultés graduées. La fédération française de cyclisme (FFC), pionnière avec le label site VTT-FFC compte près de 140 points de rencontre représentant 46 000 kilomètres de chemins, la fédération française de cyclotourisme (FFCT), partie plus tardivement, a réalisé un balisage permanent d'environ 10 000 kilomètres au départ d'une cinquantaine de bases VTT de randonnée. Itinéraires de courtes et longues distances, familiaux ou sportifs, les parcours convergent généralement vers un centre proposant la cartographie de tous les parcours et, selon les cas, différents services (location de vélos, points de lavage...) et prestations (champs de bosses, encadrement...).

• Grandes traversées

Le must du balisage se trouve peut-être avec les grandes traversées, des itinéraires longues distances jalonnés de sites d'hébergement permettant de se lancer dans de longs périples touristiques et sportifs de toute beauté. La grande traversée du Jura-GTJ (380 kilomètres) a été rejointe par la grande traversée du Massif Central (666 kilomètres), la grande traversée des Préalpes - les chemins du soleil (793 kilomètres), la grande traversée de l'Hérault (500 kilomètres), la grande traversée du Vercors (150 kilomètres). D'autres parcours sont en élaboration, comme celui permettant de rejoindre la Drome à la méditerranée exclusivement par sentiers.

• Parcours touristiques

Parcs naturels régionaux, communes, départements, régions... participent à rendre les sites naturels et touristiques accessibles à VTT. Ils proposent souvent des parcours de découverte d'une demi-journée ou plus et publient ces parcours sur des topo-guides, des fonds cartographiques...

• Les pistes de descente et *bike parks*

Les stations de montagne, celles des Alpes en tête, utilisent leurs remontées mécaniques l'été, pour permettre l'accès à des pistes de descente permanente. Autour de ces stades de plein air, se développent des *bike parks* - selon la terminologie en vigueur -, agrémentés de passerelles *north shore*, de champs de bosses et autres pistes d'initiation. Un moyen idéal pour s'essayer à la descente sur des pistes sécurisées ou se lancer sur les nombreux itinéraires descendants au départ de ces remontées mécaniques.

LE BALISAGE EN QUESTION

Le balisage spécifique du **VTT** est composé d'un triangle directionnel et de deux ronds (le triangle symbolisant le cadre et les deux ronds les roues !).

Ces figures sont de couleur rouge pour les parcours nationaux, jaunes pour les circuits locaux et brunes pour les itinéraires traversant les parcs naturels régionaux.

Les balises peuvent également comporter des numéros, correspondant à des circuits, de couleur différente selon la difficulté. Là également le code couleur est uniformisé : vert = très facile ; bleu = facile ; rouge = difficile ; noir = très difficile.

Le sens de la flèche indique la direction, si celle-ci est barrée, comme en randonnée pédestre, cela signifie que vous êtes dans la mauvaise direction.

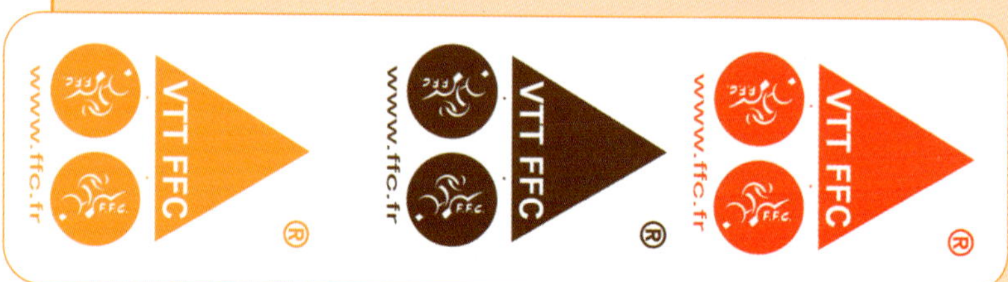

À SAVOIR

Des arrêtés préfectoraux peuvent interdire temporairement la fréquentation de sentiers pour des raisons de sécurité. Dans le sud de la France, pour prévenir des incendies, de nombreux départements tombent sous le coup de ces interdictions pendant l'été. Renseignez-vous avant de planifier des vacances.

NE PAS FAIRE

Ne laissez rien derrière vous ! Le vététiste est un simple invité dans les espaces naturels, il doit les respecter et les préserver. Mettez tous vos détritus dans votre sac et si ce geste n'est pas automatique chez vous, apprenez-le, il n'est jamais trop tard pour bien faire.

Seul ou en groupe, la randonnée VTT a pris sa place au côté de la randonnée pédestre et équestre sur les chemins et sentiers.

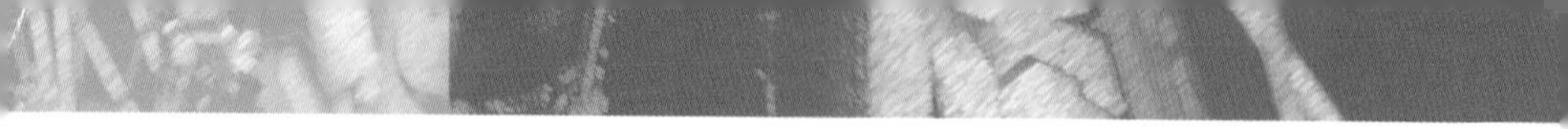

DU *MOUNTAIN BIKE* AU VTT

Les origines du *mountain bike* remontent aux années 1970, quand une poignée de copains insouciants dévalaient les pentes du mont Tamalpais, en Californie (au nord de San Francisco), sur des vélos à pneus ballons, dotés d'une seule vitesse, d'un freinage par rétropédalage et d'un large guidon. Ces vélos, utilisés par tous les marchands de journaux aux États-Unis, des Schwinns (du nom de son inventeur, un allemand Ignatz Schwinn), furent détournés de leur usage premier pour servir les envies libertaires de l'époque. À quelques encablures de là, le mouvement hippie faisait pousser des fleurs.

Peu chers et pourtant solides, ces Schwinn (modèle Excelsior) finissaient souvent leur vie dans les mains destructrices de ces pionniers. Avec leur vitesse unique et leur poids de plus de 20 kilos, les Excelsiors étaient chargés dans des pick-up pour remonter les flancs repus du mont Tamalpais après leurs descentes à tombeau ouvert.

L'éclosion du *mountain bike* se produisait également dans d'autres lieux aux États-Unis et Crested Butte, dans le Colorado, assista en 1976, à la première randonnée en vélo sur le village d'Aspen. Un musée du mountain bike témoigne de cette époque.

Les figures de légende qui animaient le mont Tamalpais s'appelaient Jo Breeze, Charles Kelly, Gary Fischer, pour ne citer que les plus connus. Une émulation déboucha sur l'organisation d'une épreuve chronométrée, surnommée la « Repack race », qui se déroula de 1976 à 1984, à proximité de la ville de Fairfaix. La descente était née. Certains pilotes s'illustraient déjà, dont un certain Tom Ritchey. Les vélos, rapidement surnommés *clunker bike*, à cause du bruit sourd qu'ils produisaient, faisaient l'objet de toutes les améliorations techniques. Tom Ritchey, Gary Fischer, Jo Breeze furent rejoints par d'autres concepteurs comme Mike Sinyard, Charlie Cunningham...

Un mouvement bohème était en train de se transformer en raz de marée international et en véritable *business*.

Le premier vélo considéré comme un véritable **VTT** fût le Breezer number one, en 1977, il fallut attendre 1982 pour voir Specialized produire le premier **VTT** en grande série, le Stumjumper. Le vélo se singularise encore plus avec la commercialisation de la première fourche suspendue, la Rock Shox RS1, en 1989.

En 1990, sont organisés les premiers championnats du monde officiels à Durango, aux États-Unis. Le comité olympique prend la décision d'intégrer le **VTT** aux jeux dès 1996, à Atlanta.

Le **VTT** est devenu un véritable phénomène de société.

LE VTT EN FRANCE

Le *mountain bike* débarqua en France en 1983, dans les valises d'un français, Stéphane Hauvette. Il ramena du Canada des vélos de marque Peugeot (l'histoire est cocasse), équipés de triples plateaux et montés sur de larges pneus. Après la première compétition organisée à La Plagne, le même Stéphane Hauvette, mit en place en 1984, le premier Roc d'Azur entre Ramatuelle et Saint-Tropez avec sept participants au départ. En 1985, l'activité s'organise, toujours sous la houlette de Stéphane Hauvette qui fonde l'Association française de *mountain bike* (AFMB). L'activité s'organise, l'industrie aussi. MBK sort le premier mountain bike français, le Ranger.

En 1988, l'AFMB rentre dans le giron de la fédération française de cyclisme (FFC) qui crée une Commission nationale de **VTT**, dont Stéphane Hauvette prend la présidence. Le *mountain bike* perd son accent américain et devient **VTT** aux yeux du grand public, de plus en plus large.

En 1993, les championnats du monde de Métabief (Jura) attirent près de cent mille spectateurs. L'ambiance est à son comble. Le succès du **VTT** ne se démentira plus.

EN BREF

Pour sortir des sentiers courus, l'idéal est de partir carte en main et boussole en poche. Une carte détaillée, un éventuel *road book* et quelques notions d'orientation suffisent pour se repérer habilement sur le terrain

• > Lecture de carte et orientation

Se préparer un itinéraire sur mesure et partir, muni d'une simple carte, d'une boussole et d'une paire d'yeux bien affûtés est l'alternative aux sentiers encombrés. Bienvenue dans l'univers des chemins non balisés.

• Les cartes

Les cartes les plus adaptées pour le VTT sont celles au 1/25 000, éditées par l'IGN (Institut géographique national). Ce sont les plus détaillées, 1 centimètre sur la carte représentant 25 000 centimètres sur le terrain, soit 250 mètres. L'inconvénient de cette échelle détaillée est le faible périmètre du territoire représenté, d'où la nécessité d'en utiliser plusieurs pour suivre un tracé. L'avantage est le nombre fabuleux d'informations délivrées.

Pour s'orienter à VTT, les principales données à utiliser sont :

- La représentation des chemins, sentiers et routes.
- Les courbes de niveau et les altitudes pour apprécier la déclivité.

Le sens du chiffre placé sur la courbe de niveau indique si le chemin monte ou descend : le haut du chiffre montre le sommet, donc le chemin monte.

- Certains points de repère naturels ou construits par l'homme.

Vous pouvez tracer votre parcours sur la carte, avant de partir ou simplement noter quelques points de repère vous permettant de valider régulièrement votre tracé.

• Le *road book*

Une autre possibilité, ne dispensant surtout pas de prendre ses cartes au fond du sac, est d'établir un relevé d'itinéraire sous la forme d'un *road book*. La méthode unanimement adoptée est d'indiquer le parcours de bas en haut, en suivant la logique de votre cheminement sur le terrain. De cette façon, les chemins et repères que vous rencontrerez seront placés de la même façon sur le terrain, sur votre *road book* et sur la carte : le sentier à emprunter à droite du petit pont sera vraiment à droite !

L'utilisation d'un compteur sur le vélo trouve là son utilité pour ne pas passer à côté des changements de direction.

• **L'orientation sur la carte**
Au sens littéral, l'orientation désigne la direction de l'Orient, le point de référence des géographes d'antan. Sur une carte, s'orienter revient à établir une correspondance entre le lieu où on se trouve et un point sur la carte, en plaçant les lignes de la carte parallèlement aux lignes correspondantes du terrain. Avec une carte, savoir s'orienter c'est savoir comparer. Cela revient à faire correspondre la direction du nord sur le terrain avec celui de la carte. Le haut de la carte marquant le nord géographique, l'affaire est parfaitement simple, n'est-ce pas ? Dans la réalité, les choses se compliquent quelque peu, surtout en forêt où l'horizon est limité et en montagne où les différents vallons sont sources d'erreur. Si l'horizon est dégagé, recherchez des points de repère faciles à identifier dans le paysage et à visualiser sur la carte : églises, lacs, châteaux d'eau... Pivotez votre carte de façon à aligner ces points de repère du paysage avec le symbole correspondant sur la carte.

• **Retrouver les cardinaux**
Sans points de repère suffisamment distincts, observez le mouvement du soleil pour repérer les cardinaux. Toujours rien ? Alors sortez votre boussole. En l'absence de visibilité, le recours à une boussole devient la solution. Placez-la sur la carte le long du chemin à suivre et pivotez l'ensemble, jusqu'à ce que le haut de la carte corresponde avec la direction de l'aiguille de la boussole, qui indique le nord magnétique, légèrement décalé par rapport au nord géographique. La carte sera ainsi orientée selon les points cardinaux et vous n'aurez plus qu'à définir la direction à suivre. Faire des haltes de repérage régulières s'averre judicieux.

À SAVOIR

Pas de boussole ? Sous nos latitudes, il est possible de retrouver grossièrement les points cardinaux. Le Soleil se levant approximativement à l'est et culminant à peu près au sud, en pointant l'aiguille des heures de sa montre vers le soleil, le sud se trouvera à la bissectrice de l'angle formé par cette aiguille et le chiffre 1 de la montre (le chiffre 2 en heure d'été).

NE PAS FAIRE

Ne vous aventurez pas sans prendre des points de repère sur le terrain (montagne, château d'eau...), localiser les points cardinaux et la position du Soleil. S'orienter correctement, c'est bien se repérer et savoir comparer.

Faire des points d'orientation réguliers est l'occasion de s'arrêter sur des paysages grandioses.